本书是国家社会科学基金重点课题"深化国有文化单
管理体制机制改革创新研究"（项目批准号：12AZD0

The Economic Logic in Culture Reforms

文化改革的
经济学逻辑

魏建　辛纳　赵阳◎著

中国财经出版传媒集团

经济科学出版社
Economic Science Press

图书在版编目（CIP）数据

文化改革的经济学逻辑/魏建，辛纳，赵阳著.
—北京：经济科学出版社，2018.1
ISBN 978 - 7 - 5141 - 8894 - 3

Ⅰ.①文…　Ⅱ.①魏…②辛…③赵…　Ⅲ.①文化事业 –
体制改革 – 研究 – 中国②文化经济学 – 研究　Ⅳ.①G12

中国版本图书馆 CIP 数据核字（2017）第 321934 号

责任编辑：于海汛　刘战兵
责任校对：郑淑艳
责任印制：李　鹏

文化改革的经济学逻辑

魏　建　辛　纳　赵　阳　著
经济科学出版社出版、发行　新华书店经销
社址：北京市海淀区阜成路甲 28 号　邮编：100142
总编部电话：010 - 88191217　发行部电话：010 - 88191522
网址：www. esp. com. cn
电子邮件：esp@ esp. com. cn
天猫网店：经济科学出版社旗舰店
网址：http://jjkxcbs. tmall. com
北京季蜂印刷有限公司印装
710 × 1000　16 开　17 印张　280000 字
2018 年 3 月第 1 版　2018 年 3 月第 1 次印刷
ISBN 978 - 7 - 5141 - 8894 - 3　定价：52.00 元
（图书出现印装问题，本社负责调换。电话：010 - 88191510）
（版权所有　侵权必究　举报电话：010 - 88191586
电子邮箱：dbts@ esp. com. cn）

序　言

　　进入文化与经济交叉研究领域，对我来说，纯属偶然。2011 年国家社科基金围绕《中共中央关于深化文化体制改革推动社会主义文化大发展大繁荣若干重大问题的决定》发布重大课题招标，其中有一项为《深化国有文化单位改革和文化管理体制机制改革创新研究》。起初我并没有申报的打算，因为我觉得自己对文化基本上没有研究，尽管对于改革已经进行过不少研究。但在同事的鼓励下，我鼓足勇气进行了申报，并且在申报书中着重强调了我们在改革研究方面的优势。幸运的是，我通过了第一轮的通讯评审，进入到第二轮的专家面审。在专家面审时，我们对于文化并没有深刻理解的缺陷暴露得较为充分。面审完之后，就觉得没有希望了。但出乎意料的是，我被通知给予了一项国家社科基金重点课题的资助。事后琢磨，被资助最主要的原因可能还是交叉研究给我们带来的优势，因为当时从经济学角度来研究文化改革的学者确实还不多。就此，我踏上了从经济学角度研究、理解文化及其改革的学术道路。

　　然而，现在回头看来，进入文化与经济的交叉研究领域也有着相对的必然性。我的核心研究领域是法经济学，主要是将经济学的方法和理论运用于对法律问题的分析。但法经济学分为两个大的领域：微观法经济学和宏观法经济学。微观法经济学主要是集中分析各个部门法领域的经济学结构，分析具体法律规则产生的行为均衡是否是有效率的。宏观法经济学则主要研究法律在经济增长和发展中具有什么样的作用，讨论什么样的法律能够起到推动经济增长、促进经济发展的作用。我刚刚进入法经济学领域时，主要研究集中在法经济学微观领域，尤其是基础理论领域。后来逐渐转向法经济学的宏观领域，并为经济学和法学专业的博士生开了"法律与发展"这个专题课程。在法律与发展关系的分析中，文化是一个重要的影响因素。所以，从经济增长的角度，我也一直关注文化的力量和影响。

但是真正进入文化领域后我才发现，这是一个既充满魅力又让人无奈的领域。说它充满魅力，不仅是因为文化本身丰富多彩，而且因为在文化领域还有着众多的经济学没有充分解释甚至根本没有解释的领域；说它让人无奈，是因为文化及其表现太难以把握，不仅概念上难以清晰界定，而且具体的表现形式和领域也难以界定，衡量指标更是难以确定。文化问题太复杂，以至于经济学无从入手。

面对文化迷雾，从课题立项到研究报告完成，我们先后在山东、陕西等地进行了调研，参加了众多文化改革等领域的研讨会。随着研究的深入，我们也逐渐形成了一些框架性的认识，对我国国有文化单位的改革和管理体制机制改革的内在规律也有了相当的把握。其中，我们始终坚持的一个基本研究原则就是：不论文化的外在表现形式多么复杂和多样，其中相关主体的行为表现始终是我们分析的重点和切入点。经济分析框架下，各方主体最终的行为表现及其均衡的产生，不仅受经济分析常常讨论的成本、收益的影响，更重要的是，成本、收益的形成和分布状态深深决定于文化的特殊性。这些特殊性决定了文化的供给、消费和管理有着完全不同于普遍商品的规律。准确地把握这些规律，并将这些规律运用于改革之中，才能保障改革的成功。

我们发现文化供给领域的成本滞后规律、文化人力资本的特殊性、文化消费的累积性、国有文化组织的体制是我国文化单位改革面临的四个挑战。要成功应对这四个挑战，仅仅依靠院团的转企改制这条将院团推向市场的道路是难以实现的。成功的文化管理体制与机制的构建更要建立在对文化发展规律有着深刻把握的基础上。文化的外部性构成了进行管理的理论基础，面对文化成长的不确定性，要凝聚形成核心文化价值也要求进行管理，但是我国摇摆的文化管理目标、分割的文化管理体制、不成熟的文化执法等问题都制约着我国文化管理改革的深入。对此，我们的研究给出了一些回答。

从经济学角度对文化的供给、消费和管理进行分析是我们的特色，也是我们的底气所在。回顾整个研究过程，在享受探索发现、理清思路的快乐的同时，我们更多地感受到了"文化迷雾"威力带来的迷茫和痛苦。显然我们还是文化领域的新进入者，对于文化特殊性的把握还远远不够，得出的一些结论还不够深入、稳健，启发性还不够透彻高远。因此，我们期待得到更多的批评，期待更多的经济学、管理学学者关注文化领域，相互探讨，以把研究推向更高层次、更深领域。

我们也坚信，对文化从更多的角度展开研究将成为趋势，因为文化是一个社会的终极因素，是一个社会最核心的构成。对于有着较高经济增长速度的中国来说，当前也有着通过文化发展提高经济增长质量的内在冲动，更有着凝聚全社会文化价值的强烈需求。因此，我们的同行者会越来越多。

本书是我和我的两位博士辛纳、赵阳倾力合作完成的。我负责全书的整体框架与理论定向，辛纳主要负责国有文化单位改革部分，赵阳主要负责文化管理体制机制改革部分。这些成果同时也构成了他们博士论文的主体部分，并且有些章节也已经独立成文进行了发表。

在研究成果即将出版之时，要感谢那些在我们初入文化研究领域时给予我们诸多支持的学者们和实务界的朋友们。正是由于他们的支持和肯定，我们的研究才能不断进步。特别是在与武汉大学的傅才武教授、中国传媒大学的范周教授、中央财经大学的魏鹏举教授、山东大学的潘爱玲教授等先进者学习、请教的过程中，我们的视野得到了拓展，研究进一步深化。同时还要感谢参加 2015 年在山东大学举办的"国有文化单位改革和文化管理体制机制改革创新"研讨会的学者们，他们有针对性的发言，给予我们很大的启发和很多收获。还要感谢山东演艺集团的林凡军先生、西安演艺集团的寇雅玲女士等文化改革一线的有识之士们，他们给我们提供了鲜活的改革实践材料。

感谢经济科学出版社的精心策划和细致的编辑工作，他们的工作使本书更加精彩。

一个课题的研究给我们打开了一个多彩的文化世界，与诸多同行者的热烈交流，也使我们逐渐成为"有文化的人"，这是我们最大的收获，也是最大的幸福。

是为序。

魏　建

2018 年元月于山东大学知新楼

目　录

第一章 文化改革的挑战与破局：
改革规律的再探索

一、文化发展已经成为时代的重大需求

（一）时代需求与面临的挑战

1. 文化发展已经成为时代的重大需求。文化发展已经成为时代发展的需要。从国家的角度讲，文化的发展有利于提高民族认同感和凝聚力，在综合国力竞争中的作用和地位也越来越突出。发展文化产业和事业，传承和创新中国传统文化，也是解决转轨时期出现的社会问题、提高精神生活水平的重要途径。从产业的角度讲，文化的发展具有优化产业结构、提高增长质量、促进经济增长的功能；从消费的角度讲，文化艺术的发展有利于改善人们的生活环境、提升幸福指数。随着中国经济进入工业化中后期和城市化高峰期，发展文化日益成为产业结构调整升级、改善和丰富人民的精神生活、倡导社会主义核心价值理念和实现民族复兴的时代需求。

文化发展逐渐成为经济发展的需要。一方面，当今文化和经济相互交融，使得文化日渐成为除资本、技术外影响经济增长的主要因素。另一方面，文化产业正成为重要的经济增长点。西方文化产业的迅速发展就是在经济衰退、产业结构调整和社会转型中完成的。20 世纪后期，西方社会发生了从工业社会向后工业社会的转变，同时发生的是从传统的生产社会向消费社会的转型，因此非物质形态的商品尤其是文化商品在消费中占据了越来越显著的位置。始于 20 世纪 70 年代的发达资本主义国家经济大倒退，伴随着产业结构的调整和升级，在组织创新与组织重构的推动下，投资越来越多地

流向服务产业，文化产业随之兴起。美国更是通过集团化和纵向一体化率先形成了一批文化产业巨头，如新闻集团、迪士尼公司、好莱坞和百老汇等，成为文化产业大国。"在当今世界上许多国家及全球各地，文化产业已经逐渐成为经济活动的核心……文化领域内长期存在的公共所有权及规制的传统已经被摒弃，重要决策的制定日益在国际层面上进行。"①

核心价值观的培育和文化产业的发展正成为中国经济社会发展的迫切需要。中国的快速崛起意味着通过自身不断努力，走出了一条完全不同于西方发达国家的发展道路。在与西方文化价值观完全不同的社会主义核心价值体系的指导下，中国通过渐进式转轨改革稳步崛起，无论是社会主义核心价值体系的形成、发展，还是中国文化的传播、扩散，都对中国经济乃至世界经济发展具有十分重要的意义。社会主义核心价值观的形成源自中国共产党对自身发展道路的独立的、开创性的探索，核心价值观的进一步凝聚有助于形成未来发展的持续动力，消除和克服传统社会发展过程中存在的错误认识。与此同时，中国自改革开放以来已经经历了近 40 年的高速经济增长，成为世界经济发展的奇迹，这无疑是中国正确选择改革开放道路的结果。

然而，当前中国经济发展遇到了瓶颈，经济发展进入了"新常态"。"新常态"下，转变经济发展方式、提升发展质量已经成为共识，如何保持未来经济的可持续发展成为新时期面临的重大议题。文化发展不仅是改变中国发展内核的重要力量，而且是促进经济发展方式转变的重要内容。文化发展将成为中国下一阶段持续发展的重要力量源泉，也是进行全面国际竞争的需要。而中国过去的发展模式更多强调经济增长，忽视了社会转轨时期人民对于精神文化方面的需求，社会发展与经济发展出现较大偏离，城乡收入差距逐渐加大，不平等问题较为严重，逐渐成为制约未来发展的重要因素。发展文化有助于缩小社会各个方面的差距，消除经济社会发展不均衡，保持未来中国的稳健、高效发展。

文化入侵和文化保护引发了文化发展的危机意识。全球化背景下，伴随着文化贸易产生的被称为"新殖民化现象"的"美国文化帝国主义"，引起了各国对本国文化的保护、扶持以及思考。其中法国是典型的实施文化保护的国家，认为"精神产品的创作不同于一般商品，文化的构成不同于纯粹

---

① 大卫·赫斯蒙德夫. 文化产业 [M]. 张菲娜译. 北京：中国人民大学出版社，2007：1，2.

的商业，一个放弃了描绘自己方式的社会将很快坠入受奴役的困境之中"，①
这就是"文化例外"原则。林肯·柯尔斯滕更是将文化和艺术描述为标志
并超越了个人时代的唯一值得纪念的遗产。因此，文化领域不能完全等同于
一般的经济领域，表演团体与文化消费者之间的关系也不仅仅是剧团通过向
观众提供纯粹的娱乐活动而获得利润。不同国家更是基于对意识形态安全问
题的考虑对文化形式和内容进行管制、引导与资助，"文化例外"原则和构
建文化软实力的需求都体现了文化产品的特殊性和重要性。

2. 文化发展面临重大挑战。我国文化发展水平整体滞后，尤其是对于
传统文化的宣传和推介处于"原生态"状态：一是优秀的传统文化资源优
势并未得到充分挖掘并转化为强大的现实生产力；二是文艺演出、影视出版
等存在着严重的"文化赤字"现象。同时，多种问题共同交织，影响文化
产品供给及其可持续发展，主要表现为：文化产品的外部性特征导致市场自
发产品供给不足；"鲍莫尔成本病"问题广泛存在于劳动力密集型的文化生
产创作过程中，导致生产成本不断上升，文化消费和供给过程面临双重财务
困境；文化成长与发展过程中表现出较为突出的不确定性问题，影响未来可
持续发展。多重因素共同作用，制约着我国文化的繁荣发展，使得我国虽是
文化资源大国，却不是文化产业大国，文化资源开发利用严重不足，当前处
于转轨时期的文化领域仍然是较为薄弱的环节。

（1）强有力的文化生产经营组织是促进文化繁荣发展的基础和主力军。
国有文化单位是中国文化生产、传播的主力军，集中了最优秀的人才和资
源。但是，随着经济社会的发展，尤其是文化市场的发展，一方面，国有文
化事业单位呈现出活力下降、机制不活、基层崩溃等诸多问题，在文化供给
中的地位不断下降；另一方面，脱胎于计划经济、成长于社会主义市场经济
之下的文化产业处于探索发展的阶段，整体效率不高、产业规模不大、发展
环境不利等问题制约着其发展壮大。同时，不管是公益性的文化事业，还是
经营性的文化产业，其自身发展都具有双重特殊性：一是文化生产经营组织
自身的特殊性；二是体制机制约束导致的特殊性。这些特性使其在改革过程
中面临众多挑战，需要通过强力推进改革创新才能激发其活力，从而更好地
实现人民的基本文化权利和文化的大发展、大繁荣。

---

① 1993 年关贸总协定乌拉圭回合谈判僵局中，法国前总统密特朗（1981~1995 年执政）所言。

（2）文化管理体制不健全、不通畅、效率低，没有起到和发挥促进作用。我国目前的文化管理体制脱胎于计划体制，国有文化单位不仅是文化产品的供给者，也是管理者，自我管理是核心特征。随着整个社会经济体制的转轨，文化管理体制显著不适应于发展的需要，不仅管理职能分散、体制不健全，而且管理手段单一、行政色彩突出，进而导致文化事业和产业界限不明晰，管理效率低下。更为重要的是，政府的文化发展职能没有被很好地履行，文化产业、事业的界限还在进一步探索中，政府的发展职能和管理职能没有得到很好的区分和落实。文化法律建设滞后，对于舆论导向的把握缺乏法律依据，引导能力不足。要支撑文化的繁荣和发展，必须对文化管理体制进行根本性的改革，才能形成良好的文化发展环境。

3. 改革的努力与深化改革的必要。为构建良好的文化生态，针对文化生产和消费中的"外部性""鲍莫尔成本病"以及"不确定性"三大突出问题，近年来，在政府的大力推动下，在社会效益优先于经济效益的基本原则下，我国以改革促发展，大力推进文化单位的体制机制改革，以培育合格的市场主体，加快其市场化进程。文化单位的改革总体分为文化事业、文化产业和介于两者之间的一些特殊单位的改革，改革路径依类别不同而不同。

自1978年党的十一届三中全会以来，文化领域的改革与其他领域的改革齐头并进。1996年，党的十四届六中全会首次系统地阐述了文化体制改革的思路。从2003年起，文艺院团开始开展试点工作，全面推进以"事转企"为核心的体制改革，以重塑国有表演艺术团体的市场微观主体地位，发挥其在繁荣社会主义文艺中的中坚力量。2009年8月在南京召开全国文化体制改革经验交流会，中宣部、文化部出台《关于深化国有文艺演出院团体制改革的若干意见》，标志着文化"深水区"改革的全面展开。2011年3月，党中央国务院出台了《关于分类推进事业单位改革的指导意见》，全国事业单位分类改革加速。2011年，《中共中央关于深化文化体制改革、推动社会主义文化大发展大繁荣若干重大问题的决定》出台，进一步将文化建设和发展提到更高的层次，把国有文化单位改革和文化管理体制机制改革作为全面落实各项文化建设任务的重要内容之一，为改革和创新提供了更为强大的支持。2014年，《国务院关于推进文化创意和设计服务与相关产业融合发展的若干意见》指出："推进文化创意和设计服务等新型、高端服务业发展，促进与实体经济深度融合，是培育国民经济新的增长点、提升国家文化软实力和产业竞争力的重大举措，是发展创新型经济、促进经济结构调整和发展方式转变、加快实现由'中国制造'向'中国创造'转变的内在要求，是促进产品和服务创新、催生新兴业态、带动就业、满足多样化消费需求、提高人民生活质量的重要途径。"

2015年中共十八届五中全会通过的《中共中央关于制定国民经济和社会发展第十三个五年规划的建议》中提出要完善文化"三体系"，即完善公共文化服务体系、文化产业体系、文化市场体系，改变了"十二五"规划建议中的"以农村基层和中西部地区为重点，继续实施文化惠民工程，基本建成公共文化服务体系"的发展思路，同时，由过去的加快"新兴媒体建设"发展为"传统媒体和新兴媒体融合发展"，并首次提出"网络文化建设"等内容。中央领导多次强调加大文化改革推进力度，深化文化管理体制机制改革，铸造富有活力的文化生产经营组织，加速推动文化事业、产业发展，加快形成文化大发展、大繁荣的格局。2016年《政府工作报告》在有关文化的重点工作表述中提出："深挖国内需求潜力，开拓发展更大空间——支持发展养老、健康、家政、教育培训、文化体育等服务消费""迎接正在兴起的大众旅游时代""切实保障改善民生，加强社会建设……推进文化改革发展……引导公共文化资源向城乡基层倾斜，推动文化产业创新发展，繁荣文化市场，加强文化市场管理"。《中华人民共和国国民经济和社会发展第十三个五年规划纲要》提出："坚持把社会效益放在首位、社会效益和经济效益相统一，加快文化改革发展""推进文化事业和文化产业双轮驱动，实施重大文化工程和文化名家工程，为全体人民提供昂扬向上、多姿多彩、怡养情怀的精神食粮""公共文化服务体系基本建成，文化产业成为国民经济支柱性产业"。这些政策的出台和各项举措的推行，无不表明文化的重要性正在逐渐得到认可，文化体制改革正逐渐成为一个非常重要的领域。

其中，经营性文化单位"转企改制"，特别是国有文艺院团的"转企改制"，是文化体制改革的中心环节和重中之重，也是整个文化体制改革的难点。文艺院团作为传统文化的典型代表，具有艺术传承、价值观培育和正能量传播等功能。而原有事业制则逐渐暴露出发展弊端，阻碍了其上述功能的发挥。该体制机制下，许多国有院团发展动力不足，甚至名存实亡。因此，大部分国有文艺院团被划为经营性文化单位，实行"转企改制"，以改革促发展。然而，国有文艺院团的"转企改制"尽管在激发院团危机意识、引导市场化发展理念、改善内部薪酬体系等方面取得一些成绩，但同时也引发了更为严重的人才断档流失和人才培养难的问题。总体来看，受市场有效需求不足的制约，国有文艺院团的"转企改制"困难重重，改革成果是局部性的且十分有限，院团的自我生存能力不强，①市场化道路举步维艰。据调研，目前我国国有文艺院团的人员工资、剧目创作和演出资金来源仍以政府资助为主，剧目内容上也以主抓政府和国有企业诉求为主，真正的市场化演出极少，除少数院团挂牌成立有限公司外，改革尚未取得实质性进展，受政策、前途不明等因素影响，进一步深化改革的外促力不足，多地改革出现搁置现象。

因此，如何深化国有文化单位改革尤其是国有文艺院团改革，并进一步推进文化管理体制机制改革创新，成为当下重要的研究议题。中国的文化体制机制改革创新依然任重道远。我们结合国内外文化发展历程和现状，以文化供给、需求和发展规律为研究依托，以"外部性""鲍莫尔成本病""不确定性"和"理性上瘾"等突出特征为切入点，运用经济学的理论工具，探讨我国艺术组织困境的成因和文化管理的内在规律，从而为我国文化单位的市场化发展和相应的管理体制机制改革方向提出相应的建议，以实现更有效率的文化供给体系的重构和文化的长期繁荣发展。

（二）文化改革规律的再把握

1. 马克思主义的文化观念提供了基本的逻辑出发点。第一，马克思主义经典作家认为，在对待文化的问题上，唯物史观和唯心史观的根本区别就在于前者始终站在现实社会关系的基础上，坚持从实践而不是从观念出发来解释各种文化现象。各种文化的形式和形态，只能通过实际地改变其产生的经济基础和现实社会关系，才能得到最终的改变。因此，理解我国当前的文化现象和为文化发展指明方向，必须立足于我国的社会实践，在社会发展的大趋势、大背景下来把握文化发展问题。

---

① 本文所指财务困境（financial dilema 或 economic dilema），特指表演艺术组织面临的不好的经济处境，与下文度量指标"收入差距"相对应。"财务困境"是一个比鲍莫尔的"成本病"（cost disease）更大、内涵更丰富的概念，它不仅包含并扩大了传统成本方面的因素，还包括需求角度的影响因素。

第二，马克思主义经典作家强调，把经济基础和社会制度看成文化发展的基础，不等于说文化发展是完全被动、完全静态的；相反，文化具有推动经济发展和社会进步的巨大能量。恩格斯曾指出："政治、法律、哲学、宗教、文学、艺术等的发展是以经济发展为基础的。但是，它们又都互相影响并对经济基础发生影响。并不是只有经济状况才是原因，才是积极的，而其余一切都不过是消极的结果。这是在归根到底不断为自己开辟道路的经济必然性的基础上的相互作用。"① 这就表明，各种社会意识形态、上层建筑与经济基础是互为对象、彼此推动的，文化在其中扮演着十分活跃和重要的角色。文化是一种深深熔铸在民族生命力、创造力、凝聚力中的力量，对于民族精神的培育和健全人格的塑造、促进人的全面发展具有特殊的、不可替代的作用。因此，在当前经济社会发展出现非均衡局面的今天，凝练社会核心价值、大力繁荣文化，就能够起到凝神聚力、突破中等收入陷阱的重要作用。

2. 运用经济学的理论和方法，把握文化改革的内在逻辑。

（1）文化经济学的发展。随着经济研究的扩展和文化产业的兴起，文化经济学的研究日渐受到更多的关注。总体而言，相对于其他经济学分支，文化经济学研究起步较晚。因此，认识并总结现有文化经济学的研究分支和进展有利于把握研究方向，发现文化研究领域的共性和特殊性。

随着文化的商品化和产业化，国外学者从 21 世纪中后期开始用经济学的方法研究文化，现在文化经济学已然发展成经济学领域中一个受到认可和关注的专业分支。陶斯在 1997 年就对文化经济学的研究内容做了详细的阐述，认为文化经济学的研究论题包括需求、供给、行业组织、艺术产品市场、劳动力市场、公司行为和公共补贴。② 我国对文化经济学的研究始于 20 世纪 80 年代，21 世纪后逐渐得到重视。

研究初期，学者对何为文化经济学进行了探讨，多数学者认为文化经济学是用经济学（主要是马克思主义政治经济学）的方法研究文化。如方加良（1991）认为，文化经济学是研究文化艺术的生产、流通和消费现象及其发展规律的科学。严行方（1992）③ 认为，文化经济学是一门关于文化领

---

① 马克思恩格斯选集（第 4 卷）［M］. 北京：人民出版社，1972.
② 王家新，傅才武. 艺术文化经济学［M］. 北京：高等教育出版社，2013：7.
③ 严行方. 文化经济学［M］. 北京：北京经济学院出版社，1992.

域经济关系及其运动、变化、发展规律的科学，是文化学和经济学相互延伸交叉形成的一门边缘学科。1993 年，程恩富撰写的《文化经济学》被称为"我国第一部试图全面系统地探讨'大文化'经济理论与实践问题的专著"（尹伯成，1994）①。该书构建了较为完善的文化经济学理论框架，内容涉及文化与经济的共生互动关系、文化资源配置、文化供需、文化投资、文化劳动以及文化发展战略等。胡惠林（2004②，2009③）对文化经济学的研究主要集中于对文化产业的讨论。他从经济学的角度考察了文化产业的形成和发展变化以及文化产业中的文化活动和文化现象，确立了文化经济在国民经济中的地位，对文化产业发展战略、政策、安全做了较为宏观的论述，本质上属于文化与经济的关系研究范畴。

也有学者，如安应民、高新才（1995）④ 认为，文化经济学不是研究文化领域或文化事业本身发展的经济学问题，而是从文化视角去审视社会经济活动，探讨与研究不同文化层面与社会经济发展之间所蕴含的内在规律，从而阐释一切社会经济现象发生、发展及其变革的规律性。研究中所使用的方法包括马克思主义哲学、经济学、社会学、管理学和历史学。王天玺（2012）⑤ 指出，与经济、政治并列的狭义文化，应当包含意识形态、社会组织、风俗习惯、文学艺术、科学技术等，认为文化经济学应当力求把复杂的经济问题简约化，用人类文化的结晶——阴阳对立统一的方法来阐明现代经济运行的规律，强调文化对经济的主导作用，也属于文化与经济的关系研究范畴。

文化经济学的研究在方法上日益靠近现代经济分析方法，在范围上出现了细分，并深入到文化产品的微观领域。如李永刚（2013）⑥ 指出，文化是一种影响经济行为人的行为选择进而影响国家和区域经济运行和经济增长的主观精神变量。文化经济学把人的价值观念和宗教信仰等主观精神禀赋纳入经济分析，与行为经济学把人的行为心理过程与结构纳入经济分析一样，都

---

① 尹伯成. 评介程恩富教授主编的《文化经济学》[J]. 经济学动态，1994.
② 胡惠林. 关于当前文化体制改革的两点思考 [J]. 学术月刊，2004（6）：60－64.
③ 胡惠林. 关于我国文化产业发展战略研究的思考 [J]. 东岳论丛，2009（2）.
④ 安应民，高新才. 论建立文化经济学的几个问题 [J]. 兰州大学学报（社会科学版），1995（1）.
⑤ 王天玺. 何为"文化经济学"[J]. 当代贵州，2012（2）.
⑥ 李永刚. 文化经济学的分析方法 [J]. 学术月刊，2013.

是对经济学的研究方法和范式的重要拓展。文化精神作为多维度的复合变量，应当包含价值观、诚信度、忍耐力等多个精神向度。而如何就文化精神变量进行理论建模和实证测度，是把文化精神纳入经济学分析的关键点和难点。陈庆德（2006）[①] 指出，文化经济学是在回答文化存在何以成为经济事实这一问题的基础上，对文化产品的生产与服务的经济化关系进行理论阐释的一门新学科。李向民、韩顺法（2010）[②] 将文化产品视为精神产品，研究它的价值、生产、传播和产业特征，提出了精神经济学的概念。他们在对中国艺术经济史进行研究的基础上，肯定了精神文化在发展经济中越来越突出的作用，指出了精神产品的商品化和一般产品的泛文化化趋势，认为文化艺术产业将兴起成为精神经济产业中最为核心的产业。其研究成果在国际文化贸易、城市文化竞争力评价、文化体制改革中得到应用。

　　国内文化经济学的研究中，还多见"艺术经济学"一词。例如李书亮（1981[③]，1982[④]，1983[⑤]）将艺术表演院团作为研究重点，主要运用马克思主义理论研究艺术经济学，探讨艺术生产、交换、价值和使用价值大小等问题。顾兆贵（2004[⑥]，2005[⑦]，2013[⑧]）也以马克思的艺术生产理论作为艺术经济学的理论基础，对艺术生产、分配、交换、消费进行了富有特色的研究。林日葵（2008）[⑨] 指出，艺术生产既是艺术创造者本人的精神生产，又表现为艺术载体的物质生产，在研究中当以包含生产力、生产关系、流通、交换、消费、价值规律等内容的马克思主义经济学的分析方法为主。庞彦强（2008）[⑩] 从艺术商品、生产、消费、市场理论和健全国家文化职能等多个角度，解析了艺术经济学的主要问题。其研究方法逐渐由马克思主义经济理论向现代经济学研究方法过渡。傅才武从 2004 年开始对表演艺术进行了一系列的研究，对其产品属性、供需规律和改革发展政策做了大量理论上的探讨。傅才武、谢大京、陈庚先后提出借鉴西方非营利组织推进国有文艺院团

① 陈庆德. 文化经济学的基点与内涵 [J]. 湖南师范大学社会科学学报，2006（2）.
② 李向民，韩顺法. 文化产业与精神经济时代 [J]. 思想战线，2010（3）.
③ 李书亮. 艺术经济学学术讨论会简述 [J]. 社会科学辑刊，1981（3）.
④ 李书亮. 论社会主义艺术经济学的马克思主义理论基础 [J]. 社会科学辑刊，1982（6）.
⑤ 李书亮. 艺术经济学概说 [M]. 北京：文化艺术出版社，1983.
⑥ 顾兆贵. 艺术经济学导论 [M]. 北京：文化艺术出版社，2004.
⑦ 顾兆贵. 艺术经济原理 [M]. 北京：人民出版社，2005.
⑧ 顾兆贵. 艺术经济学 [M]. 北京：生活·读书·新知三联书店，2013.
⑨ 林日葵. 论艺术和经济的融合与创新 [J]. 中国文化产业评论，2008.
⑩ 庞彦强. 艺术经济通论 [M]. 北京：文化艺术出版社，2008.

改革的思想。此外，国外译著的引入等，也标志着艺术经济学现代经济学分析方法的转型和开端。2013 年，王家新和傅才武合著的《艺术经济学》可视为艺术经济学研究的最新进展。该书对艺术经济学的研究对象（艺术劳动、艺术商品、艺术生产和消费、艺术市场、艺术组织）、研究进展进行了表述，分别对表演艺术经济、视觉艺术经济、数字艺术经济、艺术博物馆经济学进行了分析，并讨论了艺术产业、城市文化经营与国家文化创新体系的建构和艺术发展的政策问题。焦斌龙（2013）[①] 认为该书为我们构建了一个艺术经济学的学科体系。而魏鹏举（2013）[②] 则认为国内学界的艺术经济学主要从文化艺术现象本身特性出发，梳理艺术经济学的基本问题，虽不失引进创新之功，但尚未形成艺术经济学独立学科范畴。

综合上述，目前国内文化经济学的研究尚处于初级阶段。研究中取得的成果和存在的问题可总结如下：

一是成果方面。首先是研究分支的细化。不难看出，我国文化经济学的研究也形成了文化与经济关系、文化产业、艺术经济学三个研究领域。其次是研究方法的转变。在利用现代经济学的方法研究文化中取得共识，对文化经济学的研究对象和文化的特殊性有了较为清晰的认识。

二是存在的问题。首先是研究分支的层级混乱。例如，国内研究中提到的文化经济学和艺术经济学在研究方法和研究对象上差别不大，而艺术经济学的研究内容也包括产业特征明显的数字艺术经济。因此由于没有注重艺术与数字传媒产业的本质异同，使得文化产业与艺术经济学的研究理论存在层次不清的现象。其次是研究层面较为初级。例如魏鹏举（2013）指出，与西方发达国家相比，我国艺术经济学科起步较晚，底子较薄，研究相对滞后。国内现有艺术经济学的研究成果大多停留在艺术与经济的关系描述层面，止步于宏观层面的概念及其规范性的讨论。如何将现代经济学理论和分析方法运用于艺术生产和消费过程，还需要大量的尝试和努力。

我们认为，按照研究领域或角度的不同可以将文化经济学细分为以下三个研究分支：一是经济与文化之间的关系；二是文化产业经济学；三是艺术

---

① 焦斌龙. 艺术经济学的理论探索——评王家新、傅才武的新著《艺术经济学》［N］. 中华读书报，2013 - 09 - 11.

② 魏鹏举. 构建文化产业理论研究的基础——评王家新傅才武先生的新著艺术经济学［J］. 出版发行研究，2013（11）.

文化经济学。

经济与文化之间关系的研究侧重文化作用的探讨，如戴维·思罗斯比（2011）① 指出，经济驱动力和文化驱动力是影响人类行为的两种重要力量，经济驱动力是个人主义的，文化驱动力是集体主义的，因此文化政策的制定应该同时考虑经济价值和文化价值。实际上，当经济发展到一定程度后，"社会生产和消费的全部是文化，人们的消费都是在文化引导下所发生的一轮又一轮的行为过程。"② 因此，"文化的经济化"与"经济的文化化"的特征日益鲜明。

文化产业经济学侧重于大众文化形式——影视、广播、出版等，研究该领域文化产品的生产、消费、市场等的特征，代表人物有约翰·费斯克、大卫·赫斯蒙德夫。

最后一个分支为艺术文化经济学，它注重对现场表演艺术——戏剧、芭蕾、交响乐、歌剧，以及绘画和雕塑的研究。海尔布伦③认为，表演艺术、绘画和雕塑与电影、广播和写作出版大相径庭，研究方法因此差别较大，应独立为一个研究方向。

三个分支之间的研究范围依次缩小，不过文化产业和艺术经济学之间的界限则更为模糊。因此，也可以将对表演艺术的研究划入文化产业经济学，反之则不可。例如，思罗斯比明确将音乐、舞蹈、戏剧、文学、视觉艺术、手工艺，以及更新一些的艺术形式，如视频艺术、表演艺术、计算机和多媒体艺术归入核心文化产业。因为他认为，文化产业的文化商品和文化服务需要在它们的生产中体现创意，体现某种程度的知识产权，并传达某种象征意义。按照这种划分方式，图书和杂志出版业、广播电视业、报纸业和电影业这些大众文化或主流文化产业在文化产业中的位置反而位列上述核心文化产业之后，称为主要文化商品和服务，因为它们同时生产文化与非文化的商品和服务。而广告业、旅游业和建筑服务业更是被认为是本质上不属于文化领域但含有某种程度文化内容的产业，处于文化产业的边缘位置。

---

① 戴维·思罗斯比. 经济学与文化 [M]. 张峥嵘译. 北京：中国人民大学出版社，2011.
② 何敏. 文化产业政策激励与法治保障 [M]//傅守祥. 文化经济视野中的文化产业发展. 北京：法律出版社，2011.
③ 詹姆斯·海尔布伦，查尔斯·M. 格雷. 艺术文化经济学 [M]. 詹正茂等译. 北京：中国人民大学出版社，2007.

（2）经济学理论和方法的应用。文化供给方面，我们将紧紧抓住外部性和生产力滞后两大特征，文化需求方面则抓住不确定性和理性上瘾特征，以此为切入点对文化单位的困境、文化管理的基点、文化改革方向展开分析。在对文化发展特征和规律的充分认识上，结合文化管理体制机制确立的历史来源、改革背景、改革历史进程等现实基础，探明艺术组织发展困境的成因，从而就如何深化改革和完善文化管理体制机制提出建议。

能否有效把握这些固有规律并解决由其导致的现实难题是改革和管理能否取决进展的关键之处。文化改革之所以在一些领域取得进展，根本原因在于改革措施有助于解决由这些规律导致的难题，同样，改革之所以在另一些领域进展不大，根本原因也在于所出台的改革措施没有有效解决这些难题。把握文化发展的固有规律并解决由其导致的现实难题既是深化文化单位改革和完善文化管理的切入点，也是核心问题。只有较好地解决上述难题，才能构建更富效率的文化供给体系。

我们先后应用理性上瘾理论、委托代理理论、4C理论、双边市场理论、声誉模型、交叉网络外部性模型等，采用面板模型和超越对数随机前沿模型，分别对文艺院团的困境成因和文化产业的技术效率进行实证检验。在进行充分的经济分析基础上，我们提出文化单位在推进内部法人治理结构建设的同时，应加大组织制度供给，积极探索非营利组织制度在文化领域尤其是艺术表演团体中的应用。在文化管理方面，应进一步明确政府管理职能定位，充分发挥市场在资源配置中的作用，由"单一管理"向"文化共治"，由"行政管理"向"法治管理"，由"统一管理"向"差异化管理"方向转变。同时加强文化执法并注重和规范对文化的引导、扶持。改革和管理相互配合，共同构成未来文化发展的生态体系。

二、本书主要架构

第一章，文化改革的挑战与破局：改革规律的再探索。本章重点分析了当前文化发展面临的巨大需求与挑战，把马克思主义的文化观和文化经济学的发展以及经济学理论和方法的应用作为对文化改革规律把握的基础，以此展开研究。

第二章，文化供给中的外部性和生产力滞后特征。分析文化供给中存在的两大固有特征——外部性和生产力滞后及其导致的问题和解决方案。

第三章，文化成长中的不确定性。讨论文化成长中面临的各种不确定性，包括创作生产中的不确定性、消费传播过程中的不确定性和内外部管理方面的不确定性，并从定价和扶持两个方面给出了解决方案。

第四章，文化需求形成的影响因素和理性上瘾特征。讨论文化消费中的影响因素，尤其是上瘾特征及其影响下的文化艺术消费形成的缓慢性。进一步综合供给和需求两个角度的分析，解释了国有文艺院团改革难的原因。

第五章，文化体制改革进展的理论透视和研究述评。回顾并评价中国文化体制改革的成果和不足之处，认为其在解决外部性、由生产力滞后导致的成本病和文化成长中的不确定性方面取得了一定进展，然而仍然存在重政府轻市场、重供给轻需求、重行政轻法治等问题，因此未来改革的深化当以此为着力点。

第六章，4C 理论视角下文化单位改革的现实困境。改革尽管取得了较大进展，但不少文化单位尤其是国有文艺院团仍然存在诸多弊端，并且有各种优惠政策的支持，并不能称为真正的转企，而是在较长一段时间内处于过渡期。同时，实证经验表明，由生产力滞后引发的鲍莫尔成本病和需求不足是制约其发展和改革的主要原因。改革深化和管理创新要切实处理好这两方面的问题。在文化单位改革深化方面，应借鉴非营利组织制度增加制度供给，促进艺术组织的市场化发展；在管理创新方面，建议进一步规范政府职能，并从文化体制管理创新和文化单位改革深化等方面提出建议和路径。

第七章，文化创意能力、激励结构与文化组织改革。通过对终身教职制度和事业合伙人制度的实践总结和博弈分析，结合文化产业人力资本特征和改革实践，探讨如何通过有效的制度设计来激励文化创意能力形成，推动文化产业发展。

第八章，专用性人力资本累积与深化文化单位改革。借鉴非营利组织制度，完善制度供给。从人才激励的角度，结合市场需求条件，得出非营利组织的大量存在是与艺术生产消费规律相适应的结果。并进一步提出了以需求为导向的组织建设和相应的外部法治和支撑环境的建设，同时强调院团自身的创新发展为改革方向。

第九章，政府文化管理职能定位的经济学逻辑。首先，研究解释政府在文化管理中的角色定位问题的重要性。其次,讨论政府文化管理职能的目标和边界,认为政府文化管理的总目标在于构建富有效率的文化供给体系,更好地保障人民的基本文化权利。而管理职能边界在于供给层面上履行"激励社会文化自由创造"的职能,需求层面上履行"引导文化消费传播"的职能。最后,构建基于激励性规制理论的政府文化激励规制模型,基于网络外部性理论和文化的不确定性特征构建文化认同模型,分别对政府两个职能的理论基础和实现路径进行说明。

第十章,中国文化管理体制机制改革创新发展路径。本章以改革的三维视角为切入点,从加强文化宏观管理,加强文化法治化建设,强化政府政策、资金以及多元化投融资体系的引导、扶持作用,完善文化市场综合执法体系建设等方面出发,对未来文化管理体制机制改革的创新发展提出可选择的路径。

第二章 文化供给中的外部性和生产力滞后特征

从供给的角度来讲，文化产品的提供表现出两大突出特征，即外部性和生产力滞后特征。两大特征的存在，导致文化自发供给不足，影响了富有效率的文化供给体系的构建。因此，以经济学视角认识文化供给中的典型特征，对于完善文化供给体系、推动文化体制改革具有十分重要的作用。

一、文化产品的外部性特征

任何文化产品的消化吸收，都意味着接受者的精神层面发生了或多或少的文化提升，而这种文化提升通过影响社会价值判断标准从而影响人类的选择，无论此种影响是正向的还是负向的，都会在人类社会活动中对他人造成影响，形成外部性。

（一）外部性特征在文化产品中的具体表现

文化产品的生产过程与其他产品一样，都需要通过资本、劳动、技术以及其他要素的投入。但文化产品与其他产品之间也存在较大的差异，表现为文化产品的外部性特征，具体来看：

1. 文化产品的外部性表现为"正"、"负"两面性。作为精神层面载体的文化产品的消费与传播，具有极强的外部性，这种外部性存在正、负两面性。文化产品的正外部性是指该种文化产品的消费在给别人带来收益的同时并不增加其成本，比如，某种符合社会价值判断标准的文化消费能够凝聚社会合力，形成民族凝聚力，从而使国家更加稳定团结；再如，某种积极向上、高雅美好的文化给人带来舒畅的心情和前进的动力，从而推动社会进步。文化产品的负外部性是指该种文化的消费对其他社会个体产生负向影响，比如某些低俗、丑陋、消极的文化消费，不仅对消费者本身造成极坏的影响，同时影响社会风气、损毁文化根基，有时对于民族历史文化的冲击甚至是毁灭性的。

2. 文化产品的外部性表现为代内外部性和代际外部性特征。文化产品的外部性特征首先表现为代内外部性。某种文化的消费不仅意味着物质载体层面的消费，更重要的是文化产品承载的无形的文化思想和价值判断标准，良好的文化消费在满足自身文化需求的同时，更重要的在于形成良好的自身文化修养和社会文化氛围，对个人生产力和社会进步起到巨大的推动作用。文化产品的外部性还表现为一定的代际外部性特征。某些深刻的文化思想、优秀的风俗习惯以及极具开拓性的文化创意，不仅给当代造福，同时随着文化的传承，成为后代消费或者进行文化再生产的基础，形成极强的代际外部性。

3. 文化产品的外部性表现为交叉网络外部性特征。文化传播与消费的过程表现为一种交互性，简单来说，这种交互性发生在文化产品的生产者与消费者之间，扩大来说，这种交互性因精神层面对人类行为的影响，形成了整个社会交叉连接的互动网络。就文化产品和服务的生产者而言，某种文化创作、生产的过程并非仅是物质资本、人力资本的简单投入，更重要的在于生产者在其所处的社会环境中，因自身利益和需求的考虑所表现出的某种知性诉求和文化思想。消费者在对文化进行消费的过程，实质上是凭借自身具有的文化艺术鉴赏能力和理解能力，与生产者进行互动交流与对话的过程。同时，文化产品的交叉网络外部性意味着从广泛的人类学意义上来讲，多个生产者与消费者构成复杂的交叉网络，某种文化形态的成功极有可能在人群中形成示范和扩散效应。交叉网络外部性的存在，使该种文化因认同人数的不断增多，呈现迅速蔓延态势，加速基于此种文化形态的文化再生产与创造。

4. 文化产品的外部性表现为某种形式的意识形态。文化产品在发挥新闻、宣传、教育、娱乐功能的过程中，往往承载着某些思想主张、价值判断标准、社会价值观等内容，旨在实现民族对该种文化的认同、对某种政治制度的支持以及民族凝聚力对社会的推动，这就体现了文化的意识形态属性。同时，意识形态提供社会价值判断标准，该种价值判断标准决定了在当前环境情况下，社会个体"应该做什么"的问题。此时，认同该种意识形态的个体之间便具有了共同语言，从而能够保持思想一致、价值观一致，以此为基础，对符合自身价值观的文化及行为关系进行肯定，而对有悖于自身价值观的文化持反对态度，从而能够聚合同类人群，形成某种节约机制，降低人类合作的谈判、交易成本。

（二）外部性问题的存在及其解决方案

外部性的存在，使生产经营者通过市场提供文化产品和服务的过程中，获得的经济收入不足以弥补创作成本，此时创作者便失去了从事创作的激励，由此产生的直接后果便是文化产品的供给不足。同时，对于表现出负外部性特征的文化产品而言，单纯依靠社会准则和市场的自动筛选机制，难以有效对负外部性产品形成遏制，需要政府施加干预手段，引导、支持文化的消费传播。

解决文化产品外部性问题的有效方式在于通过政府补贴具有正外部性的文化产品的生产与创作给予激励，弥补其生产成本，对负外部性的文化产品，实施必要的惩罚。

根据外部性存在的差异，文化产品的供给可以采取政府供给、市场供给和混合供给三种模式。其中混合模式是基于政府、市场双重供给机制形成的，主要以政府有偿供给、政府管制下的市场供给以及通过政府授权经营、补贴、参股等方式结合市场供给主体共同供给文化产品和服务的模式。

对于具有不同程度外部性属性的文化产品的供给，其社会成本和供给效率存在差异。政府补贴产生的影响效果也不同，具体如图 2-1 所示。

其中，D_p 曲线代表文化产品的私人边际曲线，D_s 为社会边际效用曲线，二者间的纵向距离代表外部性。S_1 为市场供给模式下的边际成本曲线，就社会福利最大化而言，最优的文化供给量满足社会边际效用等于社会边际成本的原则，此时，最佳供给量应为 Q_3。如果由社会自发供给，市场机制下的产品供给取决于 D_p 与 S_1 相交形成的产量 Q_1，低于社会最优供给水平 Q_3，表现为文化产品自发供给不足。然而，如果该种文化产品完全由政府提供，则从个人效用最大化的前提出发，社会消费量应为所能供给的最大量，即 Q_4 水平，这使得本没有消费意愿的个体，由于无须付费而产生过度消费行为。因此，单一供给模式极易造成文化产品自发供给不足或过度消费问题，文化的社会供给处于低效率状态。

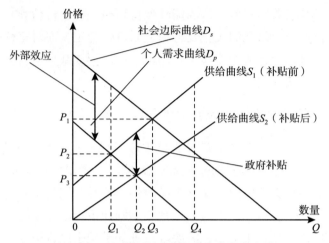

图2-1 政府补贴对文化产品供给的影响

假定采用混合供给模式，政府通过补贴、税收优惠等形式给予文化生产经营单位一个成本补偿方案，文化供给价格从 P_2 降到 P_3，消费量从 Q_1 增至 Q_2，消费水平接近社会最优。因而，混合模式下，政府补贴具有正外部性特征的文化产品供给过程，有助于解决市场自发供给不足以及单纯政府供给模式下的过度消费问题，从而增进社会福利水平。

进一步来看，政府在对文化产品生产创作过程进行补贴时，对文化产品的补贴程度取决于其外部性的大小。

假定有两种文化产品 a 和 b，a 的外部性大于 b。图2-2表明外部性越大的文化产品，由市场供给带来的效率损失越大。具体来看，D_d、D_x 分别表示产品 a 和产品 b 的社会边际效用曲线，三角形 ADE 和 ABC 分别表示产品 a 在政府供给和市场供给模式下的效率损失，后者面积大于前者面积，表明市场供给模式下的效率损失值较大，此时以政府供给模式为主；同理可得，在产品 b 的供给过程中，政府供给的效率损失值较大，应以市场供给为主；对于外部性程度介于两者之间的一般文化产品供给而言，采用混合供给模式是较为合理的选择。

因此，就政府补助与文化产品的供给而言，可以简单理解为：如果某种文化产品的供给表现出越强的外部性，单纯依靠市场供给方式造成的效率损失可能越大，此时通过政府补助生产方式能够弥补文化供给方的效率损失，

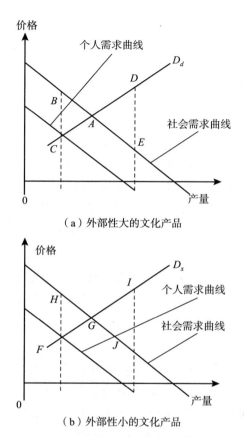

（a）外部性大的文化产品

（b）外部性小的文化产品

图 2－2　不同外部性文化产品效率损失示意

保证社会文化的充分供给。在具体的操作实践中，政府应切实考虑产品的外部性特征，合理确定补贴强度，充分发挥政府管理与市场机制的有效性，实现文化产品的充分供给。比如，针对公共图书馆、民族博物馆、纪念馆和群众性文化基础设施等外部性较强，但难以通过市场自发提供的文化产品及服务，应积极采取政府补贴手段，而对于一般电影、电视、娱乐演出等只通过市场机制就能保证有效供给的文化产品及服务而言，政府则没有补贴的必要。

二、文化产品的"鲍莫尔成本病"特征

生产力滞后特征是指在单位时间内产出不出现任何增长，这一特征主要

发生在机器难以代替劳动力的领域，而机械化程度的提高是生产力增加的源泉。这一特征使得文化尤其是表演艺术的生产供给饱受成本病的折磨。

（一）"鲍莫尔成本病"问题的提出

1966 年，鲍莫尔和鲍恩（William J. Baumol and William G. Bowen）[①] 出版了《现场表演艺术：经济困境》一书。这本书产生了十分显著的影响，并且其观点被文化经济学者普遍认同。鲍莫尔和鲍恩提出的经济困境问题实质上是一种进步部门的生产率快速增长而导致停滞部门出现相对成本不断上升的现象，即生产力滞后，由此产生的成本压力被称为"鲍莫尔成本病"。

经济学定义的"经济增长"是指每单位资本带来的产量增长，只有当一个国家的经济持续运转，使得社会总产品增长快于总人口增长，也即人均可获得的产品和服务数量增加时，居民才能享受到生活标准的稳步提高。为简化分析，我们假设，随着经济的增长，工作周的长短和人口中工作人数的比例是保持不变的，这里的经济增长则意味着生产力的既定增长，表现为每单位资本带来的产出量的增长。

众所周知，任何经济体中，每工时产出的增长有以下五种可能的来源：一是单位工人资本的增加。如果工人有更多的机械设备可供使用，每工时的产出就会增加：在一个小时之内，十个工人用两部前装载机和两辆卡车所搬运的土要比十个工人用一部前装载机和一辆卡车搬运的多。二是科技的进步。科技可以定义为对生产方法的掌握情况。例如，推土机和前装载机的采用替代了镐和铲就是科技的一个进步，它大大提高了运土业单位工时的产出。三是劳动力技能的提高。显然，如果工人的技术更加娴熟，他们在单位时间内的产量就会越高。技能可以通过教育或在职培训得到提高。四是更优质的管理。如果管理者建立更多关于组织生产过程的有效途径，那么每工时的产量就会增加。五是规模经济。在一些生产过程中，当生产规模扩大时，单位投入的产出是增加的。汽车制造业就是一个很好的例子。这类行业就具有规模经济特征，尤其是随着产量规模的扩大，会表现出每工时产量的明显增加。

[①] Baumol W. J., Bowen W. G. Performing Arts: The Economic Dilemma. New York: Twentieth Century Fund, 1966: 165.

在 20 世纪的大部分时间内，美国经济的生产力以每年 2% ~ 3% 的比例递增。然而，各行业之间的模式并不一致。尤其是与某些特定的服务行业，如教育、私人疗养院、理发店、汽车维修、美味佳肴的准备，以及本篇着重考察的现场表演艺术等进行比较，制造业中每位工人的产量上升速度更快。上面列举的这些行业被称为具有"生产力滞后"特征的行业。而这些行业产出的增加主要依赖第三个来源，即劳动者技能的提高。正如鲍莫尔和鲍恩所强调的，"对于仅仅依靠这一因素的现场表演艺术而言，不能指望其比得上由整个经济获得的生产力发展的显著成就"。结果就是，相对于整体经济的成本而言，表演艺术产出的单位成本注定要不断上升。简而言之，这是生产力滞后不可避免的结果。

对于现场表演艺术这一行业来说，以机器代替劳动力是相当困难，甚至不可能办到的，每位工人机械化程度的提高是生产力增加的重要源泉。相对于整体经济的成本来说，现场表演艺术的成本之所以会上升，是因为艺术领域中的工资待遇增长必须与一般经济中的保持同步，即使艺术生产力的提高是落后的。这并不意味着艺术家每小时的工资必须与其他工作中的工人一致，因为在不同职业当中，就业的工作条件以及从中获得的非货币性的满足是各不相同的。更确切地说，这项讨论就是，包括艺术在内的所有行业都需要在全国性的综合劳动力市场上通过竞争来雇用劳动者，因此艺术家的工资必须不断与一般经济中的工资保持同比例增长，以便使艺术产业能够雇用到其发展中必需的劳动者。

因此，那些使用大量生产设备的行业，最容易实现生产力的提高。这些行业通过使用更多的机械设备或投资于新的技术改良设备，能够提高单位工人的产量。其结果就是，在典型的制造业中，生产单位物质产出所需要的劳动时间总量每隔十年都会显著下降。然而，现场表演艺术则完全不同。机器、设备和技术在其中发挥的作用很小，并且随着时间的流逝，这些因素几乎不会发生任何变化。

然而，并非完全不存在技术进步。在某些辅助性的功能上，技术进步有效提升了文化产品的表现形式和传播方式，例如，电子控制的发展使舞台照明发生了革命性变化，观众的舒适度也因空调的使用而大大改善了，这些同样为更长的演出季度和更灵活的日程安排提供了便利。但是现场表演艺术本身所具有的生产条件的特殊性阻止了生产力方面的任何实质性改变，因为表演者的劳动本身就是产出，比如歌手演唱，舞蹈演员跳舞，钢琴家弹奏钢琴，不存在任何途径能够显著提高每小时的产出。就像鲍莫尔和鲍恩所言：“表演者的工作本身就是最后的结果，而非生产某种商品的手段。”

（二）文化供给中“鲍莫尔成本病”的特征

生产力滞后规律主要体现在全部的现场表演艺术中，诸多其他类型的文化产品供给，也存在较为明显的生产力滞后特征，如电视节目制作、广播、电影、书籍甚至各种创意产业等。正如鲍莫尔所言：“在表演艺术市场上，三百年前的莫扎特四重奏要四个人演，三百年后依然要四个人！”尽管目前各种高新技术水平的迅猛发展对于文化供给提供了便利，但技术对供给能力的影响主要表现在传播过程中，而在内容生产过程中，技术的促进作用只是辅助的，可以一定程度上提高生产效率，增强内容的美观度，但作用有限，主要的投入仍以文化生产者的劳动投入为主。如对电视节目来说，节目制作与录制的过程，需要大量人力、物力、时间的投入，纵使剧组使用的摄像机清晰度再高、设备再先进，节目制作与录制的时间也难以大幅缩减，希尔达·鲍莫尔和威廉·鲍莫尔（Hilda Baumol & William J. Baumol）曾指出，同现场表演部门中的成本完全一样，电视节目的制作成本也要受到由生产力滞后所带来的物价上涨的影响。他们发现，从技术层面来讲，每档节目每小时在素材上的电视制作的成本，与现场表演娱乐是相似的，在 1964 年到 1976 年之间增长了 143%。[①] 同期内，制片人价格指标仅增长了 81%。但是，多种内容传输设备，如有线电视传输技术、卫星电视传输技术、地面开路电视传输技术，乃至网络技术的迅速发展，大大缩减了消费者接收产品的时间，丰富了消费者接收产品的方式，提高了文化供给的效率。以现场表演艺术为例，可以发现这一行业有着不同于其他行业的生产特征，具有特殊的生产函数，具体表现在以下几个方面：

---

① Hilda Baumol and William J. Baumol, "The Mass Media and the Cost Disease"，见 William S. Hendon 等编著 The Economics of Cultural Industries，第 109～123 页（Akron, Ohio: Association for Cultural Economics, 1984），表 2，第 113 页。再版于 Ruth Towse 编著的 Baumol's Cost Disease, the Arts and Other Victims（Cheltenham, UK: Edward Elgar, 1997），第 180～194 页。

（1）劳动技能与思想内容结合才能完成演艺产品的生产。不同于一般的商品生产，文化产品对物质资料的倚重相对较少，但对技能和思想内容的要求较高，是强人力资本依赖型生产模式。表演者要经过长期的训练才能形成特定的演出技能，而演出技能又必须与一定的思想内容结合在一起才能形成完整的文艺作品。

（2）表演者的生产即为产出，产品难以有效储藏。表演者在舞台上的演出过程本身就是作品的生产过程，即表现为演艺产品的产出，同时观众的欣赏过程也就是消费过程。这一过程中，不仅表演者的劳动技能得到展示，更重要的是作品的思想内容与观众产生交流互动。这样的过程难以储存，即使储存也失去了现场所特有的氛围，从而导致与现场高强度的外部性有着很大的差异。

（3）表演者的每一次生产过程同时也是技能训练与强化的过程，是对思想内容理解加深的过程。因此，表演过程本身对于演出者来说也是积累人类资本的过程，所以表演者具有较高的激励提供这样的演出。这也意味着演出对表演者具有更高的重要性，即使表演不能产生经济收益，表演者也有激励完成整场演出。

（4）要想实现产出的增加，只有通过不断的再表演。技术进步对于表演的辅助领域有着较为显著的影响，如服装、灯光、音响、舞美等，但无法实现对表演者的替代。演艺产品增加产出的唯一途径即是不断的再表演，也就是说只有规模经济效应对于演艺业提高生产力具有显著作用，而其他因素，如技术进步、有效管理、技能提高等提高一般商品生产力的途径，作用有限。

（5）投入锁定。演艺产品的提供，在其设计之初就能基本确定完成产出所需的成本投入，而再表演过程中即使存在成本节约，幅度也较小，存在明显的投入锁定效应。这就意味着每一次再表演过程，基本上需要付出与第一次产出相同的成本，单位场次的演出成本并未随着演出次数的增加而减少。也就是说，规模经济效应只对节约演艺产品的总成本有作用，随着演出场次的增加，作品的创作成本可以被不断摊薄，但每次演出的可变成本基本上是固定的。以 *TC* 表示总成本，*AC* 表示平均成本，*MC* 表示边际成本，文化产品的成本曲线如图 2-3 所示。

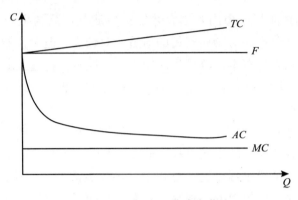

图 2 - 3　文化产品的成本曲线

因此，现场表演艺术生产函数的特殊性决定了它是典型的生产力滞后行业。当一个行业因每工时产量增加推动的服务成本增长速度快于因每工时产量增长所带来的商品成本的增长时，该行业即具有生产力滞后特征。生产力滞后特征主要存在于那些成本主要由劳动力成本构成的服务行业中，因为这些行业较难通过技术进步实现机械设备对劳动力的替代。产出的增加只能依靠不断反复的再表演，而每一次再表演的演出成本基本是被锁定的，更重要的是，劳动力成本尽管在短期内变化不大，但在长期中却呈现出不断上升的趋势。也就是说，现场表演艺术产品的再供给表现出成本不断上升的特点，生产力滞后特征使现场表演艺术陷入持续不断的财务困境中，由此引发了一系列不同于一般商品供给的后续效应。

具体地，我们借用威廉·鲍莫尔（William J. Baumol，1967）[①] 提出的两部门非均衡增长模型，解释"鲍莫尔成本病"问题。文化生产经营单位，尤其具有现场表演特性的艺术领域，属于鲍莫尔定义的技术停滞部门，而其他不存在明显生产力滞后特征的行业统称为技术进步部门。

为简化分析，假定两部门生产函数中，劳动是同质的且为唯一投入，技术进步部门劳动生产率保持稳定增长，假定为 γ。工资以 w_t 表示，且工资比率参照技术进步部门标准，按照相同比率 γ 增长，则两部门生产函数分别表示为：

---

① Baumol，W. J. Macroeconomics of Unbalanced Growth：the Anatomy of Urban Crisis ［J］，American Economic Review，1967（57）：415 -426.

文化生产部门： $\qquad f_1(L) = \partial L_{1t}$ $\qquad$ (2-1)

技术进步部门： $\qquad f_2(L) = \beta L_{2t}e^{\gamma t}$ $\qquad$ (2-2)

单位产出成本分别表示为：

文化生产部门： $\qquad C_1 = w_t L_{1t}/f_1(L) = we^{\gamma t}/\partial$ $\qquad$ (2-3)

技术进步部门： $\qquad C_2 = w_t L_{2t}/f_2(L) = w/\beta$ $\qquad$ (2-4)

从式（2-3）和式（2-4）可得，两部门的相对单位产出成本比 $\theta = C_1/C_2 = \beta e^{\gamma t}/\partial$，表明相对成本将随时间的推移逐渐增加，即不管工资标准如何设定，相对于技术进步部门，文化生产部门的成本将会持续上升，这就是对"鲍莫尔成本病"问题的解释。

更进一步地，由式（2-1）和式（2-2）得，两部门之间的相对产出比率 η 为：

$$\eta = f_1(L)/f_2(L) = \partial L_{1t}/\beta e^{\gamma t}L_{2t} \qquad (2-5)$$

如果两部门间的需求弹性等于价格的倒数，而价格严格反映成本，与成本成一定比例，则相对产出 $(C_1/C_2)\eta = L_{1t}/L_{2t}$ 为常数 k。此时，$\eta = \partial k/\beta e^{\gamma t}$，随着时间的延续，相对于技术进步部门，文化生产部门的产出将会逐渐下降，导致文化产品和服务供给不足，随着文化需求的日益增长，这一矛盾将更加突出。

当两部门之间的产出比率为一固定常数，即 $\eta = f_1(L)/f_2(L) = \partial L_{1t}/\beta e^{\gamma t}L_{2t} = k$ 时，随着时间的延续，$e^{\gamma t}$ 逐渐增加，此时，相对于 L_{2t}，L_{1t} 也将逐渐增加。当劳动力供给总量一定时，大量的劳动力将会逐渐向文化生产部门转移，导致技术进步部门劳动力数额减少。假定 $L = L_{1t} + L_{2t}$，此时，$L_{1t} = Lke^{\gamma t}/(1 + ke^{\gamma t})$；$L_{2t} = L - L_{1t} = L/(1 + ke^{\gamma t})$。

综上所述，两部门非均衡增长模型对"鲍莫尔成本病"问题的解释，根本在于两部门间产出水平不随劳动力增长，但名义工资水平却出现同比例上升，引发文化生产部门生产成本的不断增加，随着时间的推移，增加额不断积累。通过模型推导，得出以下结论：（1）相对于技术进步部门，以文化生产经营单位为代表的生产力滞后行业将会面临生产成本不断提高的困境；（2）当产品需求弹性与以生产成本衡量的价格相关时，随着时间的延续，相对于技术进步部门，文化生产部门的产出将会逐渐下降，导致文化产品和服务供给不足；（3）如果两部门间的产出比率恒为常数，则随着时间的延续，劳动力将逐步向文化生产部门聚集；（4）成本上升意味着消费价格的逐步提高，消费者因购买力问题将逐步放弃该文化产品的消费，导致市场逐渐萎缩甚至消失，而"鲍莫尔成本病"问题突出的行业，也会使文化生产企业因高昂的生产成本面临严重的财务困境问题，造成文化供给不足。文化产品和服务需求与供给方面的双向萎缩，对未来文化发展影响巨大。我们以一些数据来简化上述的模型分析结论，如表 2－1 所示。

表 2－1　　　　　　　　"鲍莫尔成本病"问题的假设例证

	T 期	$T+1$ 期	增长率（%）
技术进步部门（P）——制造业企业			
每工时的实物产出	30	36	20
每小时工资	20	24	20
每单位产量的劳动力成本	1.5	1.5	0
技术停滞部门（S）——现场表演院团			
以每工时的入场费衡量的产出	4	4	0
每工时工资	20	24	20
以每次入场费衡量的单位劳动力成本	5	6	20

表 2－1 中，上半部分数据表示的是以制造业企业为代表的技术进步部门的成本情况。每工时的产出用每个工人每小时所生产的产品数量来衡量。数据第一行显示，每工时的实物产出从 T 期的 30 增加到 $T+1$ 期的 36，增长率为 20%。第二行显示，工资与生产力表现为同比例增长，从 T 期的 20 增加到 $T+1$ 期的 24，增长率为 20%。第三行表示为单位劳动力成本，等于每工时工资除以每工时的产出。T 期每单位产量的劳动力成本为 30/20 ＝ 1.5，而在 $T+1$ 期，尽管工资提高了 20%，但每工时的产出也以相同比例增长，因而单位劳动成本并未改变。因此，在技术进步部门，工资能与生产力保持同比例增长，不会引起任何生产成本的增加。

下半部分数据表示的是以现场表演艺术机构为代表的技术停滞部门的成本情况。假定该文艺院团主要上演交响乐，乐团成员由 200 名音乐家组成，每周在一个可以容纳 4000 人的大厅内上演 8 场音乐会，从而每周潜在的门票收入（也即产出）为32000。音乐家每周的工作时间为40小时，因而乐团每周的产出为32000/40＝800张门票。因此，每位音乐家每工时的产出为4张门票，因为现场表演艺术属于生产力滞后性的行业，在 T 期和 $T+1$ 期内，其单位产出是不变的。同时，乐团中音乐家每小时工资从 T 期的20增加到 $T+1$ 期的24，以一般经济中的平均工资上升幅度20%的水平同比例上升。因此，以每次入场费衡量的单位劳动力成本，T 期为5，而 $T+1$ 期为6，呈现出20%的增长速度，这一例证表明，具有现场表演艺术特征的文化产品的供给行业中，单位劳动力的成本会随时间而增长，增长比例相当于艺术部门生产力水平落后于整体经济生产力平均水平的比例。

假设例证往往具有理论上的完美性，而在面对现实问题时缺乏说服力，成本的历史数据能够对我们的结论提供更强有力的支持，证实我们的结论：生产力滞后特征的存在，使现场表演艺术等文化产品的供给呈现出单位成本的增加远快于一般价格水平的态势。

鲍莫尔和鲍恩在对伦敦特鲁里街剧院和考文特花园剧院1740～1775年间的统计数据进行分析后，计算出1771～1772年演出季度与1775～1776年演出季度中每场演出的平均成本支出大约为175欧元，而皇家莎士比亚剧院在1963～1964年演出季度中每场演出的平均成本支出为2139欧元。在那段近两个世纪的时期内，后者每场表演的成本相对前者增加了13.6倍。而同一时期内，英国整体物价指数仅增长6.2倍。因此，那一时期平均每场演出的平均成本增幅超过了总体价格水平增幅的2倍。

上述分析来源于不同时点间、不同地区之间的比较，鲍莫尔和鲍恩同时比较了单个组织在一段相当长的时期内演出成本与价格水平的相对水平。

具体时间为第二次世界大战结束后的年代，数据分别来自23支美国主要的管弦乐队，三家歌剧公司，一家舞蹈公司，以及一个由百老汇、地区剧院和夏季剧院组成的样本，如表2－2所示。在每组数据中，都表现出一个同样的结果：每场演出的成本比一般价格水平的增长速度快很多。此外，他们发现，英国皇家莎士比亚剧院和伦敦中心剧院在第二次世界大战后所经历的模式与美国惊人地相似，以至于他们不得不推测，在现场表演艺术中存在的生产的结构问题是一个"没有国界的问题"。

表2-2　　　美国战后时期演出平均成本支出和零售价格指数对比

组织机构	期间	年平均增长百分比（复合增长率）（%）	
		演出平均成本支出	零售价格指数
23 家主要的乐团	1947~1964 年	3.1	1.3
大都会歌剧院	1951~1964 年	4.4	0.3
市中心歌剧院	1958~1963 年	2	0
纽约市芭蕾舞团	1958~1963 年	2.3	0
剧院：			
百老汇的样本	1950~1961 年	6	1.4
地方剧院 A	1958~1963 年	11.2	0
地方剧院 B	1958~1963 年	6	0
地方剧院 C	1955~1963 年	2.5	0.9
夏日剧院	1954~1963 年	3.6	0

资料来源：Baumol and Bowen（1966，Table Ⅷ-3，p.199）。

中国的数据也进一步证实了鲍莫尔和鲍恩所言的在现场表演艺术中存在的生产的结构问题是一个"没有国界的问题"的论断。以艺术表演团体分剧种的支出除以国内演出场次得到每场的成本。从表2-3中可以看出，2010~2012 年，除话剧、儿童剧、滑稽剧团和乐团、合唱团之外，各类剧种的成本均为正增长，而且像戏曲剧团，曲、杂、木、皮团，综合性艺术表演团体呈两位数快速增长，各类剧种的成本年平均增长率均远高于以工业生产者出厂价格指数衡量的社会平均成本增长率。

表2-3　艺术表演团体各类剧种每场成本年平均增长率与价格指数对比

艺术表演团体各类剧种	每场成本（元）			2010~2012 年成本年平均增长率（%）
	2010 年	2011 年	2012 年	
话剧、儿童剧、滑稽剧团	29769.99	298484.52	29575.14	-0.33
歌剧、舞剧、歌舞剧团	22314.51	289435.66	23592.62	2.86
歌舞团、轻音乐团	8551.78	93394.69	9725.63	6.86

艺术表演团体各类剧种	每场成本（元）			2010～2012 年成本年平均增长率（%）
	2010 年	2011 年	2012 年	
乐团、合唱团	41660.58	490728.38	41310.34	-0.42
文工团、文宣队、乌兰牧骑	8769.44	95695.98	9514.63	4.25
戏曲剧团	5980.21	39052.81	7264.85	10.74
京剧	25987.96	302136.73	29103.67	5.99
曲、杂、木、皮团	1687.81	35826.33	2510.34	24.37
综合性艺术表演团体	2850.66	41858.14	5537.90	47.13
工业生产者出厂价格指数	105.5	106	98.3	-3.40

资料来源：2011 年、2012 年、2013 年《中国文化文物统计年鉴》《中国统计年鉴》。

三、生产力滞后的负效应和"鲍莫尔成本病"问题的解决方案

（一）生产力滞后的负效应

教育、理发、维修等服务行业是遭受生产力滞后的主要领域。生产力滞后主要体现在再生产或复制过程中，使得产品的再生产、流通和消费大受局限，导致了一系列的负效应。文化生产尤其是表演艺术由于具有劳动密集性特征，也是遭受生产力滞后的行业。这对于文化发展尤其是表演艺术的发展产生了一系列的负效应。

1. 不断增加的成本。在平均利润率的作用下，由生产力进步部门带来的要素报酬的总体上涨，使文化部门不得不支付水平相当的报酬才能吸引物质和人力资本的进入。生产力滞后下的"一本一利"的非工业化生产方式使得现实中表演艺术的供给价格不断上涨，远远高于影视、音乐、广告、出版、电子游戏等可以低成本复制、传播的文化产品的供给价格。

2. 不断减少的受众群体。生产力滞后的又一结果是生产和消费的同时性。艺术人员以提供现场演出的方式进行供给，观众同时完成对艺术的消费。消费的现时性或消费中的时间密集性决定了观众在对表演艺术消费的时间和地点安排中处于被动地位（一般现场演出供给场次少、供给时间和地

点固定且有限），需花费较高的时间成本（前后准备时间和观看时间）。消费中的不便利、较高的时间成本进一步降低了现场表演艺术的竞争力。

3. 人才吸引力的缺失。生产力滞后与人力资本核心相辅相成，舞台表演艺术的价值都凝聚在演员现场的真实表演中。而舞台表演所需要的技艺不仅需要天赋，更需要长期的积累。而前述不断上涨的成本和不断减少的受众群体使得现场演出的报酬往往低于大众文化从业者报酬。因此与影视剧演员相比，从事表演艺术的演员的投入和产出显得低效。坐科苦、周期长、花费高、就业面窄、收入低等投入和收益不对等的现实情况使得越来越多的人不选择报考表演艺术尤其是传统戏曲专业，其中也不乏有人将学习戏曲演出当成进军影视的跳板。因此对专用性人力资本水平要求的高标准和相对较低的报酬降低了表演艺术对从业人员的吸引力。

4. 对生产场所的刚性需求。生产力滞后的另一个负效应便是对制作场所的刚性需求，例如影视的拍摄基地、艺术演出的演出场所等。表演艺术更是有着对表演场馆的高要求。艺术表演场馆作为连接演出供给和消费的平台，其地理分布、场地质量和租金高低直接影响供给成本，影响消费者的参与意愿。首先，与电影放映场馆相比，舞台表演艺术的场馆具有一个重要特征——集聚效应。由于放映的低成本，电影放映场馆往往要求尽可能广泛而均匀地分布在城市的各个位置，以利于更多的消费者观看。而表演艺术受生产力滞后的影响，每场演出都要投入相应的人力、物力，在不同场馆间的分散演出会增加运输、食宿、舞台改造等各种成本，因而相对固定的演出场所是舞台表演艺术的特殊要求。因此，在市场经济规律下，艺术演出场馆的分布一般表现出地区集聚性，如现在的伦敦西区和美国百老汇等的剧院分布。优秀的表演场馆更是能起到城市名片以及提升城市吸引力和带动其他产业发展的作用。一般而言，表演场馆数量越多、地理分布越集中、越靠近居民生活区，越有利于演出的供给和观看，从而增加院团的营业收入。其次，与电影放映场馆相比，舞台表演艺术对场馆具有较高的要求标准。电影放映场馆最重要的是投影播放设备，而舞台表演艺术演出场馆则要求优秀的舞美效果，对场馆的设施、功能等要求较高。最后，与电影的观看相比，舞台表演艺术对演出场馆存在刚性需求。现实中，各类影视剧正通过电脑、电视终端进行传播，方便各类消费群体的观看。而舞台表演艺术则存在对演出场馆的刚性需求，增加了演出的供给成本。

（二）"鲍莫尔成本病"问题的解决方案

文化产品的供给，尤其是现场表演艺术中普遍存在生产力滞后的事实是毋庸置疑的。这一特征会引起现场表演艺术中的成本相对于整体经济的成本上升，价格也将会产生非常显著的差异。但市场经济下，行业优胜劣汰，通过合理竞争决定生死存亡，我们为什么要对文化生产中的"鲍莫尔成本病"问题表示担心呢？毕竟除艺术活动以外，许多服务性活动同样经受到生产力滞后的困扰。现在理发师修剪头发花费的时间、高级饭店准备和供应一顿美味佳肴的时间与 50 年前是一样的。因此，与一般价格水平相比，这些服务（以及其他许多不存在技术进步，或是技术进步并不重要的服务）价格的提高速度要快很多。但我们从未听到过任何有关理发行业的危机，或是美食餐饮行业正面临着紧迫的财务困境的社会呼吁。为什么我们要对现场表演艺术中的生产力滞后表示担心呢？为何不让艺术承受由不稳定的技术进步带给它的任何可能的后果呢？

问题在于，艺术是一项受到社会特殊关注的活动，兼具经济属性和社会属性，因此我们不希望任由其朝着市场预示的惨淡前途经营，就像我们对待理发业和美食餐饮业的态度一样。生产力滞后特征带来两方面的不利影响：一方面，导致现场表演艺术门票价格的不断上升。因此，观众当中低收入水平或中等收入水平的人就会被逐渐上涨的门票价格排除在外。由大众传媒——电视、电影、唱片、磁带以及激光唱盘（正好是技术进步发挥着重要作用的形式）——所提供的价格相对较低的非现场娱乐活动，使吸引相对拮据的观众变得更加困难。另一方面，生产力滞后特征使负责多数现场表演艺术活动的非营利性公共机构处于持续不断的财务困境当中。由于相对成本不断上升，这些机构面临票价上涨速度快于总体物价上涨速度所带来的巨大压力。

成本病问题的解决，主要可以借助政府对文化生产经营单位的成本补贴、利用规模经济和大众传媒对生产力滞后效应的抵消力量等方式。

首先，通过政府资助、补贴明显存在"鲍莫尔成本病"问题，又具有较强正外部性的文化生产经营活动。为满足日益增长的文化需求，需要通过政府干预，以财政支持、政府补贴以及构建完善的投融资体系，解决文化生产中存在的成本病问题和由此引发的财务困境问题，保证文化产品和服务的充分供给。

其次，规模经济能够摊薄常设剧目的固定成本，从而降低总成本。文化产品的供给具有明显的成本锚定效应。文化产品的提供，在其设计之初就能基本确定完成产出所需的成本投入，存在明显的投入锁定效应。单位的生产成本不会随着产出的增加而减少。然而，规模经济效应会节约文化产品生产的总成本，随着产量的不断提升，文化产品的创意成本可以被不断摊薄。因此，就现场表演艺术而言，随着演出场次的不断增加，每场演出的固定成本都会被摊薄，同时随着个人平均收入水平的提高，需求曲线右移，需求增加引发规模经济效应。由此引发的单位成本降低有助于缓解"鲍莫尔成本病"问题。

最后，大众传媒能够扩大剧目影响，扩大消费市场。尽管技术进步对现场表演艺术的直接影响很小，但其通过大众传媒所产生的间接影响却可能非常大。在过去百年里，技术变化为我们带来了唱片、电影、无线电广播、电视、慢转密纹唱片、录音带、卫星系统和电缆系统、录像机，以及激光唱盘和激光视盘，尤其随着互联网的迅速发展，各种借助网络的新技术改变了传统的传播媒介。可能除了电影之外，每次技术革新都为非现场表演艺术提供了市场，在该市场上能够产生相对于制作现场表演的团体而言的非常可观的收入。这笔巨额收入有助于弥补生产力滞后给预算带来的负面影响。举例来说，现代交响乐团可以通过出售预先录制的磁带和激光唱盘，或从留声机录音中赚取版权税，而戏剧、芭蕾和歌剧公司除了可以从预录的磁带或激光视盘的销售中获得版权税之外，还可以从广播或有线电视上的表演中获得收入。与职业体育运动的情况相似，电视收益有时远远超过票房收入。当然，在版权税征收体制还不十分健全的情况下，该项收入将会受到一定程度的制约。

第三章 文化成长中的不确定性

文化是典型的"轻资产、重创意"的行业，因其高风险特征使其未来发展面临一系列的不确定性。在文化领域内，"强者恒强"与"创新者逆袭"都符合文化成长逻辑，不确定性的存在加大了行业风险，同时也加大了更多创意性产业的成功机会。然而，这种不确定性对文化管理提出了较高要求。

文化成长不确定性的存在，首先表现为消费需求的不稳定和难以预期，包含创意的文化产品供给形成难以有效预测且与需求层面难以有效匹配；其次表现为因消费者认知导致的文化成长、发展方向的不确定；最后表现为社会各类投资者因文化未来收益不确定，对文化领域内人力资本、技术资本以及资金投入的排斥，加剧了本已存在的不确定性。不确定性特征的存在，加大了国家对文化类企业的监管难度和企业自身的风险管理难度，对社会文化供给产生了十分严重的影响。因此，文化管理体制改革应以克服文化成长中的不确定性为目标之一。通过对不确定性的克服，引导其充分供给，同时向有利于社会进步的方向发展。

一、不确定性理论及其解释

不确定性概念来源于美国经济学家富兰克·奈特，他指出，不确定性是人们在某一时间内能够创造出的所有可能的状态，来源于人类认知知识的不完备，同时，不确定性与风险存在差异，与风险可以通过概率分布测算不同，不确定性难以进行有效预测，极易受到周围环境的影响。

诸多国内外的研究学者，如凯恩斯（1921）[1]、库普曼和休·考特尼

---

① Keynes G. A Bibliography of William Blake［M］. Conneticut：Martino Publishing，2001.

（2000）、普雷姆（2000）、吴树畅和郭云（2004）① 等都对不确定性进行了定义。其中，兰·格刘易斯（1994）② 的定义最为全面，他指出："不确定性可以划分为参数不确定性和结构不确定性，前者是指对所提到的问题的各种参数缺乏了解，包括交易不确定性和行为不确定性。交易不确定性是指因缺乏对相关产品供给、需求以及各方面知识的了解，造成交易活动不确定的现象；行为不确定性是从相关经济主体之间的行为关系而非单个经济主体角度入手，包括行为人之间因沟通、故意等人为原因引起的不确定性。结构不确定性也称内生不确定性，是因缺少对问题本质的认知和结果误判造成的不确定性。"

　　国外学者对文化领域的不确定性问题进行了一些研究。希格森、里弗斯和德博（Chris Higson, Oliver Rivers and Manin Deboo, 2007）③ 认为，文化创意产业不确定性的存在对投资者行为造成重大影响。兰佩尔、兰特和沙姆西（Lampel, Lant and Shamsie, 2000）④ 认为，文化创意产业本身的特殊性和需求的难以确定性，造成生产者、投资者以及消费者对未来的预知性较弱。米勒和沙姆西（Miller and Shamsie, 1999）⑤ 指出，状况、结构和市场反映三大因素是应对好莱坞影视作品产业链条中不确定性的有效途径。福克纳和安德森（Faulkner and Anderson, 1987）⑥ 指出，文化创意产品市场的不确定性主要表现在消费需求的难以有效预测和投融资与艺术创意融合过程中的不确定性。登普斯特（Dempster, 2006）⑦ 以 Jerry Springer 歌剧院为例，指出观众构成、批评与表扬、媒体报道是引发消费者需求不确定性的重要因素。同时他提出了有关文化创意产业不确定性的管理框架。凯夫斯

---

① 吴树畅，郭云. 关于不确定性与风险的思考 ［J］. 财会月刊，2004（09B）：8 – 9.

② Lange G., Lewis S. J., Murshudov G. N., et al. Crystal Structure of an Extracellular Fragment of the Rat CD4 Receptor Containing Domains 3 and 4 ［J］. Structure, 1994, 2（6）：469 – 481.

③ Higson C., Rivers O., Deboo M. Creative Business – Crafting the Value Narrative ［J］. Centre for Creative Business, http：//sandbox. ntradmin. com, 2007：11438.

④ Lampel J., et al. Balancing Act：Learning from Organizing Practices in Cultural Industries ［J］. Organization Science, 2000, 11（3）：263 – 269.

⑤ Miller D., Shamsie J. Strategic Responses to Three Kinds of Uncertainty：Product Line Simplicity at the Hollywood Film Studios ［J］. Journal of Management, 1999, 25（1）：97 – 116.

⑥ Faulkner R. R., Anderson A. B. Short-term Projects and Emergent Careers：Evidence from Hollywood ［J］. American Journal of Sociology, 1987：879 – 909.

⑦ Dempster A. M. Managing Uncertainty in Creative Industries：Lessons from Jerry Springer the Opera ［J］. Creativity and Innovation Management, 2006, 15（3）：224 – 233.

（Caves，2000）① 认为，不确定性属于文化创意产业的自发运行规律，这一规律的存在使文化管理活动处在一种动态不确定性之下。国内王娟娟和张四海（2008）② 也基于供给和需求视角对文化创意产品中存在的不确定性进行了分类讨论。

上述研究者有关文化领域内不确定性特征的研究，为总结文化发展规律、认清文化特征提供了有效的指导。但是，上述研究大多围绕文化领域内不确定性的来源，较少涉及政府文化管理者应从何种角度有效应对此种不确定性，尤其在不确定性来源途径广泛的情况下，更应有针对性地确定政府文化管理职能。因此，合理制定文化发展战略，更好地通过扶持、引导作用克服文化创作、生产、消费与传播过程中的不确定性从而实现对文化发展的促进，成为本书研究的重点。

二、文化成长不确定性的形成

文化成长的不确定性主要来源于创意人才、投资者和消费者之间，落脚到文化成长与发展过程来看，创意人才和投资者在"人""财"维度影响文化创作与生产过程，而消费者表现出的需求不稳定等特性影响文化的传播与消费过程。文化创意产品产业化实现过程中三者之间的互动关系如图3-1所示。

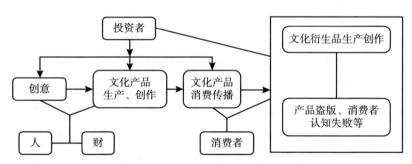

图3-1　文化创意产品产业化实现过程

---

① Caves R. E. Creative industries：Contracts between Art and Commerce ［M］. Harvard University Press，2000.

② 王娟娟，张四海. 创意产业管理中不确定性来源表现及应对策略［J］. 改革与战略，2008，24（7）：105-108.

（一）文化创作、生产过程面临极大的不确定性

文化创作、生产过程中的不确定性主要表现在创意阶段，即致力于创新性产品生产的文化企业组织生产和经营性文化生产组织面向市场、以工业化标准进行市场生产的过程。

1. 文化产品创作阶段面临不确定性。文化产品创作阶段的不确定性主要来源在于两个方面，即"人"和"财"两大维度。

（1）就"人"而言，文化产品的生产，尤其是创作过程，实质上属于"轻资产、重创意"的行业门类，人力资本在文化产品的供给过程中占据举足轻重的地位。受制于个人职业生涯规划、地区经济发展水平以及工资待遇等方面的影响，文化生产过程中劳动力的广泛、随机流动将会带来文化产品产出的不确定。同时，文化产品的产出具有不可预期性。与一般商品生产不同，商品价值取决于投入该种商品的社会必要劳动时间的多少，对于文化创意产品的生产而言，时间投入仅是创意产生的必要而非充分条件，更多受生产者文化素养、个人状态、知识储备以及灵感等不可控因素的影响。未来创意产品的出现，无论是在产出周期还是产出高强度的外部性方面，均呈现出较强的不稳定状态，导致文化创作阶段不确定性的产生。

（2）就"财"而言，一方面，任何一个产业的兴起、成长、成熟，都需要强大资本的介入，作为一个新型的行业，文化产业具有极大的特殊性。其本身具有的不确定性特征决定了投资者在投资过程中面临诸多风险和不确定的投资回报，使投资者无法在投资之前对项目投资做出准确的判断，因此最终会导致投资人做出观望甚至不投资的决策，影响资本的有效进入。另一方面，中国文化产业刚刚起步，企业生产规模较小，注册资本不足，加之文化产业的"轻资产、重创意"属性，决定了文化产业通过传统抵押贷款等间接融资模式难以筹集足够资金，尽管某些文化企业具有较高价值的商标、专利等无形资产，但仍难以有效解决资金不足问题。同时，针对文化产业的投融资体系不完善，制约着文化产业资金的筹集和规模的扩张，资金匮乏使文化创意规模化、产业化生产的通道受阻，成本难以通过规模经济实现有效摊薄，文化企业未来发展具有极大的不确定性。

2. 文化发展环境面临较大不确定性。

（1）文化产品自身发展的不确定性，使得中国的文化产业规模较小、生

命力不强，尚未形成强大的市场竞争力。图3-1揭示了文化创意产品产业化的实现过程，该过程中，创意产品的市场推广一方面来自前端创意产品开发的不确定性，另一方面来自后端文化发展环境，如产品被剽窃、消费者认知失败等问题的影响，从而对文化产品的产业化生产以及文化生产经营单位规模的扩大构成制约。

（2）文化产品内容反映了特定时期内某一地区、国家的经济社会发展水平和历史文化底蕴。目前，我国文化创意产业尚未形成完整的认知体系。尽管国家出台了一系列鼓励文化创意产业发展的政策措施，文化产业管理上的混乱以及文化创意产业界定上的不清晰，使激励、优惠政策难以有效落地，尚未营造起有利于文化发展的良好外部环境。

（3）文化产业的成功具有不可复制性和难以预测性。文化产业是典型的以创意内容取胜的领域，即使再多的资本投入，也不一定能保证会有相应的价值产出，创意内容严重的不确定性决定了文化产业成功的难以预测性。过去成功的创意也不能代表未来仍能成功，创意为王的文化生产经营过程中，"强者恒强"与"创新者逆袭"都符合文化成长逻辑。

（二）文化消费与传播过程面临极大的不确定性

文化消费是建立在一定经济基础之上的，文化需求体现了消费者对精神层面的追求，在不同人群以及不同时间节点内，文化需求具有极大的不稳定性。同时，文化作品包含的知性诉求在获得认同时具有较高的不确定性，创作者将个体的知性诉求通过作品体现出来之后，能否得到社会的认可以及何时得到认可都具有高度的不确定性。

文化消费与传播过程中的不确定性实质上体现在生产者与消费者之间的互动过程中。文化消费的过程，实质上是消费者在自身文化艺术鉴赏能力、理解能力、所处的社会发展环境以及个人收入水平等因素构成的约束下，与生产者进行互动交流与对话的过程，这种互动与交流因个体异质性和易变性，极易造成文化消费与传播的不确定性。

1. 文化作品所包含的知性诉求在通过文化传播获得认同时具有较高的不确定性。创作者将个体的知性诉求通过作品体现出来，但能否得到社会的认可以及何时得到认可都具有高度的不确定性。以演艺作品的消费与传播为例，其生产过程基本上都是集体创作结果的现实，使演艺作品因此面临的风险更大，消费与传播过程中一旦得不到有效认同需要付出的成本更高。

2. 消费者偏好的易变性，使对文化产品的需求不稳定，造成文化消费与传播的不确定性。消费者的这种易变性来自多方面，比如消费者自身所处环境变化、收入水平变化、认知能力提升等，文化产品需求的易变性使文化生产经营单位难以对社会有效需求进行合理推断，当期成交量难以成为未来销量预期的有效依据，过去创意产品的成功也难以成为未来成功的有效保障。因此，如图 3 - 1 所示，在文化创意产品产业化的过程中，只有在充分面向市场需求，争取获得更多消费者认同的前提下，才能启动后续衍生品市场开发的产业链，实现创意产业附加值的提升。这种相互关联、前因后果式的产业链条环环相扣，一方面加剧了文化生产经营单位内部的计划安排和管理难度，另一方面不确定性影响其未来长远发展。

（三）文化管理体制方面造成的不确定性

文化管理体制方面造成的不确定性形成的原因在于管理体制不健全、管理缺位和不到位导致的文化成长与发展过程中面临极大的不确定性，具体表现为以下三方面：

1. 微观主体角度上，文化生产经营单位缺乏完善系统的项目管理经验和优秀的文化创意。当前中国文化产业处于刚刚起步发展阶段，大部分文化生产经营单位缺乏完善系统的项目管理经验，加之文化产品生产过程是一个复杂且充满不确定性的过程，使其难以有效预测未来产出情况，甚至难以有效预见单次项目是否完成。以电影生产为例，影片拍摄期间天气、人员、技术等原因会影响成本，甚至导致影片最终难以完成拍摄。目前在尚未完全建立起文化产业管理体系的情况下，很多文化产业项目因管理方面的问题面临较大风险。同时，以创意为核心的文化产业，经常面临生产的文化产品不符合消费者口味而最终失败的现象，而国内众多文化生产经营单位疏于创意能力提升，只是一味追加投入，难以形成核心竞争力，使最终收益难以预测，其未来发展面临极大的不确定性。

2. 政府管理角度上，政策引发的不确定性影响文化发展。政府文化管理机构制定的制度和出台的政策法规等给文化生产经营单位带来较大的不确定性。文化产品同时具有经济价值和社会价值，意识形态属性的存在意味着国家出于文化安全、弘扬主流文化的考虑，必须通过一定的管理措施对文化产品的生产、流通实施必要的审查。以电影为例，任何影片在上映之前，必须经过国家新闻出版广电总局对影片内容进行备案和审查，这种人为筛选、评判机制缺乏统一执行标准，存在主观判断过多的嫌疑。同时，中国缺乏严格明确的电影分级制度，部分影片因"少儿不宜"而被封杀，毫无起死回生之力。电影审查制度对肃清文化消费与传播环境起到了很好的促进作用，但影片投资者，包括广义意义上的文化生产经营单位却面临着极大的政策不确定性。

3. 法律体系建设上，知识产权保护较弱，剽窃、盗版引发文化发展的不确定性。文化产业以创意为核心，知识产权是文化产业的核心资产，主要包括版权、商标、专利以及各类设计等。但是当前中国有关知识产权保护的法律法规尚不完善，保护力度明显不足，知识产权保护领域以《著作权法》《专利法》《商标法》为普遍依据。随着文化产业门类的增多和规模的不断提升，三部法律明显难以发挥全面覆盖作用，即使新出台了一些有关知识产权保护的部门意见，也因政策滞后性效果有限，文化产业普遍存在盗版、剽窃等问题。文化外部发展环境的不完善，一方面对创意人才的成果不能起到很好的保护，将对未来创作造成打击；另一方面，盗版、剽窃之风如不及时遏制，极易破坏社会风气，同时影响投资者对未来收益的预期。

三、不确定性问题的解决方案

文化生产创作、消费与传播过程中的不确定性表现为应该生产何种形式的文化、选择哪种文化进行传播，从而尽可能地实现其社会效益和经济效益的统一。

就文化的生产创作而言，文化产业化过程中面临两种不确定性，即参数不确定性和结构不确定性。根据兰格·刘易斯对不确定性的界定，参数不确定性更加关注经济主体自身之外的不可预见和不可知的因素，属于外生变量；而结构不确定性偏重于因经济主体自身的知识、能力的缺乏而产生的不确定性。也就是说，参数不确定性实际上是对交易信息缺乏足够的了解导致的不确定性，这种不确定性问题的解决实际上是信息成本约束下的最优决策问题（杨瑞龙、刘刚，2001）[①]，委托—代理理论、交易成本理论和契约理

---

① 杨瑞龙，刘刚. 不确定性和企业理论的演化 [J]. 江苏社会科学，2001（3）：1-9.

论等对此问题的解决提出了方案。而结构不确定性由企业异质性所表现出的企业能力差距引起，企业能力理论能够解决结构不确定性问题。

　　就文化的消费与传播而言，政府实施有效的管理是克服不确定性的有效手段。然而，不能因为不确定性的存在就对文化传播过程施加严厉管制甚至控制，避免一切与社会主流价值观不相符的文化生产与流通。同时，政府对文化实施规制，也不能因为该种文化的生产、消费和传播等过程面临极大的风险和不确定性，就放弃该种文化的供给。

　　从文化生产、消费、传播与管理环节来看，要降低不确定性，一方面，应给予文化产品以合理定价；另一方面，文化管理过程中应侧重以营造良好的内外部发展环境、政策扶持和资金支持等手段引导文化发展，克服成长中的不确定性。

（一）对文化产品实施合理定价

　　外部性与不确定性特征的存在，导致文化产品的价格难以有效反映真实生产经营状况和产品价值、文化供给不足和市场价值规律作用受限等问题，合理有效地对文化产品进行定价有助于克服其生产、消费及传播过程中的不确定性。文化产品有效定价的目的在于使其价格能够充分反映除单纯经济价值以外的文化价值。同时，鉴于文化产品的不易耗散性，产品流通不会对其价值构成损失，反而会因作品不断被交易而受到更多关注和认可，作品对社会的贡献更大，对未来这部分因外部性和不确定性带来的源源不断的价值，应该纳入当期定价中。

　　目前有关文化产品的定价集中在特定的行业领域，比如一条完整的电影院线具有专门从事影片定价的从业人员，依照一套完整的价格方案，确定每部影片的价格；艺术品等可以从艺术家地位和作品本身的角度进行评估，内部也已经形成一套完整的定价标准。然而，对一般意义上的文化产品而言，从经济学角度对有关文化产品定价问题的研究很少，通常的分析都把文化产品等同于一般性的商品，仅考察经济价值，从生产成本的角度进行分析，寻求合理的定价策略。这种分析方法忽略了文化产品所具有的强大的外部性特征，单纯从经济价值层面对其进行定价，尤其针对文化价值远大于经济价值的文化产品而言，难免存在定价远低于其价值的问题。

　　文化产品最典型的特征在于其作为创意和思想内容的载体，创意一旦形成，便能凭借较低的复制和传播成本进行批量化的文化再生产。因此，创意表现为文化产品的核心价值。本部分从文化产品的创作与生产过程出发，将其价值拆分为包含创意价值和创意载体价值，前者主要体现在文化产品的创作过程中，而后者主要是基于创意进行的载体生产过程。

以 p 表示文化产品的价格，c 表示文化产品的载体成本，w 表示消费者对文化产品中包含创意的感知价值，则 $p = c + w$。

其中，产品的载体成本 c 由三部分构成，即生产成本、流通成本以及行业平均利润；消费者对文化产品中包含创意的感知价值，是基于消费者对创意思想的感知、认同、理解愿意多支付的金额和因创意阶段的不确定性带来的风险溢价的加总。产品的载体成本体现在文化生产经营单位的资产负债表中，可以量化，而创意的感知价值来源于未来传播与消费过程中消费者的感知，是在不断交易的过程中被逐渐认可和接受的，从而使文化产品表现出更高的社会价值，消费者感知价值的时空性和文化未来成长中的不确定性，使产品价格在当期难以有效衡量。

结合文化产品定价中的上述特征，参照庞建刚等（2012）[①] 的期权定价理论进行文化产品定价。期权实质上是期权购买方通过在当期支付一定的期权费，获得未来以固定价格买或卖一定数量商品的权利，从而化解未来可能出现的不确定性。是否行权取决于期权合约价值与产品实际价值的大小，只有当后者大于前者时，期权购买方才会行权。

对于消费者感知价值，消费者愿意支付的文化产品价格被看作产品的实际价值 w，文化产品的价格被看作期权的合约价值 p，则期权合约的收益可表示为：

$$\max\{w - p,\ 0\}$$

当 $w < p$ 时，期权购买方选择放弃该期权，即不购买该文化产品。根据期权定价模型，w 服从几何布朗运动，即 $\partial w = \lambda w \partial t + \sigma w \partial z$，其中，$\partial z = e_t \sqrt{\partial t}$，$e_t \sim N(0,\ \sigma^2)$。

消费者消费文化创意产品前，期权合约不产生现金流，保留期权范围内，贝尔曼方程（Bellman Equation）表示为：

---

① 庞建刚，周彬，刘志迎. 文化创意产品的定价策略研究 [J]. 软科学，2012, 26 (8)：40 - 43.

$$\mu\theta(w)\partial t = E[\partial\theta(w)]$$

其中，$\theta(\cdot)$ 表示围绕文化产品的实际价值波动，未来价值的不确定性。μ 为未来价值贴现率。由伊藤引理得：$\partial\theta = \theta'(w)\partial w + 1/2\theta''(w)(\partial w)^2$。

经过上面各式的代入整理合并，可以得到下式：

$$1/2\sigma^2 w^2\theta''(w)\partial t + \lambda w\theta'(w) - \mu w = 0$$

$$\text{s. t. } w(0) = 0$$

解上述有约束的二阶常微分方程得 $\theta(w) = aw^\eta + bw^\gamma$，其中 η，γ 为 $1/2\sigma^2 x(x-1) + \lambda x - \sigma = 0$ 的解。此时，我们可以求得不确定性价值 $\theta(w)$。因此，如果 $\theta(w) \geqslant p$，即消费者感知的文化产品价值大于产品定价，则上述期权合约会被执行。因此，文化产品的定价应满足 $p = c + w \leqslant \theta(w)$。

根据期权定价理论，结合文化产品生产过程中的成本因素，将文化产品的外部性和不确定性纳入其中，构建基于消费者认知的文化产品定价模型，实质上是考察文化产品的价格问题。通过上述期权定价模型，我们可以得到如图 3 – 2 所示的分段定价策略。

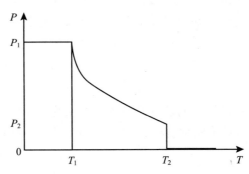

图 3 – 2 　文化产品的定价策略示意

不同期间内，文化生产经营单位可以依据消费者认知价值的不确定性，即 $\theta(w)$ 对文化产品进行分阶段定价：

（1）假定 $[0, T_1]$ 期间内，某种文化产品刚被推出市场，此时，消费者表现出极高的消费愿望，文化生产经营单位可以通过制定较高的价格来弥补成本，只要价格 p 大于平均成本定价策略都可以保证厂商盈利。

（2）假定 $[T_1, T_2]$ 期间内，某种文化产品已被推出市场，且经历了 T_1 时间内的市场追捧期，此时消费者认知价值的不确定性 $\theta(w) \to 0$，定价也应遵循市场规律，采用竞争性的定价策略。同时，平均成本表现出大幅下降趋势，此时文化产品的定价规则遵循 $p = ac > c$ 即可，因为 $[0，T_1]$ 期间的高昂价格策略已经分摊了大部分文化生产经营过程中的固定成本，此时即使以平均成本定价仍不会导致亏损。

（3）假定 $[T_2，+\infty]$ 期间内，该种文化产品在市场上已经存留了较长时间，消费者认知价值的不确定性为 0，文化产品生产的平均成本等于边际成本。鉴于创意性是文化产品的核心内容，此时，不良商家完全可以通过盗用创意进行批量化的文化生产，不良商家的定价策略可以以价格等于边际成本的方式维持运营，但从包含创意的整个行业链条来看，$[T_2，+\infty]$ 期内，以边际成本制定的价格是远低于总成本的，不良商家可以以盗用创意的方式获取超额利润。因此，政府应给予文化生产经营单位适当补贴，使其在文化产品推出一段时间后，保持免费供给状态，以打击不良商家对创意的盗用，维护市场秩序。

（二）以政策、资金引导性管理，克服文化发展中的不确定性

文化具有自主性、开放性和多元性的特点，这一特点构成了其自身内在发展规律。国家行使文化管理职能的目的之一就是保持文化的多元性和创造性，对任何文化成长问题均应采取非常克制的干预态度，在文化保护与成长引导过程中也应遵循辅助和中立原则。面对文化生产创作、消费传播以及未来成长中普遍表现出的不确定性，政府应通过政策支持、行政给付（如资助、补贴、税收优惠等）以及构建积极的投融资体系等方式，对文化施加管理。一方面，以政策、资金在合理配置资源中的引导、支持，实现文化生产经营单位的融资需求，降低生产经营成本，引导、支持文化事业和产业的发展，缓解文化成长过程中的不确定性，形成良好的文化生态，促进其可持续发展；另一方面，通过政策、资金等的倾向性投放，引导文化发展和前进的方向，保证其消费、传播过程中的方向性。有关政策、资金引导支持文化成长、克服不确定性的讨论，将在第十章详细阐述。

第四章 文化需求形成的影响因素和理性上瘾特征

从供给的角度来讲，旨在完善文化供给体系的举措有助于推动文化体制改革，然而，供给和需求作为市场的两面，仅仅是供给方面的缺陷并不必然造成文化单位尤其是国有艺术表演团体改革难的困境，根本出路在于从需求层面推动改革。上文分析也已表明，教育、理发、维修等行业也是遭遇生产力滞后的行业，而这些行业没有陷入困境的原因之一便是有需求，而且是有效需求。因此，供给的增加固然可以推动需求的暂时增加（正如我国的改革现状所表明的），而需求的缺失和形成的缓慢，就决定了表演艺术组织的财务困境具有长期性，从而加重了改革的难度。与此同时，作为历史遗留问题，与内向型生产方式相对应，在消费方式上，团体购票、个体依赖赠票免费观看演出是现有国有文艺院团的艺术演出消费行为的重要特征，因此在演出内容和时间地点上，观众也主要处于被动接受地位，这也为培育市场自发的消费群体埋下了隐患。本章对文化需求的特征、形成和趋势进行了分析和判断，对于找寻深化文化单位尤其是院团改革方向具有重要意义。

一、文化艺术的消费特征

（一）内容消费和三维表现特征

首先，作为一种精神产品，文化产品中蕴含的内在创意和思想是无形的。文化产品是凝聚了人类思想、智慧、价值观念以及风俗习惯等一系列精神层面在内的复杂整体，文化思想的精神属性决定了其无形性特征。其次，文化存在于某种形式的载体之上，表现为文化产品。精神层面的文化必须通过某种物质或非物质形态的载体，才能向参与互动的个体传递所蕴含文化信息。再次，演出艺术具有"过程产品"属性，即是以服务形式流通的产品。如戏曲、话剧、舞蹈等，这些产品是艺术工作者以提供艺术活动的方式满足消费者审美需要的艺术活动。一方面演员在观众的观看中完成自己的舞台形象塑造，另一方面是观众在演员的表演中完成自己对戏剧的欣赏。最后，与现代影视产品不同的是，表演艺术特有的三维表现特征优势，决定了跟二维平面形式的大众文化相比，具有不可替代的消费位置。正如海尔布伦的研究所表明的，在同电视的竞争中，现场表演艺术与电影相比具有更加强大的抵御能力。因为"电视和电影在技术上是类似的，然而现场表演艺术的'实况'特性为观众提供了三维空间的视觉享受，以及其他表演艺术所无法复制的审美特性"。[①]

（二）价值再创造过程

一般商品的使用价值，其"用"的指向性是相对确定的，如茶具是用来喝水的、灯具是用来照明的，其消费不涉及再创造过程。而文化作品如果不经过观众的再创造过程，它的使用价值就无法得到体现，消费也就意味着没有完成。艺术消费过程以消费者本身的知识素养和消费经验为基础，完成消费体验，如此才会出现"一千个人眼里有一千个哈姆雷特"的消费结果。

（三）较高的需求层次

由于以服务形态存在，使得表演艺术对于消费者而言不具有收藏、投资功能，而仅仅是满足精神需求。根据马斯洛需求层次理论，求知需要和审美需要居于尊重需要与自我实现需要之间，位次排在生理需要、安全需要、情感和归属需要之上，属于中高级人类需求。因此，艺术消费的形成建立在一个国家居民的基本生活需求得到满足的基础上。并且在大众文化充斥的年代，演出艺术满足精神需求的作用和相应的生存空间都被极大地压缩了，沦为少数"四有新人"——有钱、有闲、有瘾、有缘者的特殊嗜好。[②]

这些消费特征表明：一方面，文化产品跟一般产品一样，是同类产品的

---

① 詹姆斯·海尔布伦，查尔斯·M. 格雷. 艺术文化经济学［M］. 詹正茂等译. 北京：中国人民大学出版社，2007：17.

② 马也. 当代戏剧命运之断想［J］. 中国戏剧，2003（6）.

竞争者；另一方面，文化消费尤其是艺术演出中的过程性、再创造性和小众化决定了其消费有别于一般产品，具有自身的特殊性。

二、文化消费的一般影响因素——横向需求分析

文化消费习惯的养成离不开人们休闲时间和可支配收入的持续增长，这对于促进整个文化产业的发展至关重要。文化供给多元化背景下，表演艺术作为其中一种文化产品，与其他类型的文化文本内容在有限的可支配消费收入、有限的广告收入①、有限的消费时间和熟悉创意、技术娴熟的劳动者等方面构成竞争关系。总体而言，影响艺术消费的外部因素有市场环境、政策法规、经济文化环境、场地（便利程度）、价格、艺术商品的质量等；影响艺术消费的内部因素有个人的年龄、性别、职业、文化素养、教育程度、收入水平、兴趣爱好等。

如果把艺术作为经济商品，那么可以按照传统经济的需求分析模式解释对于表演艺术的需求。可以认为，戏剧、歌剧、舞蹈和音乐等现场表演艺术出席人数的需求函数中包含了演出门票价格、替代文化娱乐产品的价格、消费者收入和演出的质量特征等解释变量。与一般商品不同的是，由于表演艺术的消费具有时间密集性，因此表演艺术的需求分析中将不得不考虑闲暇时间成本的影响，闲暇时间的价格可能比票价本身在确定需求方面更有影响力。②

在此，我们借鉴威瑟斯（Withers，1980）③ 和博纳托等（Bonato et al.，1990）④ 对表演艺术的需求分析，采用"全收入"⑤ 概念，同时考虑其他消费品的消费时间，其中的基本假设是消费产生效用而工作不产生效用，构建模型如下。

---

① 不同的是，表演艺术一般可以接受补贴收入。
② NEA 的调查显示，美国成人有强烈的艺术活动参与意愿，时间因素、成本和不易得是提高参与率的主要障碍。West J. Public Participation in the Arts: Demand and Barriers [EB/OL]. scholar. google. com, 2014 - 05 - 27.
③ Withers G. A. Unbalanced Growth and the Demand for Performing Arts: An Econometric Analysis [J]. Southern Economic Journal, 1980: 735 - 742.
④ Bonato L., Gagliardi F., Gorelli S. The Demand for Live Performing Arts in Italy [J]. *Journal of Cultural Economics*, 1990, 14 (2): 41 - 52.
⑤ 闲暇时间可以赚取收入。

某代表性个体的效用表示如下：

$$\max\{u(x, z)\}$$
$$y = p_x x + p_z z$$
$$T = t_w + t_x x + t_z z$$

其中，y 为可支配收入，T 为总的可用时间，p_x 为单场演出的价格，p_z 为其他商品的平均价格，x 为观看表演艺术的次数，z 为其他商品的消费量。t_x 为平均每次观看表演艺术多耗费的时间，t_z 为其他商品的购买和消费上所耗费的平均时间，t_w 为工作时间。

假设个体可以在工作和闲暇之间按固定的工资率进行转换。个体的目标函数为：

$$\max\{u(x, z)\} + \delta(y^* - p_x^* x - p_z^* z)$$

其中，$y^* = wT$（全收入）

$$p_x^* = p_x + wt_x$$
$$p_z^* = p_z + wt_z$$

一阶条件为：

$$u_x = \delta p_x^* = \delta(p_x + wt_x)$$

表明表演艺术需求函数的一般形式为：

$$x = f(p_x, w, t_x, p_z^*, y^*)$$

因此，表演艺术的消费受自身价格、其他商品价格和可支配收入的影响，同时工资率的上涨既可以通过收入效应增加表演艺术的消费，又可以通过增加闲暇时间的成本降低对表演艺术的消费。

加入年龄 age、受教育程度 edu、质量 qua 等影响因素后，表演艺术的参与率的影响因素可表示如下：

$$T_a/P = g(p_x^*, p_z^*, y^*, age, edu, qua, \cdots)$$

其中，T_a 为参与人次，P 为人口数量。

现实中，演出市场中往往存在着卖方设置的进入性门槛，如表演艺术门票价格过高（票价高、赠票严重）、可获得艺术消费的场所和时间不合适（便利程度低）、表演艺术产品质量不高等，这成为制约我国表演艺术发展的重要障碍。文化消费的增长离不开闲暇时间和可支配收入的增长，只有当工资水平较高、工资上涨的收入效应大于替代效应时，劳动的供给曲线才会向右上方倾斜使得工作时间减少、闲暇时间增加，从而增加对文化产品的消费。而现阶段，我国居民平均收入水平低、闲暇时间少使得文化消费能力总体处于低位①。而表演艺术的票价动辄几百元，远超出了学生群体和老年群体的承受范围，而这两个群体也是时间比较充裕的消费群体。电视节目、电影、流行音乐、网络游戏等流行文化以其传播优势、消费的低成本和屏幕上更强的时空表现力吸引了绝大部分的消费者。文化多样性的冲击正使得表演艺术日渐小众化、边缘化。

三、表演艺术消费形成的特殊性——纵向需求形成

（一）文化能力要求

文化能力是指文化消费中的解码能力，可以简单地理解为文化艺术的鉴赏能力。思罗斯比（1994）认为艺术是一种"体验性的物品或者经验型的物品"。前文关于消费特征的介绍也表明，艺术之为艺术，其消费或鉴赏就需要消费者具备一定的知识素养即文化能力，从而不如流行歌曲、影视那般贴近生活、通俗易懂。正因为如此，艺术产品所蕴含的审美、象征、社会、历史等文化价值也高于大众文化产品。一个人在戏剧、古典音乐、芭蕾等表演艺术方面的喜好和由此形成的支付意愿，与他关于这些艺术形式的知识和理解存在重要的联系。而这种文化能力主要是通过教育和消费经验获得的，因此，受过良好教育的人和那些已经消费过艺术作品的人，可能对艺术作品表现出更高的鉴赏能力和更加强烈的消费意愿。

因此，对表演艺术的消费和喜爱要经过一个从不懂到接触到通过学习和观看演出不断提高自己的鉴赏能力，最终到喜爱的过程。在对艺术的需求中，累积偏好因而是时间依赖的个体取代了简化的与时间无关的效用最大化者。因此，对艺术需求的经济学分析不得不考虑内生化的偏好，消费者必须首先去接触它才会渐渐喜欢上它，经由一个从浅到深的过程，而且这种接触也需要在适当的环境下经过很长的一段时间。

---

① 2011 年城乡居民文化消费占消费支出的比重分别为 7.3% 和 3.2%，http：//www. ccnt. gov. cn/sjzz/sjzz_cws/cws_ggdt/201211/t20121107_390505. htm，中华人民共和国文化部，我国居民文化消费状况分析。

（二）内生偏好及其在表演艺术中的应用

关于内生偏好的研究，一般认为可追溯到赖德和希尔（Ryder and Heal）于 1973 年发表的《最优增长：跨期依赖偏好》一文①。他们认为个人从消费一组给定商品中获得的满足感大小并不仅仅依赖于该组商品量的多少，还取决于他过去的消费量和一般社会环境。将个体过去的消费水平纳入其效用函数后，最优增长路径发生了实质改变。这种跨期依赖偏好的研究方法随后被应用到金融、商业周期研究等领域。费拉古托和帕加诺（Ferraguto and Pagano，2003）② 参照赖德和希尔（Ryder and Heal，1973）的效用函数设定形式，给出了跨期依赖偏好和"柯布—道格拉斯"技术条件下的经济内生增长模型，研究了经济的动态特征。

加里·贝克尔考虑个体当期以及过去的选择、经历及其活动对未来的欲望、需求的影响，将"理性偏好"③ 引入消费分析中，延用"效用最大化"的消费目标，发展了"理性上瘾"理论，开拓了口味的经济学分析领域，并于 1992 年因把微观经济分析领域扩大到非市场行为的人类行为和相互作用的广阔领域而获得诺贝尔经济学奖，也正因为研究中思维的独创性和范围的广泛性，贝克尔被称为"帝国创建者的经济学家"。

传统消费分析的标准方法是，个体在一定的偏好下最大化自己的效用，而偏好在任何时点上都仅仅由个体当时所消费的商品和服务本身所决定。但是在现实社会中，很多选择在很大程度上是由过去的经历和社会力量的影响所决定却是一个更为普遍的现象。因此，将内生性偏好纳入效用最大化的研究方法中并加以扩充，对于统一解释一系列的行为，包括习惯性的、社会的和政治的行为是非常有效的。

施蒂格勒和贝克尔（Stigler and Becker）于 1977 年发表了《口味没有好坏

---

① Ryder H. E. , Heal G. M. Optimal Growth with Intertemporally Dependent Preferences [J]. *The Review of Economic Studies*, 1973, 40（1）：1 – 31.

② Ferraguto G. , Patrizio P. Endogenous Growth with Intertemporally Dependent Preferences [EB/OL], scholar. google. com, 2012 – 12 – 05.

③ 贝克尔指出，一个理性人在做出当前决策的时候，会把这些因素对自身未来偏好所产生的有利及有害后果考虑在内……因此理性偏好是与有远见行为相联系的个体效用最大化的结果。它们包含了当前行为对当前以及未来效用所产生的效应的比较，其中包括由当前选择所导致的未来偏好和欲望的任何变化。加里·贝克尔. 口味的经济学分析 [M]. 李杰，王晓刚译. 北京：首都经济贸易大学出版社，2000：中文版序言.

之分》一文①，首次将消费资本引入效用理论中，该文建立了这样一个命题：人们尽可以认为不同时期的口味是稳定的，而不同个体之间的口味也是相似的。这篇文章使用影子价格分析了口味的稳定性与成瘾性行为之间的关系，并采用"需求弹性"标准对成瘾性行为是有益的还是有害的进行了区分，认为弹性高则表明该行为是有益的，弹性低则表明该行为是有害的。贝克尔和默菲（Becker and Murphy）于1988年发表了影响深远的《理性上瘾行为理论》②一文，文中运用动态分析方法分析了成瘾消费的形成条件、影响因素和终止方法等。研究得出，当且仅当某人的行为显示出邻近互补性时，这种潜在上瘾的行为才会发生。换句话说，只有当过去对某种商品的消费提高了当前消费的边际效用时，某人才会对这种商品上瘾；成瘾性行为的产生需要人与商品之间的相互作用，收入水平、价格水平以及变化路径等会影响上瘾的可能性；成瘾性商品的长期需求要比对非成瘾性商品的需求更具有弹性；深度上瘾只能通过突然停止法予以戒除。

（三）累积和互动——"理性上瘾"过程

1. 消费资本和扩展的效用函数。

（1）消费资本的引入。与传统消费分析中偏好随时间的改变而变化这一隐含假设相反，说解口味的理性方法将欲望方面的引致变化纳入一致偏好的稳定集合中来，这一过程通过将消费资本引入效用理论来实现，"效用最大化"依然是其基本假设。其中，消费资本又分为个人资本和社会资本两种，它们的形成受过去的经历以及社会的影响，这两种资本的存量都是个体效用函数的一部分，并且会对个体未来的消费行为产生重要影响。其中个人资本取决于个体当前的消费选择与自身未来的消费欲望之间的关系，社会资本则将个体的亲属、邻居、朋友、同事以及其他同辈群体的行为和态度对其欲望所产生的影响包括在内。因为有远见的人认识到，他们现在的选择和经历会影响将来的个人资本，将来的个人资本又会直接影响将来的效用，所以，当前的选择不仅仅取决于它们对当前效用的影响程度，而且还取决于它

---

① Stigler G. J. , Becker G. S. De Gustibus Non Est Disputandum [J]. *The American Economic Review*, 1977, 67 (2): 76 – 90.

② Becker G. S. , Murphy K. M. A. Theory of Rational Addiction [J]. *Journal of Political Economy*, 1988, 96 (4): 675 – 700.

们对将来效用的影响程度，因此个人通过对决定未来效用和偏好的个人资本存量施加控制，来对自身的消费加以引导。

然而，个人的社会资本存量主要不是由他自身的选择所决定的，而是取决于相关社交网络中同辈的选择。正如著名的人类学家玛丽·道格拉斯（Mary Douglas）所言："真正的选择是……对伙伴以及他们的生活方式的选择。"贝克尔（Becker，1988）[①] 也认为："理性的人们支持他们自己的生活方式，也就是说，是否理性取决于生活的方式……因此不可能存在一个其行动对于每个人来说都是理性的行动集"。个人社会资本的增加，一方面会提高他对具有资本补足品性质的商品以及活动的需求，另一方面会降低他对资本替代品性质的商品和活动的需求，所以社会资本和对社会资本的投资常常具有很强的补足品效应，如果同一社交网络中的绝大多数人都受到了影响，那么社会资本的投资量将会大大改变。社交网络的这一内生性使社会资本具有一种提高而不是降低效用的趋势，因此稳定的需求有赖于相应消费群体的存在。

（2）扩展的效用函数。扩展的效用函数与消费资本和一致偏好相对应。扩展的效用函数不仅取决于所消费的不同商品，而且还取决于该时点上个人和社会资本的存量。如此，与一致偏好相符，扩展的效用函数是稳定的，因为它把对过去经历和社会力量的度量也考虑在内。如果现在的选择会影响将来的个人资本及社会资本的水平，那么未来的效用函数不变，只有效用水平发生变化。与扩展的效用函数相对应的是一般消费分析中所用到的次效用函数，即效用仅由商品和服务本身的消费量所决定，而不考虑资本存量的效用函数形式，所以次效用函数是不稳定的，因为它会随资本存量的变化而变化。尽管差别较大的个体会有显著不同的次效用函数，但是他们的扩展效用函数却可能是十分相似的，而个体之所以会有不同的次效用函数，仅仅是因为他们"继承"了不同水平的个人和社会资本。

从更根本上讲，效用并不直接取决于商品和消费者的资本存量，而只是取决于家庭所生产的"商品"，如健康、社会地位和名声、感官的愉悦等，而这些商品的产量又取决于商品、消费者资本等变量。因此，个体在任何时

---

① Becker G. S. , Murphy K. M. A. Theory of Rational Addiction [J]. *Journal of Political Economy*, 1988, 96 (4): 675–700.

点上的效用都只是该时点所生产的商品的函数，而不是过去所生产的任何商品的函数。然而，过去、现在和将来仍然可以通过资本存量这一因素联系起来，而资本存量决定了商品生产的生产率，并且个人和社会资本的现在积累会改变家庭将来的生产率。

2. 累积和互动：一个基本框架。上文分析指出，对艺术商品和服务的偏好是累积的，与流行文化相比，对传统戏曲等表演艺术的消费需要消费者有较高的文化解码能力，诸如对特定历史背景的了解、对表演程式的解读等，正如观赏优秀的表演艺术与消费流行文化相比就像中餐与西式快餐、茶与碳酸饮料之间的区别，尽管偏好形成缓慢，但一旦形成便可持久保持成为一生的有益偏好。因此对表演艺术的消费偏好具有强烈的内生性。我们应用消费资本及其影响因素说明表演艺术消费需求的形成过程。其中，消费资本的引入建立在扩展的偏好的基础上，此时偏好不仅受当期所消费的商品或服务量影响，同时受个人消费习惯、父母同辈、广告、情绪的影响，消费资本同时反映文化能力的大小。贝克尔将这种偏好内生性强的行为称为成瘾性行为。

成瘾消费框架下的艺术消费需求的形成实际上是一个"爱好—传染—互动"过程。个体受他人、广告等外部因素的影响，开始接触表演艺术，随后通过不断的消费、消费知识或资本的积累、与他人的互动等得到更大的效用。不同的个体间通过上述过程相互作用，最终形成一个稳定的表演艺术消费群体。在这个过程中，个体艺术需求的形成和增长主要取决于其消费资本存量的大小：一是个人文化资本，二是社会文化资本。个人文化资本的存量大小由过去对表演艺术的直接消费量、所接受的艺术教育宣传、所接触的相关广告、所做的相关学习投入等因素决定。社会文化资本的存量大小由个体所在社会网络中所有其他成员过去对表演艺术的直接消费总量、消费习惯等因素决定。从根本上看，由于其他的因素多少会反映到对表演艺术的消费上，因此个人文化资本存量和社会文化资本存量主要由过去的消费量决定。在这一过程中，群体行为的传染性，尤其是对于表演艺术消费的认可性，是推动个人文化资本不断累积，进而推动社会文化资本不断上升、表演艺术消费群体扩大、消费增加的关键。

基于上文的分析，我们将偏好内生的表演艺术消费形成过程表示如下：

假设只消费一种文化商品，P_t 和 S_t 分别表示第 t 期期初个体的个人文化资本存量和社会文化资本存量。个体在第 t 期的文化消费中获得的效用 u 取决于第 t 期的文化商品消费量和第 t 期期初的文化资本存量大小，文化消费的内生性体现在文化资本的形成过程中。考虑扩展的效用函数形式，第 t 期的效用为：

$$u_t = u(c_t, d_t, P_t, S_t)$$

其中，c_t 为该文化商品在第 t 期的消费量，d_t 为非文化商品的消费量，文化商品当期的消费受过去形成的消费资本存量的影响，其中第 t 期形成的个人资本等于第 t 期投入的个人资本减去第 t 期期初的个人资本存量的贬值量，即：

$$\dot{P}_t = \dot{I}_{P_t} - \delta P_t$$

$$\dot{P}_t = P_{t+1} - P_t, \quad P_t = I_{P_{t-1}} + (1 - \delta)P_{t-1}$$

其中，δ 为个人资本存量的贬值率。

在此，如果将 c_t 简单地理解为对文化商品的直接消费量，那么：

$$I_{P_t} = c_t$$

如果将 c_t 理解为文化鉴赏/欣赏[①]的话，有：

$$I_{P_t} = f(c_t, e_t, \gamma_t)$$

其中，f 为消费者的"消费—个人资本"转化函数，当期个人资本存量的形成受当期对该文化商品的直接消费、所做的培训投入以及其他如宣传教育、广告等变量的影响。e_t 为当期的艺术培训投入，γ_t 为影响当期个人资本形成的其他随机变量。显然，后式对于解释现实的艺术演出需求的形成更为合适。

文化消费被看作是既得品味，是逐渐形成的嗜好，在个体的文化消费与个人资本之间往往存在着较强的互补性，表示为：$\partial^2 u / \partial c_t \partial P_t > 0$。这种互补性在成瘾性行为中被称为"增强效应"，指所消费的成瘾性商品和成瘾性资本是互补品。

个体社会资本的形成和水平的提高与个人所在社交网络的规模、网络中文化消费行为的同质性及其带来的认同感有着密切联系。与个人资本类似，第 t 期形成的社会资本等于第 t 期投入的社会资本减去第 t 期期初的社会资

① Stigler G. J. , Becker G. S. . De Gustibus Non Est Disputandum [J]. *The American Economic Review*, 1977, 67 (2): 76 – 90.

本存量的贬值量,有:

$$\dot{S}_t = I_{S_t} - \theta S_t$$

$$\dot{S}_t = S_{t+1} - S_t, \quad S_t = I_{S_{t-1}} + (1-\theta) S_{t-1}$$

其中,θ 为社会资本存量的贬值率。

同样,如果将 c_t 简单地理解为对文化商品的直接消费量,个体 i 的社会资本投资为:

$$I_{S_t} = \sum_{j \neq i} c_t^j$$

如果将 c_t 理解为文化鉴赏/欣赏的话,有:

$$I_{S_t} = g\left(\sum_{j \neq i} c_t^j, \ \varepsilon_t \right)$$

其中,g 为社交网络中对该文化商品的总的"消费—社会资本"产出函数,当期社会资本存量的形成受当期该社会网络中所有成员对该文化商品的直接消费总量以及其他变量(传统或习惯等)的影响,ε_t 为影响当期社会资本投资的其他随机变量。

从作用关系上看,个体的消费与个体的个人资本存量之间存在直接的相互影响,个体的消费不能直接影响个体的社会资本存量,个体的社会资本存量对个体消费的影响则是直接的,如图 4-1 所示。

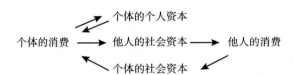

图 4-1　个体的文化消费与个体的个人资本和社会资本存量的作用关系

从选择、控制关系和影响程度上看,个体可以自由控制其个人资本的投资,对其社会资本的控制却要弱得多(取决于该个体所在的与该商品消费相对应的社交网络的大小)。比如在某一较大的社交网络中,若只给予某个体某种激励,让他去改变投资于社会资本的量,那么这对于社交网络中的其他个体只会产生轻微的影响。尽管个体对其社会资本的控制力较弱,但社会资本对个体的影响却不容忽视,个体可能仅仅是为了达到仿效别人的目的而去看一场并不喜欢的流行音乐演唱会、传统戏曲演出或球赛等。如果同一社交网络中的绝大多数人都受到了影响，那么社会资本的投资量将会大大改变。上述关系图还表明，个体的个人资本与社会资本之间存在着相互促进作用。当个体所处的群体对消费某种文化商品具有共同爱好，特别是群体范围很广时，个体对该文化商品的偏好和消费水平就会大幅度上升。

（四）消费资本的作用——影子价格原理

参照施蒂格勒和贝克尔（Stigler，Becker，1977）[①] 的方法，与之不同的是，我们将产品而非时间作为所生产和消费产品的投入变量，同时考虑成瘾物品的价格因素，以与上文中的分析相一致。考虑两种产品的稳定效用函数，第 j 期的效用为：

$$u_j = u(y_j, e_j)$$

其中，y 为表演艺术欣赏量，e 为所生产和消费的其他产品量，与本章第二小节相同，x 为观看表演艺术的场次，z 为其他产品的消费量，P 为积累的有助于提高艺术鉴赏力的个人资本存量：

$$y_j = f(x_j, P_j)$$
$$e_j = g(z_j)$$
$$P_j = h(y_{j-1}, y_{j-2}, \cdots, y_1), \quad \frac{\partial P_j}{\partial y_{j-m}} > 0$$

假设 x 和 z 的价格不变，分别为 p_1 和 p_2；平均每次观看表演艺术所耗费的时间、平均每次购买和消费其他商品所耗费的时间不变，分别为 t_1 和 t_2；每期可用时间不变，为 T。α 为个体效用的主观折现率，r 为客观折现率——利率，n 为寿命，效用函数 v 为：

$$v = \sum_{j=1}^{n} \alpha^j u(y_j, e_j)$$

约束条件为：

$$\sum \frac{p_1 x_j + p_2 z_j}{(1+r)^j} = \sum \frac{w t_{w_j}}{(1+r)^j}$$
$$t_{w_j} + t_1 x_j + t_2 z_j = T$$

---

① Stigler G. J.，Becker G. S. De Gustibus Non Est Disputandum ［J］. *The American Economic Review*，1977，67（2）：76 – 90.

全收入形式下，第一个约束条件变为：

$$\sum \frac{p_1 x_j + p_2 z_j + w(t_1 x_j + t_2 z_j)}{(1+r)^j} = \sum \frac{wT}{(1+r)^j} = W \text{（全部财富）}$$

最优时满足 $u_{y_j}/u_{e_j} = \pi_{y_j}/\pi_{e_j}$，计算得出 y_j 的影子价格 π_{y_j} 为：

$$\pi_{y_j} = \frac{(p_1 + wt_1)\partial x_j}{\partial y_j} - (p_1 + wt_1) \sum_{i=1}^{n-j} \frac{\partial y_{j+i}}{\partial p_{j+i}} \cdot \frac{\mathrm{d}P_{j+i}}{\mathrm{d}y_j} \Big/ \frac{\partial y_{j+i}}{\partial x_{j+i}} \frac{1}{(1+r)^i}$$

$$= \frac{(p_1 + wt_1)\partial x_j}{\partial y_j} - A_j = \frac{(p_1 + wt_1)}{MP_{x_j}} - A_j$$

A_j 为成瘾性行为的影响，用于度量所生产的 y 对随后投入的人力资本产生的影响。π_{y_j} 等于所花费的生产成本减去所生产的鉴赏力的投资回报，因为鉴赏力的生产对随后的人力资本有正面的影响。鉴赏力的消费量之所以会随着接触机会的增加而上升，并不是口味发生了有利的变化，而是通过不断地接触舞台表演艺术，人们获得了鉴赏的技巧和经验，从而使得影子价格下降。贝克尔一再强调，广告、传统习惯、潮流和风尚等改变的不是口味而是价格，它们通过影响商品的影子价格而影响消费。表演艺术作为有益品，存在 $\frac{\partial y_{j+i}}{\partial x_{j+i}} > 0$，$A_j > 0$，其影子价格小于不存在消费资本时的边际成本，因此消费资本的积累有利于鉴赏力的提高和消费偏好的养成，不断接触表演艺术对于消费群体的形成具有重要作用。

（五）"理性上瘾"的现实证据和不利因素

1. 现实证据。就文化领域而言，成瘾行为的现实证据主要表现在以下方面：

一方面，受教育程度是对艺术参与最具影响力的决定因素。已有实证结果发现，收入水平、职业地位以及教育程度较高的人对艺术的参与率比其他人更高，而受教育程度同时也是影响参与率的其他两个因素的重要决定因素，所以被认为是最重要的影响因素。

另一方面，高雅艺术具有较低的价格弹性和较高的收入弹性。已有对戏剧等艺术需求所进行的经验研究表明，对流行文化形式的需求较之高雅艺术更具有价格弹性，而高雅艺术商品和服务的品质特征在影响消费决策方面确实比价格更重要;① 艺术需求的收入弹性比其他产品要相对高一些,这既因为一些艺术消费属于奢侈品消费,并需要不少闲暇时间,也因为偏好与受教育程度相关,并由此(间接)与收入相关。这表明,表演艺术消费群体一旦形成后,可以得到较好的保持。

2. 不利因素。我们认为,成瘾形成的不利因素主要表现为传统的断裂和时代的冲击两方面,具体来看:

一是传统的断裂。传统社会的解体是造成我国传统表演艺术衰落的一个重要原因。中国戏剧在它的起源时代,就具有显明的民间性。在都市,它存在于平民们自由出入的商业性的勾栏瓦舍,在乡村,它与以宗族和村落为单位的祭祀仪礼融为一体。尽管发展过程完全不同,但20世纪80年代后期在美国和我国几乎同时出现的表演艺术的衰退,都表明了表演艺术在吸引青年人方面的劣势和随时代变迁而衰落的大趋势。进入20世纪90年代以后,中国曾经有过的300多个剧种,至少有2/3～3/4已经丧失了生命力。② 传统的断裂使得传统演出形式失去了赖以生存的土壤,对其的刚性需求消失。

二是时代的冲击。大众文化产品正利用其传播和宣传优势吸引并培养着青年观众的消费偏好。当前,影视剧、流行音乐、KTV、电子游戏等越来越成为大学生甚至工作人员主要的文化消费产品,并进而以现代认同的方式将越来越多的人卷入对大众文化的消费中。另一个特殊现象是演出的西化,目前演员喜演、观众喜看不具质量优势的西方古老歌剧、音乐剧等,不喜有质量优势的传统艺术演出,使得象征中华民族文化、传达中华传统文化核心价值的戏剧被挤到角落,陷入了生存危机中,不仅受众越来越少,而且传承者后继乏人。因此本土表演艺术日渐淡出一般消费者的文化消费选择范围,演化成少数人的兴趣爱好。③ 目前我国演出市场最活跃的三种文化形式为影视、商演和驻场表演娱乐(酒吧、西餐厅、旅游景点等)。在这种环境下,

---

① 以德国的一个专家意见调查和剧院统计年鉴数据为基础,研究质量与戏剧、歌剧和芭蕾的关系。研究发现,质量与歌剧和芭蕾的关系较戏剧而言更紧密。托比亚斯(Tobias)解释认为,相对于质量,审美取向对戏剧比对芭蕾或歌剧更重要。并且,对三者而言,艺术支出的边际收益(质量)为正但下降。Tobias S. Quality in the Performing Arts: Aggregating and Rationalizing Expert Opinion [J]. *Journal of Cultural Economics*, 2004, 28: 109 – 124. 此外,第六章第一小节关于回购意图的研究也反映了演出和服务质量的重要性。

② 傅谨. 二十世纪中国戏剧导论 [M]. 北京:中国社会科学出版社, 2004: 50 – 66.

③ 2012年问卷调查数据显示,观看文艺演出成为仅次于艺术品收藏的倒数第二个文化消费选项。http://www.ccnt.gov.cn/sjzz/sjzz_cws/whtj_cws/tjfx/201312/t20131213_424919.htm,中华人民共和国文化部,我国居民文化消费与需求调查研究。

表演艺术消费资本的形成就非常困难,了解的越少,看的越少,消费资本越是得不到积累,消费群体越是难以形成。

整体而言,本章从消费能力和消费偏好两个角度讨论了文化消费的形成,结合前述供给角度的分析不难得出国有文艺院团改革难的原因。首先,表演艺术产品是其他文化产品的竞争者,较高的票价、较长的演出时间、固定的演出场所等使得其在竞争中处于劣势。其次,成瘾性或累积的消费偏好是文化产品尤其是对文化能力要求较高的表演艺术消费中的重要特征。与新型文化产品竞争的劣势以及依附于传统社会的刚性需求的消失,使得表演艺术逐渐远离群众视野。而大众文化的广泛传播及其对青年群体文化消费偏好的影响更是将传统表演艺术彻底边缘化。艺术消费不足的现状和形成的困难使得表演艺术的需求价格将长期处于低位。而前文的分析表明,表演艺术因具有较高的供给成本而具有较高的供给价格,供给和需求相互作用,表现在产品市场上,即为价格不一致或供需矛盾。如图 4-2 所示,对大部分国有文艺院团而言,其自发的需求函数位于总成本曲线的下方,不存在演出收入大于总成本的票价水平[1]。此时表演艺术组织非但不能通过增加演出场次盈利,反而会陷入演出越多、亏损越多的困境。这就在很大程度上回答了国有文艺院团改革难的问题。

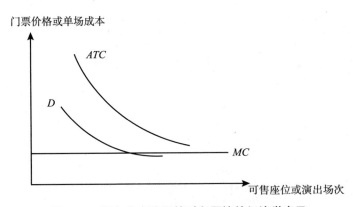

图 4-2　国有艺术院团的财务困境的经济学表示

---

① 在此,假设每场的座位都能按既定的价格卖出。

第五章 文化体制改革进展的理论透视和研究述评

　　自 1978 年改革开放以来，中国文化体制改革逐渐拉开序幕。1978 年党的十一届三中全会的召开标志着党的工作重点由"以阶级斗争为纲"转移到"以经济建设为中心"上来，中国全面实施"对内改革、对外开放"的发展政策，全面建设社会主义市场经济的改革进程逐步推进。中国文化管理体制机制改革在社会主义市场经济体制改革的总体框架之下应运而生，具有十分特殊的意义。经过多年的发展，文化体制改革成果显著。文化供给体系日趋完善，文化管理体制机制逐步得到优化，政府文化管理效能得到明显提升；文化事业和文化产业两翼齐飞，公共文化服务能力和文化产业运行效率明显增强；文化法治化建设逐步推进。与此同时，还存在许多不足之处，如重政府轻市场、重供给轻需求、重行政轻法治等，这些地方要成为未来改革和管理创新的着力点。

一、文化体制改革的既有成果

　　30 多年间，中国文化管理体制机制改革逐步推进，不管是文化产业，还是文化事业，改革思路逐渐清晰，改革步伐逐渐加大，改革成效较为明显。

（一）"外部性"视角下的中国文化管理体制机制改革

　　鉴于文化产品较强的外部性特征，从文化管理体制改革刚被确立的初期开始，文化管理部门即非常重视对文化外部性施加管理。过去进行的文化管理体制改革的探索本质上主要是对文化事业与文化产业二者划分的有效探索。对文化产业、文化事业二分法的理论认识，实质上是基于文化外部性特征的判断。在对文化事业和产业的划分的具体实践中，划分为文化事业的依据是该类文化生产经营单位具有强大的外部性和公共产品属性，对于此类文化事业单位采取国有或者国营的运作方式；而对具有部分较强外部性和公共产品属性，或者根本不具有公共产品属性的文化生产经营单位，则采取国有资本入股或者民营两种方式，通过政府作为投资人以购买服务的方式对文化产业单位进行扶持、引导，而对产业属性较强的文化产业，则直接推向市场，发挥市场在资源配置中的决定性作用。

文化体制改革的过程实质上是对文化产品不同强度的外部性逐渐接受、认识和不断确认的过程。伴随这一改革过程，文化管理方式、文化管理体制以及政府文化管理职能和定位都发生了明显的变化。从"外部性"视角下，我们对文化管理体制改革历史进程梳理如下：

1. 1978～1991年可以被看作改革提出以及对文化外部性的初步认知阶段。这一时期文化管理改革者强化了对文化事业的重视，推动了文化建设与经济建设齐抓共管以及文学艺术属性和文化意识形态属性的分离，表明已经对文化的外部性属性有了初步的认识。

1978年党的十一届三中全会的召开，确立了改革开放的重大战略决策。至此，党的工作重心由"以阶级斗争为纲"向"以经济建设为中心"转变，中国的社会主义事业进入改革开放和社会主义现代化建设的新时期。这一时期最突出的成就是文化事业的繁荣与复苏，但这一时期传统文化管理体制下存在的各种弊端仍在制约文化管理体制改革的推动和文化事业的繁荣发展。1979年10月，邓小平同志代表党中央在中国文学艺术工作者第四次代表大会上对文艺、政治以及人民关系方面做出指示，要求尊重文艺规律，重视文艺批判，划清文艺问题与政治问题之间的界限，为未来文化体制改革奠定了基础。

1982年召开的中共第十二次全国人民代表大会宣告了自"文化大革命"以来拨乱反正任务的结束，同时拉开了社会主义现代化建设的序幕。大会提出加强"两个文明"建设的新要求，努力建设社会主义精神文明，把中国建设成为高度文明、高度民主的社会主义现代化国家，此时，文化事业在精神文明建设中的核心地位被提出。1984年，中国共产党十二届三中全会通过的《中共中央关于经济体制改革的决定》指出："经济体制的改革，不仅会引起人们经济生活的重大变化，而且会引起人们生活方式和精神状态的重大变化。社会主义物质文明和精神文明的建设要一起抓。"1986 年，党的十二届六中全会通过的《中共中央关于社会主义精神文明建设指导方针的决议》中首次提及"文化管理体制改革"问题，指出改革的目的是提高文化艺术作品高强度的外部性和人民文化素质，促进社会主义文化大发展、大繁荣。

2. 1992～2002 年可以被看作改革的初步探索阶段和以外部性特征进行文化结构调整阶段。这一阶段，基于对文化外部性特征的认识不断加强，首次提出了"文化产业"的概念，改变了以往单纯强调文化思想教育以及意识形态功能，忽视文化作为消费品所具有的经济属性。文化产业属性和意识形态属性二分法，为划清文化与政治、文化属性与意识形态属性之间的界限提供了理论基础，为文化的长足发展提供了坚实的理论支持。

1996 年，中国共产党十四届六中全会召开，会议对加强思想道德建设和文化建设问题进行了讨论，通过了《中共中央关于加强社会主义精神文明建设若干重要问题的决议》，首次系统地对文化体制改革问题进行了阐述。2000 年，中共第十五届五中全会通过的有关第十个五年规划的建议首次提出"文化产业"的概念，对产业属性认识的加强突破了改革中遭遇的理论瓶颈，为改革指明了方向和目标。此前，从未有文化事业单位被赋予双重职能的相关论述出现。同时，第十个五年规划首次指出"文化体制改革的重点是建立高效合理的文化管理体制和文化生产经营机制"。

2002 年，党的十六大报告对"深化文化体制改革"问题进行了阐述，指出全面建设小康社会，必须大力发展社会主义文化，建设社会主义精神文明。牢固把握先进文化的前进方向，坚持弘扬和培育民族精神，积极发展文化事业和文化产业。报告首次将文化事业与文化产业概念分离，并明确提出文化产业概念，丰富了文化体制改革的相关理论。

3. 2003～2005 年是以市场为导向的改革持续推进阶段。这一时期的文化管理体制改革特点在于通过确立改革试点单位的形式，对外部性属性较强的文化事业和产业属性较强的文化产业进行分类，以此提高政府对外部性的管理效能和充分发挥市场自由配置资源的功能。文化体制改革的思路逐渐清晰，改革表现为"增量领域中规模不断扩大的文化产业改革"以及"存量领域中开始启动的文化事业单位改革"。

这一阶段重要的时间节点为 2003 年 6 月，全国文化体制改革试点工作会议召开，中央文化体制改革领导小组成立，文化体制改革试点意见出台，确定北京、上海、重庆、广东、沈阳等9个省市以及35个文化宣传单位参加改革试点。2003年12月，《国务院办公厅关于印发文化体制改革试点中支持文化产业发展和经营性文化事业单位转制为企业的两个规定的通知》为深化文化体制改革提供了相应的政策支持，表明政府在对文化外部性特征的认知和接受上有了更大幅度的提升。

4. 2006年至今为改革的整体推进和全面深化阶段。随着人民物质水平的提高，中国加入WTO、经济全球化以及国家间交往的日益密切，如何更好地利用文化的外部性特征，保障人民基本文化权益，同时提升文化软实力保障国家文化安全成为这一阶段文化管理改革的重点。

2006年，《中共中央关于构建社会主义和谐社会若干重大问题的决定》指出，要深化文化体制改革，繁荣发展社会主义先进文化，坚持把发展公益性文化事业作为保障人民文化权益的主要途径。2007年，党的十七大提出要解放和发展文化生产力，深化文化体制改革，完善和扶持公益性文化事业，发展文化产业，推进文化创新，同时提出了"文化软实力"的概念，并将提高"文化软实力"作为重要的国家发展战略，文化建设至此已经提高到国家战略的高度。

2013年11月，党的十八届三中全会提出，要"紧紧围绕建设社会主义核心价值体系、社会主义文化强国深化文化体制改革，加快完善文化管理体制和文化生产经营机制，建立健全现代公共文化服务体系、现代文化市场体系，推动社会主义文化大发展大繁荣"。通过这一时期的改革深化，基本建立起了比较完善的国家、省、市、县、乡镇（街道）、村（社区）六级公共文化设施网络，文化馆、博物馆、公共图书馆、美术馆等基础设施全覆盖基本实现，公共文化产品的供给和服务能力明显提升，初步实现了公共文化服务的均等化。

2015年11月，党的十八届五中全会提出要"推动物质文明和精神文明协调发展，加快文化改革发展，加强社会主义精神文明建设，建设社会主义文化强国，加强思想道德建设和社会诚信建设，增强国家意识、法治意识、社会责任意识，倡导科学精神，弘扬中华传统美德"。

2015年11月，《中共中央关于制定国民经济和社会发展第十三个五年规划的建议》突出强调保障老百姓普遍关注的文化民生，加大文化产业与科技创新的融合，进而催生出更加系统完善的产业新业态，通过全面规划与重点培育的相互作用，实现文化产业双效统一，文化事业普惠基层，发挥文化在提升国民整体幸福指数中的巨大作用。这就为未来一段时期内文化发展指明了方向，对文化产业协调、科学、可持续地发展成为国民经济支柱性产业奠定了坚实的基础。

（二）"鲍莫尔成本病"视角下的中国文化管理体制机制改革

"鲍莫尔成本病"是指具有劳动密集型行业特征的文化供给过程表现出成本不断上升的特征。一方面，成本上升导致文化需求降低；另一方面，成本上升带来文化生产经营单位财务困境问题，影响产品供给。供给需求的双向降低形成恶性循环，导致文化供给体系无效率。文化管理体制改革进程中对"鲍莫尔成本病"的克服，是基于文化事业与文化产业二分法的框架之下，着力构建针对成本弊病的有效的补贴体系。

一方面，在构建补贴体系的过程中，受制于文化事业与文化产业的划分标准，对文化事业而言，以文化的公共产品属性和正外部性为依据，采取政府全部买单的方式，完全补贴文化供给过程中的成本。而对文化产业而言，并非所有的文化产品都具有外部性。对于生产的文化产品具有正外部性而又进行产业化生产的文化产业，采取政府购买服务的方式，对其部分成本给予补偿，形成激励性规制机制；对于弱外部性文化产品的生产，则将其推向市场，充分发挥市场在资源配置中的决定性力量。

另一方面，在构建合理的补贴体系应对"鲍莫尔成本病"问题的过程中，尚未建立起基于文化外部性特征和文化生产供给特性的补贴机制。即便对于已进行先行试点采取购买服务方式的补贴机制而言，也尚未形成健全的体系，补贴行为和目标之间严重不匹配。比如当前普遍采用的项目制的补贴方式，补贴资金依旧流向了国有性质的大型院团，对于中小型艺术院团的成本补贴严重不足，同时在补贴方式上，多采用优秀剧目补贴、演出场次补贴等方式，补贴方式单一、项目评比困难等现实问题制约着以补贴方式克服"鲍莫尔成本病"的改革路径的有效推进。

同时，在对"鲍莫尔成本病"问题的认识上存在较大偏差，造成补贴不当。当前我国文化生产经营单位成本居高不下问题来自两方面：一是文化生产过程与生俱来的根本属性，即我们所定义的"鲍莫尔成本病"；二是计划经济体制遗留下的文化生产经营单位内部普遍存在的管理体制机制不顺、运行效率低下、竞争能力不强、生产能力较弱等因素造成的高成本问题，这一问题实际上是市场化不足的表现。然而，在文化管理体制改革的实践进程中，两种因素交织在一起，共同表现为提供的文化产品和服务成本较高，文化生产经营单位入不敷出，造成这一局面的原因本质上在于对"鲍莫尔成本病"问题的认识偏差。

从克服"鲍莫尔成本病"的视角，我们梳理了中国文化管理体制机制改革的历史进程，具体如下：

（1）以补贴机制克服文化生产本身的成本病问题。

首先是文化艺术院团等现场表演艺术团体因劳动力密集型的行业生产特征，导致其成为饱受"鲍莫尔成本病"问题影响的重灾区。而过去文化管理体制改革进程中对"鲍莫尔成本病"问题的克服，实质上也是伴随文化艺术院团的改革而进行的。

早在 1987 年，文化部、财政部、国家工商总局颁布的《文化事业单位开展有偿服务和经营活动的暂行办法》就指出，在文化领域应积极推行以经营承包责任制为主的文化单位改革，推行"以文补文""多业助文"的举措，解决成本问题导致的文化单位的财务困境问题。

对于深受"成本病"困扰的艺术表演院团、文艺演出部门等，国家在充分认识其内部运行规律的基础上，率先针对这些领域积极推进改革，以避免该类单位因可能面临的财务困境问题造成文化供给不足局面的出现。文化艺术院团推行演出补贴制度体系建设和考评聘任制度改革，对克服"鲍莫尔成本病"起到了很好的促进作用。1988 年文化部出台《关于加快和深化艺术表演团体体制改革的意见》，次年中共中央发布《关于进一步繁荣文艺的若干意见》，均提出要积极推进文化艺术单位改革，实行文化事业单位"双轨制"改革，允许国家扶持的少数全民所有制院团和多种所有制的文化艺术团体并存：少数体现民族特色和国家水准的艺术院团，由政府重点扶持；绝大多数的文化艺术院团，以多种所有制方式交由社会主办。同时，推进与之相匹配的人事、分配制度改革，实施院团长负责制和中央院团的艺术总监制改革等，扩大了艺术表演院团内部的自行决策权和自主分配权。

1994 年，文化部出台了《关于继续做好艺术表演团体体制改革工作的意见》，旨在构建富有效率的文化内部运行机制，以抓繁荣、促精品为目标，优化资金投入结构，改变"撒芝麻盐"式的平均分配的投入方式，实施激励性的演出补贴制和重点文艺院团及其人员的考评聘任制等。在这一过程中为克服"鲍莫尔成本病"问题所做的主要工作为：一是确保具有较强正外部性文化产品的生产经营单位长期稳定的资金支持；二是通过演出补贴制度体系的构建，实现文化管理部门对中直院团的宏观管理；三是院团长负责制和中央院团的艺术总监制改革，有效提升内部运行效率，降低生产运营成本。

分类补贴制度的构建，使文化管理部门充分基于文化特殊性的考虑，较好地解决了强外部性属性的文化产品生产经营过程中的财务困境问题。充分借鉴文化艺术院团补贴改革的成功经验，2012 年，中共第十七届六中全会通过的《中共中央关于深化体制改革推动社会主义文化大发展大繁荣若干重大问题的决定》提出科学界定文化单位属性，对改革实施分类指导，对党报、党刊、电台、电视台、通讯社、重点新闻网站和时政类报刊，少数承担政治性、公益性出版任务的出版单位，体现民族特色和国家水准的艺术院团等，由国家重点扶持，保证其提供文化产品服务时正确的舆论导向和公益属性。2013 年 12 月，国家艺术基金挂牌成立，实现了文化艺术资助模式的转型，对于在深化文化体制改革过程中转变政府对文化艺术创作、收藏和人才培养的投入方式，以更好地调动和解放全社会的创作活力起到了十分重要的意义。

其次是扩大政府购买服务在文化领域的应用范围。2005 年，党的十六届五中全会提出要构建公共文化服务体系，发展文化事业和文化产业，创造更多更好的符合广大人民群众需求的优秀文化作品。此后，努力提升公共文化服务水平成为文化管理体制改革的重要方向之一，截至 2015 年，文化部已确立 10 个国家级基本公共文化服务标准试点地区，推动公共文化服务均等化。政府向社会购买公共文化服务的提法是随着改革的逐步深入而逐渐被认可的过程。政府购买公共文化服务通常采取政府采购、项目补贴以及贷款贴息等方式，以此引入社会力量和民间资本参与公共文化产品和服务的提供，同时减轻社会财政负担，提高政府在公共文化服务中的供给效率和水平。不少先行试点省市，如上海、广东、浙江等分别出台了有关政府购买服务机制建设的政策。2015 年，中央办公厅和国务院出台的《关于加快构建现代公共文化服务体系的意见》指出，要加快推进公共文化服务的社会化，构建政府向社会力量购买公共文化服务的长效机制，出台政府购买服务的指导性意见和目录。

（2）以内部运行机制改革应对市场化不足引发的成本病问题。1992～2002年间，文化管理体制改革进入结构调整以及改革的初步探索阶段。1992年中国共产党第十四次全国代表大会确立了社会主义市场经济的改革目标，文化体制改革在市场经济体制改革的总体框架之下被赋予了全新的意义。这一时期的改革重点放在对文化单位内部进行深入改革方面，重点行业与部门的体制改革取得重大进展，文艺与演出部门、新闻出版和广播电视电影领域均实行了大规模的转企改制。同时，企业兼并浪潮出现，组建起了大型文化产业集团。市场运行机制方面，文化单位的内部管理机制得到改善，市场机制和激励机制的建立，如在艺术演出单位实行的演出补贴改革、考评聘任改革以及演出合同契约制改革等，有效地形成了文化生产中的激励机制、约束机制和竞争机制。通过市场导向的转企改制方式，改变了以往文化事业单位体制下内部运行效率低下、管理机制不活、人员冗余等问题，有效地降低了因内部运营机制不善引发的成本问题。

2003年至今是以市场为导向的改革持续推进和深化阶段。这一时期的改革以解放和发展文化生产力为主题。通过对经营性文化事业单位转企改制，初步树立起了完整意义上的市场主体。以现代企业方式运作的文化生产经营单位，能够使其更好地进行会计核算和盈亏考核，在市场竞争中提升运行效率，显著降低成本。这一改革举措取得的明显进展逐步在后续的实践中被证实，截至2013年，全国共有570多家出版社、1600余家非时政类报刊、2100多家文艺院团陆续完成转企改制任务，成为合格市场主体，内在活力得到进一步激发，产业结构得到明显优化。

（三）"不确定性"视角下的中国文化管理体制机制改革

"不确定性"问题在很大程度上是伴随着中国文化管理体制机制改革而出现的问题。在计划经济体制下，政府对文化实施统包统揽、管办不分的集权式管理模式。在这种模式下，政府充分发挥其主导力量，确保文化生产与传播过程的可控，此时文化领域内的不确定性微乎其微。

然而，基于文化事业与文化产业二分法的框架，具有产业属性的文化生产经营单位在面向市场之后，不确定性明显增强，尤其是在完善的文化管理体制机制尚未完全建立、成本病问题难以有效克服的情况下，不确定性问题更加突出。文化管理体制改革进程中，对不确定性的克服主要表现在三个方面：第一，文化引导方式、扶持路径层面。第二，政府购买服务以及成本补贴体系制度层面。第三，通过构建完善有效的投融资体系，以金融支持应对文化领域中的不确定性层面。从不确定性克服的视角梳理中国文化管理体制机制改革的历史进程，具体如下：

1. 在对文化发展的引导方式和扶持路径方面，早在 1978～1991 年改革提出和初步实践阶段，即开始对文化事业单位等重点行业先行进行体制改革探索。1980 年初召开的全国文化局长会议是最早召开的有关文化事业单位管理体制改革的会议，会议着重强调了以艺术表演单位为代表的文化事业单位内部管理和运行机制上的问题，提出进行文化体制改革的必要性。初期的文化体制改革缺少国家政策层面上相应的引导、扶持，大多集中在方向性的理论认知层面。

文化事业单位的改革首先在新闻出版等领域展开，这一时期的改革集中于对文化外部性属性的认知和面向市场化改革方面，通过推行企业化管理模式，实行全额预算管理、差额预算管理以及自收自支管理模式，对表现出不同程度外部性的文化单位实施不同发展方式的引导、扶持，克服面向市场后的不确定性。1978 年，财政部批准《人民日报》等新闻单位推行事业单位企业化管理模式。1979 年，中宣部颁布了《报刊、广播、电视刊登和播放中国广告的通知》，中国广告全面启动。同年，上海电视台播出了中国电视史上的第一条商业广告，中央电视台也开辟"商品信息"节目，集中播放国内外广告，以此通过市场获得营业收入。随后改革在文艺与演出部门推开，1985 年，中共中央办公厅、国务院办公厅转发了文化部《关于艺术表演团体的改革意见》，其中东方歌舞团成为第一家实施事业单位企业化运作的演艺集团。1989 年，中央下发进一步繁荣文艺的意见，提出文化事业单位"双轨制"的改革思路，实施对不同类型文化单位的差异化扶持政策。而后的改革过程也基于对文化外部性特征的探索和认知，实行分类化的引导、扶持政策，在政策机制和市场机制的双轮驱动下，文化取得了较大程度的发展。

20 世纪 90 年代，随着互联网等技术引发的信息革命，新媒体不断涌现，文化传播渠道不断畅通。为适应新时期文化的发展要求，政府文化管理部门对新媒体采取鼓励扶持、积极利用的管理策略。2000 年国务院颁布电信条例和互联网管理办法，推行宽松的市场准入制度，鼓励、引导信息、广电、出版等集团充分利用新技术带来的变革机遇，鼓励积极参与市场竞争，进行市场整合和结构调整。

2003 年，国家确定北京、上海、广东、深圳、浙江、重庆、西安、沈阳和丽江 9 个地区和 35 个文化单位为文化体制改革试点地区，探索培育市场主体、深化内部改革、转变政府职能、建立市场体系。在此基础上，加大对改革试点单位在财税、投融资、资产处置以及工商管理等方面的政策扶持力度，探索形成适应试点地区发展状况，乃至能够推广至全国的可行措施。

同时，通过财税优惠政策引导、扶持产业属性较强的文化生产经营单位实施转企改革，提升内部运行效率。2008 年，国务院办公厅《关于印发文化体制改革中经营性文化事业单位转制为企业和支持文化企业发展两个规定的通知》提出对转企改制的文化事业单位和文化企业实施 5 年税收优惠政策。2013 年 6 月，国务院促进中小企业发展工作领导小组把文化部增补为成员单位，2013 年 11 月，党的十八届三中全会明确提出鼓励各种形式的小微文化企业的发展，这体现了对小微文化企业发展的重视。2014 年，财政部、国家税务总局、中宣部三部门联合发布对转企改制的文化事业单位延长 5 年税收优惠的政策，通过政策优惠、扶持尽量避免改革中可能出现的不确定性问题。

2. 针对存在明显"鲍莫尔成本病"问题又具有强正外部性的文艺院团推行演出补贴制。1988 年 9 月，国务院批转文化部有关加快文化艺术院团体制改革的意见，主张实施艺术院团组织结构上的"双轨制"：少数体现民族特色和国家水准的艺术院团，由政府重点扶持；绝大多数的文化艺术院团，以多种所有制方式交由社会主办。同时，建立院团长负责制和中央院团的艺术总监制，以此扩大艺术表演院团内部的自行决策权和自主分配权。1994 年，文化部出台《关于继续做好艺术表演团体体制改革工作的意见》，提出优化资金投入结构，实施激励性的演出补贴制、项目补贴制，确保建立长期稳定的资金扶持机制和长效补贴机制。2000 年，文化部颁布有关中直院团深化改革的意见。2001 年，李岚清在中直院团改革座谈会上提出，应充分认清文化自发展规律和市场价值规律，加大对高雅文化艺术的扶持力度，合理配置文化资源，构建良好运作的文化艺术长效扶持机制。2012 年，中共第十七届六中全会通过的《中共中央关于深化体制改革推动社会主义文化大发展大繁荣若干重大问题的决定》提出科学界定文化单位属性，对改革实施分类指导，对党报、党刊、电台、电视台、通讯社、重点新闻网站和时政类报刊，少数承担政治性、公益性出版任务的出版单位，体现民族特色和国家水准的艺术院团等，由国家重点扶持，保证其提供文化产品服务时正确的舆论导向和公益属性。

在以政府购买服务部分补偿生产成本的运行机制的建立上有了一些尝试，不少先行试点省市分别出台了一些有关政府购买服务机制建设的政策。同时，2015 年中央办公厅和国务院出台了《关于加快构建现代公共文化服务体系的意见》，出台了政府购买服务的指导性意见和目录，有助于对政府购买服务的方式和范围进行有效界定。但长期以来缺乏对政府购买文化服务高强度的外部性的有效评价和统一认定标准的状况尚未得到明显改善，以购买服务方式克服"鲍莫尔成本病"的改革思路还不成体系。

3. 通过多元化投融资体系的构建，以资金解决文化发展中的不确定性。1994 年，中国进行的财政体制、税收体制、金融体制、外贸体制、价格体制以及住房和社会保障体制等领域的改革，实现了与经济体制改革的配套，这些改革措施的推出标志着中国的改革开放进入整体推进与重点突破相结合的新阶段。与经济体制改革相伴随，文化体制改革推进过程中，文化管理部门对市场价值规律给予了充分的重视，对政府管理职能有了进一步的界定，积极发挥多元化投融资体系的作用，通过资金引导文化资源的合理配置，营造良好的文化发展环境，克服了多种原因导致的文化成长与发展中的不确定性。

自 2002 年党的十六大以后，文化部、财政部、新闻出版总署、广电总局均发布一系列文件支持放开部分文化市场投资准入门槛，允许民营企业等社会资本进入文化领域参与文化生产。一系列政策举措调动了社会资本进入的积极性。2005 年，《国务院关于鼓励支持和引导个体私营等非公有制经济发展的若干意见》以及《国务院关于非公有资本进入文化产业的若干决定》的发布，使文化产业领域非公有制经济的进入门槛有所放松，非公有制经济的财税金融支持力度加大。至此，文化体制改革的思路逐渐清晰，从过去的增量改革转变为存量改革，体现了改革的逐步深化和拓展。据统计，仅在 2004 年上半年生产的 100 部影片中，由民营企业参与的就有 80 部之多。而在 2006 年沪深两市上市的文化类企业有 50 多家。随着文化体制改革的深入和文化市场产权改革的进行，民营企业迅速崛起，成为文化产业中的重要力量。

2006 年 1 月国务院颁布《关于深化文化体制改革的若干意见》，首次提出允许部分社会资本进入转企改制后的文化单位，实施多元化投资主体的股份制改革，产权层面改革的推进标志着中国文化体制改革由存量改革阶段进入增量改革阶段。同年 3 月，全国文化体制改革工作会议召开，提出深入贯彻落实《关于深化文化体制改革的若干意见》，新确定了全国 89 个地区和 170 个文化单位开展文化体制改革试点，文化体制改革进入全面推广的新阶段。2010 年，中国人民银行、财政部、中宣部和文、广、新等文化监管部门及银监、证监、保监等金融监管部门联合发布了《关于金融支持文化产业振兴和发展繁荣的指导意见》，从政策上为国家支持文化企业、拓宽融资模式、解决发展的资金问题提供了有效的指引。

2011 年党的十七届六中全会首次以中央全会的形式专题对文化改革与发展问题进行了研究，并制定了《中共中央关于深化文化体制改革推动社会主义文化大发展大繁荣若干重大问题的决定》。同年，保监会与文化部启动保险支持文化产业试点工作，实现了保险业对文化产业的支持，各试点保险公司推出了针对演艺活动、艺术品、文化产业知识产权的试点险种，以克服文化产业发展成长各阶段面临的各种不确定性。

2012 年中共十八大提出要"加快完善文化管理体制和文化生产经营机制，基本建立现代文化市场体系，健全国有文化资产管理体制，形成有利于创新创造的文化发展环境"。同年，为深入落实《关于金融支持文化产业振兴和发展繁荣的指导意见》要求，文化部先后与十余家银行机构建立合作关系，充分发挥政府部门组织协调和政策引导、支持职能，积极开拓文化市场，开拓了银企合作的公共渠道。

2013 年 6 月，中宣部、文化部等 9 部门联合印发《关于支持转企改制国有文艺院团改革发展的指导意见》，强调落实和强化对转制院团的政策扶持，促进转制院团加强自我发展能力建设，通过政策实现对转制院团改革发展的支撑。

2014 年 3 月，文化部、中国人民银行、财政部联合发布《关于深入推进文化金融合作的意见》，提出以创新的金融体制机制满足文化企业对资金的需求和各种金融产品与服务的便利。同时，由文化部、中宣部、中央编办、中央文明办、发展改革委、教育部、科技部、财政部、新闻出版广电总局等20家成员单位组成的国家公共文化服务体系建设协调组正式成立。

二、文化体制改革的亟待深化之处

（一）重政府轻市场

多年来，我国以事业单位法人为行为主体，以政策规范性文件、行政规章和政府需求导向管理国有文化单位的资产、人事关系和演出等，最终导致出现管理职能错位、市场适应能力差、人才断档等问题，许多地方特色院团更是名存实亡。事实上，我国表演艺术最初也是一种自由的、高度个体化的职业，[①] 收支完全市场化。1951年5月5日政务院《关于戏曲改革工作的指示》发布后，原有的市场演出主体被纳入高度组织化的社会体系中，并于1978年后逐步转为国有性质的文化事业单位。久而久之，国有文艺院团的自我生存能力和演出供给能力越来越差，对政府的依赖越来越重。以"单位"为基本行动主体的事业体制的发展弊端可以总结为以下三个方面：

1. 内向型的生产激励机制。一部20世纪中国戏剧史，实际上就是一部戏剧改革史，艺术表演团体的体制机制逐渐发生了从市场到计划、从私营到国有的根本转型，商业化基础遭到破坏，与消费者的沟通对接从而满足消费者需求的能力消失。原有事业体制下，存在以完全对内的、脱离市场的专家评奖为主要评价指标，以"财政拨款、计划演出、赠票组织观众"为主要的生产供给模式；管理中，在垂直性管理体制下，存在党政监管、管办不分、政事不分、[②] 院团自治性差的问题。这最终形成了"政府是投资主体，领导是基本观众，获奖是唯一目的，仓库是最后归宿"的局面。总体而言，旧有"事业"身份下，院团除接受国家财政拨款、完成国家艺术发展任务外，才进行一些促进自我发展、自我积累的经营性活动，发展模式徘徊在市场体系的边缘，存在没形成规律的演出季、没体现观众在演出内容中的声

① 傅谨. 二十世纪中国戏剧导论［M］. 北京：中国社会科学出版社，2004：12（50）.
② 傅才武，陈庚. 艺术表演团体管理学［M］. 武汉：湖北人民出版社，2013：139 - 144.

音、没培养观众有偿看剧的意识、没处理好政府与市场的关系等问题。对于院团而言，在这种不以市场需求为导向的内向型生产激励机制下，久而久之，与普通消费者之间的距离感越来越大，艺术表演团体的自治性和市场适应能力越来越差，无异于陷入自我边缘化进程，同时对政府的依赖越来越重，加大了市场化发展的难度，也影响了其社会效益的发挥。

2. 人事、收入分配机制僵化。一是对于具有事业身份的在编人员，原则上"能进不能出、能上不能下"，缺乏合理的退出和奖惩机制，从而使得艺术表演团体的财务负担越来越重，陷入"养人"的困境中，且不符合表演艺术的经营规律。二是事业体制下，艺术表演团体的收入分配以职称高低为基本工资发放标准。这种论资排辈、限定职称数额的非按劳分配准则，限制了演员演出的积极性，导致了以下几方面的问题：首先是组织内部人浮于事，偷懒、"搭便车"等现象普遍。其次是走穴、空挂现象突出。

3. 双重体制问题。近年来，数量迅速增加、实际为社区居民提供文化产品的民间职业剧团在相关资助和税收优惠待遇上被排除在外，生存环境恶劣，构成了"体制内"和"体制外"的对立体系。体制内外的演出团体不能在同一制度平台上竞争，阻碍了表演艺术整体的供给效率的提升和作品、服务质量的改善。

（二）重供给轻需求

表演艺术产品有别于一般的物质产品，对其消费需要时间和物质成本，需要一定的知识积累，需要相应的消费群体。文化消费需求的内生性，尤其是成瘾消费特性，使文化需求的形成门槛提高。文化需求的形成，不仅要求个体具备相应的文化产品供给能力，要求具备相应的鉴赏能力，更要求社会形成一定的文化品赏氛围，这样才能够激励社会不断地内生出更多的文化需求。但是这些条件的满足以及文化需求内生循环形成的门槛都远远高于物质产品需求的形成门槛。这就决定了需要相当长的时间才能够形成足够的文化消费需求。这个时间要求也基本上远远高于物质产品需求的形成时间。其中，也是最为重要的一点，文化需求形成的不同门槛条件导致在文化产品内部形成了一个筛选机制。比如通俗歌曲的需求之所以远高于高雅艺术的需求，就在于对通俗歌曲的消费不需要消费者具备什么特殊的条件，而对歌剧等的鉴赏则要求具备众多的条件。同时，通俗歌曲的爱好者也更容易发现相同爱好者，而歌剧爱好者要找到知音则十分困难。因此，通俗歌曲爱好者的规模远远高于歌剧爱好者的规模，通俗歌曲作为一种文化产品得到了更多的消费需求，而歌剧则在竞争中处于了下风。也就是说，成瘾消费理论使我们更加清晰地认识到了文化需求的形成机理。由此，文化需求形成需要较长的累积才能达到一定的水平，特别是要达到能够为文化供给者提供足够生存空间的水平，所需要的时间更长。

非市场自发的有生需求力量将无法在根本上破解演出的体制内激励机制循环，因此破解表演艺术需求的进入性障碍，缓和价格不一致矛盾是表演艺术得以发展的前提条件。现阶段我国的文化消费支出比例尚处于低点，需求的缺乏使得文艺院团成了无源之水、无本之木。然而可以预见的是，随着我国居民物质生活水平的提高和人均可支配收入的持续增加，文化消费的增长是一个必然的趋势。同时，经济发展成就的巩固和绩效的进一步改善，也要求有强有力的文化支持。文化软实力不仅是政治需要，更是社会凝聚、经济发展的需要。经济实力的提高也为文化繁荣提供了坚实的物质基础，文化需求的培育已经具备了充分的可行性。尽管现实条件不利于表演艺术需求的形成，但其需求一旦形成，将比大众文化能更好地保持，这也是文化需求不同于其他需求的关键性特征。

体制、生产方式和需求特征共同约束着我国的文化发展。改革在很大程度上就是要尊重文化发展的客观规律，构建相应的机制，加大关键点的投入力度，突破约束，推动进入良性循环阶段。推进国有文化单位尤其是国有文艺院团的体制机制改革及其深化，将从根本上改变这些机构进行文化供给的动力源泉。需求导向的供给和资助将成为院团发展的重要战略方向。应当以培育文化需求、提高文化消费水平为根本目标，全社会聚力打破文化需求形成的高门槛，促进文化的需求和供给进入良性循环中。因此，改革的成功，首要的就是坚持提高文艺院团文化供给能力和培育文化需求并行，将两者有机结合，最终促进文化单位运作实现由非市场循环向市场循环或半市场循环的转变。

（三）重行政轻法治

纵观自 1978 年改革开放以来中国文化管理体制机制改革的历史进程，文化建设法治化水平逐步提高。据不完全统计，自 1949 年新中国成立以来，中国已制定的有关文化领域的法律、行政法规和部门规章等共计400余件。1992～2002年，全国人大、国务院以及中央文化管理部门出台了200余部涵盖新闻出版、广播电影电视、艺术院团、互联网等诸多领域的法律法规、部门规章以及政策性文件，如《广播电视管理条例》《电影管理条例》《音像制品管理条例》等，通过指令性文件的形式对外部性属性较强的传媒、院团等事业单位实施依法管理，规范文化市场行为。2011年《中华人民共和国非物质文化遗产法》的正式实施，表明非物质文化遗产保护正式走上法治化轨道。同时，针对过去的立法进行及时修订，如2012年两会对文化领域的两部大法《著作权法》和《文物保护法》的修订，也与党的十七届六中全会指出的"加快文化立法，制定和完善公共文化服务保障、文化产业振兴、文化市场管理等方面的法律法规，提高文化建设法治化水平"的思想相一致。2016年11月颁布了《电影产业促进法》，为电影产业的发展提供了法治基础。

然而，在文化体制改革政策推进的过程中，仍然表现出行政推动的色彩较为浓厚的特征。不管是在基于外部性理论对文化事业和文化产业二分法的认识与确认过程中，还是在克服文化供给和消费难题中，都是以政府为主导。目前还没有形成法治层面上持久、稳定的保障，文化体制改革的法治化进程还较为缓慢。

文化法治化进程较为落后的原因有二：一方面是源自理论研究者和改革实践者在一些重大问题的认识上尚未完全形成一致意见，造成改革行为与目标之间的不匹配；另一方面是计划经济体制下形成的传统文化管理制度惯性，影响了新制度效果的发挥。当前文化法治化改革主要集中在两个方面：一是文化法治化建设刚刚起步；二是尽管文化市场综合行政执法改革形式上已基本完成，但文化执法仍面临多重约束。

1. "少"——行业立法缺失，立法盲点较多。改革开放以来，中国文化领域仅颁布了《著作权法》《文化遗产保护法》《非物质文化遗产法》《电影产业促进法》4部法律。据不完全统计，截至2013年上半年，中国立法总数约为3.8万件，其中文化立法数约为3024件，占比2.7%。很多应该通过法律规范的文化领域，无论是公共文化事业，还是文化产业，均普遍存在立法盲点和空白。

某些领域，如公共文化事业方面，尚未形成完善的法律体系框架。法律规制效果的发挥，往往通过单项法律的形式，比如国家层面的《文物保护法》《博物馆管理办法》《乡镇综合文化站管理办法》等，以及地方层面上的《地方文化设施管理条例》等。在美国广播电视领域，《联邦通信法》《公共电视法》等多部法律构成了一套综合完善的法律法规体系。同时，当前中国法律大多将视角放在对文化事业建设的管理上，如有关文物保护、文化基础设施以及博物馆等的法律规章，而很少涉及如何促进其未来长远发展，更缺乏全局视角下对大文化整体发展方向的考虑。

当前文化产业领域尽管已经形成涵盖宪法、法律、行政法规、部门规章以及地方性法规为主体的多层次法律框架，但大量政策性法规和规范性文件正在行使专门性法律应该行使的功能，使其缺乏专门性和针对性。尤其是中西部文化产业相对落后地区，立法盲点现象较为严重，使得现阶段推进文化管理体制改革主要依赖政策性法规和规范性文件[①]。

2. "低"——立法层级低，权威性和稳定性较弱。完善的法律体系和框架需要不同层级的法律法规作为支撑。当前，国务院颁布的各项行政法规和部门规章是政府行使文化管理职责的主要依据，也是中国文化体制改革的主要政策指导，缺乏由全国人大及其常委会制定的高效力的文化基本法。立法层级较低的问题，无疑给文化依法发展带来了挑战。例如在电影管理、广播电视管理、演艺管理等领域，本应通过立法提供管理保障，目前仅有较低层级管理条例的状况，影响了管理的规范性、权威性和稳定性。

在公共文化服务领域，2007年，国务院出台了《关于构建公共文化服务体系的指导意见》，在推动文化服务体系建设方面均有明显的实效性和促进作用，但因对某些基本问题，如公共文化服务的内涵、公共文化服务的责任主体等缺乏有效的法律界定，造成政策落地时遭遇解读瓶颈。在文化产业领域，尽管在政府相关规划中，提出建立《文化产业促进法》等文化产业振兴方面的法律法规，但到目前为止，仍缺乏一部具有高效力、全局观念上的文化基本法发挥统领作用，协调统一各部门法与规章的具体实施。

3. "失衡"——立法结构失衡。立法结构失衡主要体现在两方面：一是文化立法与其他领域立法数量之间的对比，以2013年8月全国总立法数量3.8万件为基数，"五位一体"总体布局下的经济、政治占比最高，分别

---

① 王永浩. 关于加强中国文化立法工作的思考 [J]. 社会科学家，2006 (6)：86.

为 31.5% 和 52.1%，社会、生态环境占比均为 7.56%，而文化最少，仅占全部现行法律数的 1.68%。无论是全国层面还是地方层面，中国文化立法工作明显滞后于文化事业和文化产业蓬勃发展的步伐。二是公共文化服务和文化产业之间立法结构的失衡。当前，法律主要集中在文化产业领域，公共文化服务方面立法缺失，某些纯公益性的文化生产经营组织，如图书馆、博物馆、广播电视等，法律几近空白，普遍存在以政策、部门规章、管理规范替代法律执行管理的现象。尤其是在当前大力鼓励民间社会资本进入文化领域，探索建立以政府为主导、民间力量共同参与文化建设的现实背景下，公共文化服务领域有关社会力量参与的立法欠缺，使很多想要参与文化建设的社会力量面临自身权利难以得到有效保障的问题，民间资本望而却步影响社会整体创造力的释放和文化的持久发展。

4. 部门色彩浓厚，"重政策、轻法律"问题明显。一是部门色彩十分浓厚。受制于当前中国文化管理体制机制的现实，文化管理仍然属于多头监管，管理职能交叉严重，因此，旨在行使文化管理职能的行政法规和部门规章政出多门，在实施中部分条款相互矛盾、部门之间推诿扯皮，以及多头审批、多头执法和交叉处罚等问题经常发生，其间表现出的是在制定具体的法规和规章时，部门利益大于一切，通过为本部门设定各种审批权、管理权、处罚权来实现自身利益，而这是以牺牲法律应有的严肃性和权威性为代价的。2009 年发生的文化部和新闻出版总署围绕《魔兽世界》的审批问题发生的纠纷即是上述问题的缩影。同时，立法理念偏差造成文化管理服务意识淡薄。法律的根本作用体现为一种调节社会关系的手段，但长久以来，文化立法过程中体现出的是重视法律的管理和责任等义务性条款，如"规定""责任""处罚"等，而忽视法律所应具备的保障和服务功能的现实，这种立法理念上的偏差，直接导致日常文化管理中"管"和"罚"的现象频繁发生、文化执法过程中服务意识淡薄等问题。二是"重政策、轻法律"问题较为明显。当前中国文化法治建设落后的一个原因在于文化领域存在"重政策、轻法治"的理念，文化产品的意识形态属性使一些管理者认为依法管理并不适合意识形态领域，而政策调节相对较优。文化管理排斥法治现象的出现，对文化法治建设构成障碍。不可否认，中国文化产业的迅速发展得力于国家对文化产业的政策扶持和引导，在社会主义法治尚未完全建立的情况下，政策对文化事业繁荣和文化产业发展起到了巨大的推动作用，政策也能在一定程度上有效弥补法律缺失所造成的监管真空地带。但是，政策制定的原则和方向需要通过完善的法律法规予以正规化和确认，文化赖以持久发展的法律体系不可与政策等同，更不应当被轻视。

（四）管理职能交叉

当前，中国文化市场管理职能交叉、体制机制混乱、多头执法和管理缺位等问题严重。同时，文化市场综合执法体系的改革尚未完成，市、县一级存在着行政委托与行政授权两种模式，多样化的执法权力来源也影响着执法力度和行政惩罚率的差异，制约着执法效能的有效发挥。

1. 体制机制混乱、管理职能交叉。文化市场管理呈现出体制机制混乱、管理职能交叉、党政齐管、多头共抓的局面，制约了执法效能的有效发挥。当前，文化市场执法由文化部文化市场司下的文化市场综合执法办公室和执法指导监督处负责。它们的职能包括：拟定规划、起草法案，指导文化市场综合执法，推动副省级城市和地市级以下文化、广电、新闻出版等部门执法力量的整合，同时对文化领域的经营活动进行行业监管。

省文化厅、省新闻出版广电局实施行政职能分离，保留行政审批权、行政监督权和宏观调控职能，将行政检查与行政处罚权交给各省和直辖市设立的文化市场稽查队。市、县（区）成立文化市场执法局，综合行使执法权，同时接受省文化市场稽查队、市、县（区）政府和文化广电新闻出版局的监督管理。如图 5－1 所示。

文化市场的管理涉及经济管理和外部性管理。文化生产经营单位同时接受文化市场执法部门、公安、消防、工商等部门对经济职能的管理和文化广电新闻出版局、各级政府对文化外部性职能的管理。管理部门众多、管理职能分散，在一定程度上限制了管理效能的发挥。同时，管理职能交叉严重。行政层级越低，需要向上负责的相关单位越多，处于行政层级底部的县区文化市场执法局，同时受到市文化市场执法局、县（区）文化广电新闻出版局、县（区）政府以及更高层级职能部门的业务指导和监督检查。

2. 权力来源多样化。文化市场行政执法权的获得有两种情况：一是行政授权型，省级人民政府对省（市）级文化执法局授权，执法局作为政府

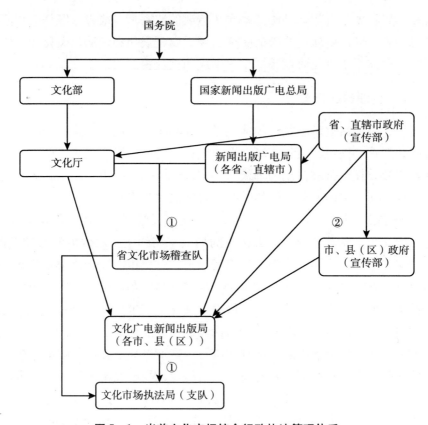

图 5 - 1　当前文化市场综合行政执法管理体系

　　注：省（直辖市）一级实行文化管理与新闻出版广电管理相分离，文化厅、省（直辖市）新闻出版广电局负责实施；市、县（区）实行文化管理部门与新闻出版广电管理部门相合并的方式，统一由文化广电新闻出版局负责实施。图中①为委托型执法，②为授权型执法。

的直属单位，集中行使对文化产业、文物经营、广播电影电视、新闻出版、著作权、计算机软件管理等的行政处罚及相关行政强制、监督检查职责，并独立承担相应责任；二是行政委托型，文化市场执法局接受省（市）级文化广电新闻出版局的委托，作为法律意义上的代理人，依法行使监督检查权、行政处罚权以及与行政处罚相关的行政强制和行政检查权，执法局以委托机关的名义行使职权，因行使职权引起的一切法律责任由委托机关承担。两种执法模式下行为主体在激励机制、声誉维持动力以及权力实施效果方面存在差异。

首先，两种执法模式下，行为主体在激励机制和声誉维持动力方面存在差异。委托型执法模式下，执法机构接受文化广电新闻出版局的委托，代理其行使行政职权，因执法产生的法律后果由委托方承担。责权利不统一，容易造成执法激励不足，被委托方或因代理执法也忽视声誉的积累。同时，委托—代理关系下，信息不对称问题将影响针对独立行政个体设置的激励性机制效果的发挥。相对而言，授权型执法模式下，执法主体作为独立的行为人，激励机制的实施更具针对性（如获得上级评价和晋升机制），有严格执法并施加合理惩罚的声誉维持动力。

其次，两种执法模式影响权力实施效果。委托型执法实现了行政审批、许可与行政处罚之间形式上的分离，同时接受专业化水平较高的文化广电新闻出版局的监督检查指导，能够整合执法资源、有效行使行政执法权。但行政执法权的委托并不发生职权职责、法律后果以及行政主体资格的转移，行政检查权与处罚权的实施实质上仍受文化广电新闻出版局的控制，权力集中容易引发寻租。而授权型执法具有独立执法优势，能够解决以往行政部门"既当裁判员，又当运动员"，审批监管、检查处理集于一身的问题，权力分散有效地提升了执法高强度的外部性。但在实践中，省、市各级文化市场综合执法机构有时只得到规章、规范性文件的授权，并未取得《行政处罚法》①等法律法规的授权，其市场执法权的合法性存在争议。

以山东省为例，省内17地市文化市场执法单位的权力来源有两种形式：济南、青岛、淄博、潍坊、济宁、威海、日照、临沂、德州、滨州、菏泽11市为授权型，枣庄、东营、烟台、泰安、莱芜、聊城6市属于委托型。通过对山东省文化市场稽查队有关统计数据及《山东省文化文物统计年鉴》相关数据的整理，以"执法力度""行政处罚率"为量度指标作图②。图5-2、图5-3表明：授权型执法模式下，执法力度和行政处罚率指标值均大于委托型模式下，佐证了充分授权对于文化市场执法效能的发挥具有重要影响的观点。

---

① 《中华人民共和国行政处罚法》规定，具有管理公共事务职能的组织只有在取得法律、法规的授权之后才能实施相应的行政处罚行为。

② 文化市场执法力度＝出动检查经营单位家次/文化市场经营单位家次，行政处罚率＝受行政处罚家次/文化市场经营单位家次。

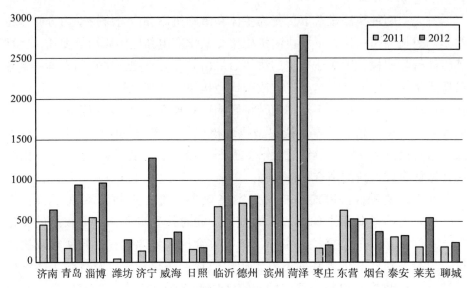

图5-2 山东省文化市场执法力度对比

资料来源：2011年、2012年《山东省文化文物统计年鉴》及山东省文化市场稽查队统计资料。

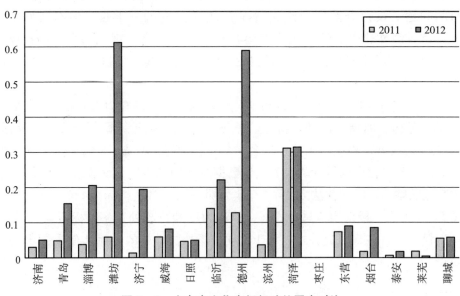

图5-3 山东省文化市场行政处罚率对比

资料来源：2011年、2012年《山东省文化文物统计年鉴》及山东省文化市场稽查队统计资料。

（五）执法力量薄弱

自 2004 年以来，按照中央统一部署，中国启动了文化市场综合行政执法改革，历时十年初步形成了健全的文化市场综合行政执法体系。通过改革，各地文化市场监管能力大幅提升，有力地促进了文化市场的健康有序发展。但文化市场执法活动仍然面临诸多挑战：文化执法负荷日益繁重、文化执法资源相对稀缺、文化管理体制僵化，使文化执法效能低下，选择性执法、查而不处、以罚代管以及滥用自由裁量权等现象时有发生，执法威慑效能不足，严重阻碍了文化市场的持续健康发展。

文化市场执法的根本目的在于通过对违法行为的惩罚形成威慑，使公民、法人或其他组织自觉守法，维护公共利益和社会秩序。当前文化市场执法负荷日渐繁重、用于文化执法的资源相对稀缺以及文化管理体制不完善，共同构成文化市场执法的多重约束，导致威慑不足困境的产生。

1. 日渐繁重的执法负荷。经济的繁荣发展极大地激励了文化需求，文化市场呈现出供需两旺的局面，中国形成了规模庞大、多样性的文化市场。根据国家统计局颁布的《文化及相关产业分类（2012）》标准，文化及相关产业可分为 10 个大类诸多小类，具体包括演出、娱乐、音像、网络文化、电影、书报刊、艺术品以及文物市场等。2013 年，中国文化产业增加值高达 2.1 万亿元，约占国民生产总值的 3.77%，预计到 2020 年，产业增加值将超过 6 万亿元[①]。

文化产品具有典型的外部性特征，文化市场表现出"市场失灵"的特点，因此对监管有着更强的要求。文化市场的行业特殊性决定了文化市场执法的特殊性，对于执法活动的专业性和技术性有着较高的要求：

（1）文化产品兼具外部性属性和商品属性，尤其关于内容的判断要符合中国社会主义核心价值体系的基本要求。判断因产业特点、不同时期、地理位置等外部因素而存在差别，需要进行专业水平较强的综合考察；（2）文化产品的无形性、载体的易消失性和某些生产经营单位对法律法规的规避，使得文化市场执法现场取证、调查变得非常困难；（3）作为一种新兴市场，

---

① 文化中国：2020 年产业增加值超 6 万亿元。http://jjckb.xinhuanet.com/2012－11/14/content_412037.htm。

文化市场中生产经营单位门类繁多、单个市场规模不大且集中度较低，高科技、新技术的广泛应用，对文化管理者的执法素质提出了较高要求；（4）文化市场中如互联网服务营业场所、娱乐演出市场等客流量大、消费时间长短不一、内容形式变化多端，文化消费者的消费环境相对复杂；（5）文化生产经营是高风险行业①，存在着市场主体为了高额利润链而走险的较高可能，提高了生产者违法生产经营的概率。

2. 相对稀缺的文化执法资源。文化市场规模的壮大和专业性执法的较高要求造成了文化市场执法部门繁重的执法负荷，形成了文化产业的大市场与文化市场执法"小队伍"之间的矛盾。

首先是资金约束。财政保障体制的相对滞后，使文化市场执法机构的经费配备不足或部分缺失。文化市场执法活动需要较多的人力、物力、财力的支撑，执法经费主要来源于财政拨款，执法机构经常面临执勤用车、执法设备配备不足、资金短缺的情形。2012 年，用于全国文化市场执法的财政拨款为 12.01 亿元，占当年财政总支出（12.57 万亿元）的万分之一，与用于食品和药品监督管理事务的财政拨款 173.68 亿元、城管执法 192.94 亿元相比，差距较大②。2012 年全国文化市场执勤用车仅为 608 辆、执法车辆 1981 辆，各种取证、通信等执法设备仅 6000 余台③。同时，城市地理规模的大小、地区生产经营单位家数以及行业分散程度不同也造成既定经费在地区间使用的系统性差异。

其次是人员约束。执法人员是文化市场执法活动的核心，使文化市场执法也表现出生产力滞后性④特征，执法人员数目的多少决定了既定物质、资金保障下，执法效能有效发挥的可能性。执法人员配备不足造成文化执法资

---

① 大卫·赫斯蒙德夫在对大众文化（主要是指营利性公司，但是也包括国家组织和非营利组织）范畴的研究中指出，文化产业的典型特征是高风险，文化产业有高风险、高生产成本和低复制成本以及准公共物品和制造稀缺的需求等特征，这就要求文化产业的运作采取生产大量作品以平衡失败作品与畅销作品、集中整合与知名度宣传、人为制造稀缺和格式化（明星体制类型化系列作品）、对符号创作者进行从宽控制对发行与市场营销进行从严控制的方式做出回应。

② 数据来源于财政部网站 2012 年全国公共财政支出决算表 http：//yss. mof. gov. cn/2012qhczjs/201307/t20130715_966261. html。

③ 数据来源于 2012 年《中国文化文物统计年鉴》文化市场篇。

④ 海尔布伦指出，现场艺术表演被称为遭受"生产力滞后"的行业。根据其定义，我们可以认为文化市场执法与之类似，也有生产力滞后特性——再有再多的执法车辆、再先进的技术设备，都必须有执法人员亲自到场处理，而执法人员一天的执法时间是有限的，执法过程中人力资本最为重要。

源相对稀缺。当前的文化市场执法局（大队）一般属于事业（包含参公）编制或行政编制。按照法律规定的制度和程序，机构设置、人员配备、人员定额和结构比例与行政经费挂钩，超编者财政不拨款支付薪酬，文化执法单位无权根据业务需要增减执法队伍规模、调配岗位。2012 年，全国文化市场执法监督人员共计 25143 人，其中行政编制 4411 人，事业编制 18454 人，其他人员 2278 人，而文化市场生产经营单位总数为 245452 个，文化市场从业人员 1572916 人，相当于平均每个执法人员担负 10 家市场生产经营单位、63 个文化生产经营从业人员的执法负荷①。

执法队伍来源多渠道化对执法活动的有效开展进一步形成了约束。文化执法队伍主要来源于四个方面：原文化局员工、原广播电影电视新闻出版局员工、每年通过公务员或事业单位考试招收的员工、一部分借调的临时工。来源的多样化造成了执法队伍素质参差不齐，对法律条文、行政法规的理解不同，对数据信息、违法现象的敏感程度不同。人员背景的不同导致执法实践中意见不一、队伍向心力不足、推脱责任等问题。

三、中国文化体制机制改革研究述评

自改革开放以来，文化体制改革问题一直作为与经济体制改革、政治体制改革相伴而生的重要问题受到国内外研究者的关注，文化改革问题成为学术界研究的热点。伴随着社会经济的不断快速发展，中国党和政府十分重视和关心文化体制改革问题，相继出台了一系列政策措施和保障制度促进其又好又快发展。随着这些改革措施的逐步落实，中国文化体制改革取得显著成效，其改革的广度和深度不断扩大，特别是党中央在 2002 年十六大报告中提出要深化文化体制改革的决议，为中国的文化体制改革拉开了大幕，随后的 2003 年，国家相关部门按照中央的部署，在相关省份实施文化体制改革试点，促进了文化体制改革范围的扩大，2006 年党中央和国务院又根据文化体制改革过程中出现的新情况，适时出台了《关于深化文化体制改革的若干意见》。同时，在这一时期，相关学者对文化体制改革研究的兴趣也在不断增加，文化体制改革研究出现了高潮。

---

① 数据来源于 2012 年《中国文化文物统计年鉴》文化市场篇。

可以将这些研究者大体分为两类：一类为高等院校以及研究机构的科研人员，其主要从事理论性的研究工作；另一类为党政机关尤其是相关部门的科研人员，其主要从事实践性的研究工作。我们从改革的前提及意义、改革的发展历程、改革的现状和存在的问题、改革的经验以及未来发展的趋势、未来发展的路径五个方面对这些研究进行评述。

（一）改革的前提及意义

文化体制改革的前提是什么？丁世发和刘玉祯（1990）[①] 在其书中指出，随着中国经济的不断发展以及人民群众生活水平的提高，人民群众对文化的需求也在不断增加，而现有的文化体制已经不能满足这一要求，需要对其进行相关改革来促进中国文化产业的不断发展和壮大。李宗桂（2005）[②] 认为中国文化体制改革有十分重要的意义，并从理论以及实践两个方面对其进行了说明。具体为：从理论层面上看，文化体制改革有助于加深人民对文化产业的认识，尤其是对文化生产力等概念的理解，有助于借鉴国外相关研究成果，补充和完善中国特色社会主义文化理论体系；从实践层面上看，文化体制改革有助于充分发挥文化生产力，满足不同需求层次群众对文化的需求等。马仲良和谢启辉（2005）[③] 在其发表的文章中指出，文化产业的发展必须在坚持马克思基本原理的基础上，同中国文化事业发展的现实情况相结合，使其始终沿着正确的道路前进，并认为只有这样，才能改变现有文化生产力滞后的局面，才能合理调整好文化生产领域中的关系，尤其是生产关系，才能更好地为广大人民群众进行服务。陈文博和郑师渠（2005）[④] 指出，文化体制改革应该从坚持经济效益和社会效益相一致等基本原则，并认为在实际工作过程中，文化体制改革应该从坚持与发展壮大文化产业相结合等六个方面来促进其改革的不断深入和发展，以实现文化产业的不断壮大以及文化事业的不断繁荣。樊勇（2005）[⑤] 亦在其书中指出，文化体制改革必须进行合理的规划，必须建立一整套完整的程序，必须明确相应的目标以及任

① 丁世发，刘玉祯. 思想建设与文化体制改革［M］. 沈阳：沈阳出版社，1990.
② 李宗桂. 文化体制改革的理论价值与实践意义［J］. 人民论坛，2005（5）：35-36.
③ 马仲良，谢启辉. 深化文化体制改革解放和发展文化生产力［N］. 人民日报，2005-02-16.
④ 陈文博，郑师渠. 2003~2004 年北京文化发展报告［M］. 北京：北京出版社，2005.
⑤ 樊勇. 文化建设与全面小康［M］. 北京：社会科学文献出版社，2005.

务，并指出了文化体制改革的目标应该包括大力实施文化产业化生产和经营等，其根本的目的是通过文化体制改革来发展生产力，促进文化的先进性，使其更好地为广大人民群众服务，更好地为社会主义和谐社会以及社会繁荣和经济发展服务。

刘俊杰（2006）[1]认为，深化文化体制改革是在把握国外文化发展趋势的前提下，通过详细分析中国文化产业发展过程中存在的问题而提出的又一项重大改革措施，它不仅能够满足广大人民群众对精神文化需求的现实要求，而且也能够促进社会的和谐以及经济的繁荣，并从提高中国综合国家实力等四个方面对深化文化体制改革的必要性进行了详细的说明和论述。董霞（2006）[2]认为，深化文化体制改革有着重要的意义，它是发展中国先进文化的主要途径，其发展的好坏、快慢直接影响到中国文化产业以及文化事业的发展等，需要对其予以重视，以促进其健康快速发展，为促进社会和谐以及经济繁荣发展贡献自己的力量，为人民群众精神文明提升以及铸造中华优秀文化提供智力支持等。景刚（2014）[3]认为，社会主义法治国家的建立，需要转变文化领域治理方式，完善的法律体系通过规范、强制、指引、教育、评价等作用，保证文化体制改革的有序、规范实施，文化法治体系的建立和完善，应针对文化事业和文化产业发展中的突出问题，从立法结构、立法细节、立法理念转变等角度出发，借鉴国外文化立法经验，促进文化健康发展。

（二）改革的发展历程

国内学者对中国文化体制改革的发展历程进行了详细的研究和说明，虽然部分学者对其发展阶段的划分仍存在着不同看法，但是，国内学者也基本形成了一致性的意见，认为中国文化体制改革是伴随着中国社会经济不断发展壮大的，且随着时间的推移，无论是从广度还是从深度上都将得到更大的发展。国内学者主要将我们的文化体制改革划分为两个阶段、三个阶段或者四个阶段进行分析。

---

① 刘俊杰．关于文化体制改革的几个问题——访中共中央宣传部常务副部长吉炳轩 ［J］．科学社会主义，2006（4）：4－7．

② 董霞．关于文化体制改革的理性分析 ［J］．山东省青年管理干部学院学报，2006（1）：10－12．

③ 景刚．我国文化体制改革法律问题初探 ［D］．山东大学，2014．

马洪和刘国光（1992）① 对中国文化体制改革阶段性的发展历程进行了梳理，并在此基础上进行了详细的分析，认为 1978～1981 年的文化体制改革主要集中于电影、博物馆等方面，而 1982 年以后的改革属于曲折发展阶段，并总结了改革的基本经验和教训等。杨琳和傅才武（2006）② 认为，中国的文化体制改革大体可以分为两个阶段，第一个阶段为从 20 世纪 80 年代到 21 世纪初，第二个阶段为 21 世纪至今，并对两个阶段改革的重点进行了详细的说明和总结评述。成思行（2008）③ 认为，可以将中国文化体制改革划分为两个阶段：第一个阶段为 1978～2002 年，并指出该阶段的文化体制改革主要是应对市场需求的发展和挑战，属于应对性的文化体制变革；第二个阶段为 2002 年至今，并指出该阶段的文化体制改革属于综合性的、带有创新性的发展和壮大，属于推广性的文化体制变革。同时，作者指出这种划分主要是基于党的十六大报告。傅才武和陈庚（2009）④ 认为中国的文化体制改革过程也可划分为两个阶段，但是与上述不同的是，他们认为文化体制改革的转折点为 2004 年，将 1978～2004 年划分为"体制内"文化体制改革的主要目标以及发展路径的相关探索阶段，将 2004 年以后划分为文化体制改革全面性的发展以及拓展阶段。周全华（2011）⑤ 指出，中国文化体制改革可以划分为"从动式"以及"主动式"两个阶段，认为改革开放以后的 20 年时间属于"从动式"的文化体制改革，是伴随着中国社会经济的改革而被动进行的。而与此不同的是，21 世纪的前十年，中国文化体制改革是"主动式"的文化体制改革，是党和政府根据当前实际情况，从文化安全等角度对文化体制改革进行的全面认识，能够很好地满足人民群众的现实需要。

曹普（2007）⑥ 认为中国文化体制改革的发展过程不应该划分为两个阶段，而应该划分为三个阶段：第一个阶段为 1978～1991 年，该阶段为文化

① 马洪，刘国光等. 中国改革全书（1978～1991 年文化体制改革卷）［M］. 大连：大连出版社，1992.
② 杨琳，傅才武. 二十年来文化体制改革进程评估［J］. 江汉大学学报，2006（2）：86 - 91.
③ 成思行. 改革开放 30 年我国文化发展和体制变迁之路［J］. 中国发展观察，2008（10）.
④ 傅才武，陈庚. 三十年来的中国文化体制改革进程：一个宏观分析框架［J］. 福建论坛（人文社会科学版），2009（2）.
⑤ 周全华. 新时期 30 年文化体制改革述略［J］. 桂海论丛，2011（2）.
⑥ 曹普. 20 世纪 70 年代末以来的中国文化体制改革［J］. 当代中国史研究，2007（5）：99 - 107.

体制改革的萌芽和初步发展阶段；第二个阶段为 1992~2001 年，该阶段为文化体制改革的稳步推进阶段；第三个阶段为 2002 年至今，该阶段为文化体制改革的深入发展以及重大突破阶段。同样，王立（2010）[①] 也将文化体制改革划分为相同的阶段进行分析和研究。

邱仁富（2008）[②] 认为中国文化体制改革的过程可以分为四个阶段：第一个阶段为 1978~1983 年，该阶段为文化体制改革的萌芽阶段；第二个阶段为 1984~2001 年，该阶段为文化体制改革的曲折发展阶段；第三个阶段为 2002~2007 年，该阶段为文化体制改革的全面发展阶段；第四个阶段为党的十七大至今，该阶段为文化体制改革的跨越发展阶段。于迅来（2014）[③] 则对有关文化体制改革的基本理论进行了归纳分析，概述了文化体制改革的演变进程，认为文化体制改革是从被动到主动、从外向向内向的自主性改革，同时从吉林省文化体制改革的实践出发，认为既得利益集团、思想观念、资金瓶颈、法律缺失以及人才不足等问题是制约文化体制改革的重要因素，未来改革应以此为切入点。

（三）改革的现状和存在的问题

1. 整体改革研究。自 2003 年 6 月在全国开始试点实施文化体制改革以来，取得了较大成功，并积累了许多有益的经验。中共中央宣传部文化体制改革和发展办公室于 2005 年出版的《文化体制改革经验 70 例》中提到的，中国文化体制改革主要是从培育适合市场发展的新型市场主体等四个角度，对上海、浙江等 9 个省份（直辖市）以及 35 个试点单位进行分析和总结，找出它们在发展过程中存在的问题、主要经验以及做法等，为中国在其他地区全面推行文化体制改革提供良好的典型案例，以促进中国文化体制改革的不断深入、不断拓展。同时发布的《我国文化体制改革状况报告（2007）》指出，2006 年是文化体制改革发展过程中重要的一年，是文化体制改革由试点到全面推行的关键一年，从总体发展的情况来看，中国文化体制改革大体呈现从东部地区向西部地区梯度转移、不断推进的态势。

① 王立. 我国文化体制改革历程的回顾与启示 [J]. 长春工业大学学报（社会科学版），2010 (1).
② 邱仁富. 改革开放三十年我国文化体制改革论纲 [J]. 甘肃理论学刊，2008 (4).
③ 于迅来. 中国文化体制改革历程及发展路径演化 [D]. 吉林大学，2014.

王哲平（2004）① 认为中国文化体制改革在不断推进的过程中，面临着提高文化市场竞争力的巨大挑战，认为中国的文化市场发展比较滞后，缺少相关的经营管理人才，加之受到国外文化产业集团不断进入中国文化市场的现实压力，导致其必须提高文化市场竞争力才能得以生存和发展。瞿孝军（2007）② 也同样指出，中国文化体制改革面临着国际文化市场激烈的挑战，需要加以积极应对，否则会使自己处于不利的局面，并提出制定相关的法律法规制度等措施来应对国外文化产业集团地挑战，促进其自身又好又快地发展。解学芳（2008）③ 认为中国文化体制改革的过程中必然面临着诸多问题需要加以解决，并从文化体制改革的目标偏离等三个方面对存在的问题进行了详细的概述和说明，同时提出了相应的对策建议以促进文化体制改革的不断深入。

2009 年出版的《十七大以来重要文献选编》指出，大力发展文化产业、营造有助于文化产业创新的宏观环境等举措是解决中国文化体制改革中存在的问题的重要方法和途径，需要对其加以仔细研究，以促进中国文化体制改革的不断深入。谢武军（2009）④ 在对中国文化体制改革的历程以及存在的问题进行研究时，发现中国文化体制存在着明显的弊端，比如，文化管理机构比较臃肿，导致其运行和管理效率低下等，而这问题如果不能很好地进行解决，则会严重影响文化体制改革的进程，需要予以重视。向勇（2011）⑤ 认为中国文化体制改革过程中面临的主要问题很多，但是通过分析可以将这些问题加以概括：一是 1998～2008 年中国文化产业起步阶段中文化产业市场化的问题；二是 2010～2020 年中国文化产业快速发展阶段文化产业国际化的问题。

2. 文化单位改革研究。现有研究一致认为，原有事业单位体制下文化组织尤其是国有文艺院团存在一系列发展弊端，改革势在必行。傅才武（2005）⑥ 指出，中国事业单位体制改革，反映在组织模式上是一种从计划

① 王哲平. 我国文化体制改革面临的挑战 ［J］. 新闻界，2004（2）：8.
② 瞿孝军. 关于文化体制改革的几个问题 ［J］. 沧桑，2007（5）：128－130.
③ 解学芳. 文化体制改革的困境溯源 ［J］. 理论与改革，2008（2）.
④ 谢武军. 文化体制改革的历程和面临的问题 ［J］. 理论视野，2009（11）.
⑤ 向勇. 文化体制改革中公平与效率的关系探讨 ［J］. 中国行政管理，2011（1）.
⑥ 傅才武. 建国以来中国事业单位组织模式的变迁——一种以艺术表演团体为主体的历史透视 ［J］. 江汉论坛，2005（4）.

组织模式到混合组织模式到市场组织模式的变迁过程。吴乾浩（2007）[①] 认为在戏曲改革工作中，剧团体制改革是中心，事关成败大局。傅瑾（2004）[②] 认为剧团面临的最大问题在于体制，因此要改变所有制这个根本问题。谢伦灿（2010）[③] 指出文艺院团存在机构臃肿、演出收入分配结构单一、内部机构设置重复、人财物利用低效浪费、严重的平均主义等弊端，认为改革意味着阵痛与重生。阵痛包括以下几种：一是"体制"之痛，即体制不活、机制不畅，需要进的人进不来，需要退的人又无法妥善安置。二是"观念"之痛，即在长期的计划经济体制的作用下，剧团内部人员对事业身份看得很重，观念也难免陈旧保守、墨守成规，很难突破"行政办文化"的思维和行为模式。使"树立市场竞争意识，真正把文化当作一个独立的产业体系来运作和发展"的观念深入人心还需要一个过程。三是"消费"之痛，消费意识也在作怪，在很多省份并不缺乏文化消费需求，但承受能力不高。消费意识和消费习惯也怪，观众自己购票观看演出的比例一直很低。这种索要演出门票、免费观看演出的观念越是根深蒂固，就越难培育出健康的演出市场，而没有健康的演出市场，那么院团也就无法生存，更谈不上发展。四是"精品"之痛，真正需要的也就是跟市场需要相适应的精品少之又少。五是"发展"之痛，剧院的发展人才是关键，资金是保障。但现在很多院团的人才大量外流，从事影视剧演出、从事培训工作增加收入以及走穴空挂的专业演员大有人在，人才断档现象非常严重。韩海军、韩金坤（2010）[④] 研究了非一线城市中的文艺团体的发展现状：经费紧张，只能勉强维持生存；人才流失、演员队伍不稳定。而造成文艺团体经营艰难的根本原因有：非一线城市各类艺术表演团体在观念、创作、演出、经营、管理上大多还延续着计划经济时代所形成的模式。非一线城市的艺术表演团体，不论剧种或规模，依然是以"经费靠财政、排戏靠拨款、演出靠发票"的模式生存发展。体制机制发展的滞后与不完善，导致艺术表演团体缺乏市场化发展意识且市场竞争力低下，造成了艺术表演团体现如今的演出经营举步维

---

① 吴乾浩. 当代戏曲发展学 ［M］. 北京：文化艺术出版社，2007：33.
② 傅瑾. 二十世纪中国戏剧导论 ［M］. 北京：中国社会科学出版社，2004.
③ 谢伦灿. 阵痛与重生：国有文艺演出院团改革路径之抉择 ［J］. 湖南科技大学学报（社会科学版），2010（2）.
④ 韩海军，韩金坤. 谈一线城市文艺演出团体的现状与未来 ［J］. 人力资源管理（学术版），2010（10）.

艰。刘小斌（2011）[①] 认为院团尤其是国有院团习惯了财政拨款、计划演出、赠票组织观众。这种与市场完全脱节的封闭的管理运作模式，自然不考虑每部剧目、每场演出的成本效益比，将所有的负利润一股脑儿地扔给了政府。久而久之，院团满足居民真实需求的创作生产能力遗失殆尽。杨谦（2011）[②] 认为国有艺术院团改革前存在有财务负担重、政企不分、事企不分、组织僵化、机制不活、人浮于事等多种问题，特别是市县等基层院团的状况更糟，而改革中人才流失现象则更为严重。

现实改革中，还存在一系列的"转企后"问题，观众缺失状况未得到根本改观，人才面临更严重的流失问题。谢伦灿（2010）[③] 指出，事业拨款如果中断，在剧院还没有找到新的融资途径、事业身份取消和原有剧场破烂不堪、利用低下的状况下，优秀人才更是无法引进。樊小林（2010）[④] 指出，转制后院团并没有实现角色转换、法人治理结构的建立和市场发展导向的调整，改革需要进一步深化。潘晓曦（2012）[⑤] 指出，虽然全国各地的经济发展水平不一致，存在的剧种也大相径庭，院团的现实发展差异也很大，但所面临的困境基本上是一致的：经营管理不善、入不敷出、资不抵债的境况是阻挡改革脚步的绊脚石；综观当前国有院团改革的进展情况，进一步深化改革的外促力不足，改革的成效也显得局部而有限，宏观环境、思想观念、政策措施等诸多方面的限制与不足，成为主要的发展制约因素。距离真正建立起一个适应市场经济体制、符合艺术生产和发展规律、满足文化传播和教育功能的可持续发展的体制机制还需要很多探索。闻滨（2013）[⑥] 研究认为，国有文艺院团"转企改制"过程中存在形式上企业化模式、事实上事业化模式管理经营的问题。强双龙（2013）[⑦] 总结了甘肃文化体制改革进程中表现出的问题和难点，主要有：院团人员长期以来养尊处优，走市场的

① 刘小斌. 演艺产业需要成熟的演出市场 [J]. 剧作家，2011.
② 杨谦. 国有院团的体制创新和机制转换——以广元市艺术剧院为例 [J]. 四川戏剧，2011 (3).
③ 谢伦灿. 阵痛与重生：国有文艺演出院团改革路径之抉择 [J]. 湖南科技大学学报（社会科学版），2010 (2).
④ 樊小林. 对国有文艺院团转制"后改革"现象的思考 [J]. 中国行政管理，2010 (10).
⑤ 潘晓曦. 行走在春天里——从山西省话剧院《立秋》的成功谈国有艺术院团体制改革 [J]. 剑南文学，2012 (9).
⑥ 闻滨. 国有文艺院团转企改制过程中存在的问题及对策研究 [J]. 艺术科技，2013 (2).
⑦ 强双龙. 甘肃文化体制改革的难点分析与对策建议——以国有文艺院团改革为例 [J]. 开发研究，2013 (2).

观念难以形成；发展水平参差不齐，条件差的基层院团的改制更是难以推行；现有经济发展水平有限，文化市场更是发育迟缓，"有戏没人看，好戏看不起"成为常态；受政绩和经济利益的影响，管办不分、政企不分的现象大量存在。孙亮（2013）[①]根据国有文艺院团改革目标制定中的政策背景和制定后的实现程度，将改革分成了三个阶段。他对国有文艺院团体制改革存在的问题进行了总结：一是外围制度改革快于核心制度改革，核心制度改革并未取得根本性进展。主要表现为体制内仍是国有产权"一股独大"的局面。二是内部制度改革尚未完全到位。受文化市场发育水平、社会保障体系、院团当前财务困境的影响和制约，院团的内部制度改革与完全社会化、市场化的劳动、人事制度相比，仍有较大差距。王晨和李向民（2013）[②]认为改革中存在的问题有以下几种：首先，剧团分类改革的标准不明，部分非转企的改制模式有可能成为新的事业体制保护伞（一是有关"事业身份，企业化运营"的提法本身就十分奇怪、不科学；二是借非物质文化遗产之名，寻求新的事业保护。他们认为，对演艺类非物质文化遗产，应当采取非营利组织制度加以保护。即使是非物质文化遗产，也要面向市场，通过市场化和企业化的方式新生）。其次，条块分割的管理方式，是院团改革面临的大障碍（一是中央一级院团大多保留事业体制，而恰恰是这些院团的演出水平、盈利能力最强，最具备走向市场的优势。二是地方剧团的资源整合中，几乎全部采取集团化的行政组合方式的改革模式并不科学）。范红亚（2013）[③]指出，剧团仍存在缺乏演出活力、演出人员老龄化、演出场次少等问题。也就是说，当前的院团改革还未与市场接轨，服务群众的体制机制还有待健全。戏剧演员的成长过程是一个长期过程。而在市场经济下，人们更多的是追求短期利益，再加上戏剧正处于低落的阶段，一般演员难招，知名演员更是寥寥无几。剧作家与戏剧导演的状况也是如此。主创人才的不足，又进一步影响了戏剧的水平，削弱了市场竞争力；同时，在多元文化的背景下，人们的审美观念发生了很大的变化，不再局限于戏剧这一传统的文化形式，受众群体尤其是青年群体大量减少乃至消失。

① 孙亮. 国有文艺院团体制改革的阶段、问题与未来路径 [J]. 经营与管理, 2013 (12).
② 王晨, 李向民. 转企改制后国有文艺院团深化改革的动因和对策研究 [J]. 广西经济管理干部学院学报, 2013 (1).
③ 范红亚. 多元文化背景下对我国戏剧发展的思考 [J]. 大舞台, 2013 (12).

（四）未来的改革发展趋势和路径

文化事业单位改革事关国家文化软实力的提升和综合国力的建设。文化单位的改革已经取得了诸多成效，但在改革过程中尤其是国有文艺院团的改革仍存在一定的问题。因此，对于如何深化改革，促进表演艺术的现代化发展，学者们从发展方向和发展重点等角度提出了大量建议。

1. 注重社会效益和经济效益相统一。自改革开放以来，尤其是近十几年来，中国文化体制改革的力度不断加大，并取得了不错的成就，同时也积累了许多宝贵的经验和教训，这些都为中国更深层次的文化体制改革提供了有益的参考，自然也引起了相关学者的广泛重视。文斌（2009）[①] 在其文章中对中国文化体制改革进行了深入的历史回顾，并通过归纳和总结，得出中国文化体制改革要坚持文化发展的社会效益和经济效益相统一等四条基本经验，以促进中国文化体制改革的不断深入发展。马敏和傅才武（2009）[②] 认为中国文化体制改革是在国家社会经济大繁荣下进行的，而加强公共文化政策体系建设是新时期深化文化管理体制的主要方向和趋势。文化部政策法规司（2009）在对中国文化体制改革进行详细回顾的基础上，提出了未来中国文化体制改革坚持的主要原则以及主要方向等，他们认为处理好深化改革和解放思想之间的关系等是中国文化体制改革不断深入的主要经验及主要做法，也是促进中国文化市场繁荣的重要手段。

2. 面向市场，科学发展。在未来发展的趋势方面，刘学民（2010）[③] 对中国文化体制改革进行了深入的思考，并从文化体制改革的管理体制等方面，归纳和总结出中国文化体制改革的主要经验，促使其更好地为中国文化产业和文化事业的发展做出更大的贡献。靳柯（2010）[④] 从分离和融合的角度对中国文化体制改革进行了研究，并指出中国文化体制改革的出路在于加强文化产业及文化事业的监督，创新文化产业发展和管理模式等方面。李向

① 文斌. 改革开放以来党领导文化体制改革的历史考察 [J]. 实事求是，2009（4）.
② 马敏，傅才武. 新时期深化文化体制改革中的文化政策问题 [J]. 中国地质大学学报（社会科学版），2009（3）.
③ 刘学民. 深化文化体制改革的思考 [J]. 红旗文稿，2010（17）.
④ 靳柯. 文化体制改革反思：分离与融合 [J]. 经济问题探索，2010（7）.

民和韩顺法（2010）① 对中国文化体制改革进行了理论分析，并在此基础上提出了中国文化体制改革的政策选择，认为其改革的方向必须面向市场，培育良好的市场发展环境，走市场化发展的道路。唐坤（2010）② 从以人为本的角度对中国文化体制改革的难点进行了详细的分析和说明，并认为中国文化体制改革必须从制度化方面加强创新，为其提供有力的思想以及观念基础。罗文东（2010）③ 指出，未来中国文化体制改革必须走科学化发展的道路，必须以科学发展观来指导中国文化管理体制机制改革，只有这样才能促进其更好地发展。黄南珊（2011）④ 则指出，未来中国文化体制改革要想取得更大的发展，就必须处理好政府、市场及文化单位三者之间的关系，促使三者相互之间更加协调，并指出中国文化体制改革要走市场化的运行、制度化的管理以及科学化的发展道路，这样才能促使中国文化体制改革的成功。

3. 注重创新发展。中国社会经济不断发展，文化管理体制改革不断深入，那么，未来发展的路径到底是什么呢？徐嵩龄（2003）⑤ 对中国文化与自然遗产中存在的遗产管理体制、遗产经营以及经营权和特许经营权等问题进行了研究，提出了改革的思路，同时针对文化与自然遗产保护中的"产权转移派"和"国家公园派"的争议做出评价。胡惠林（2004）⑥ 认为，当前中国进行的文化体制改革是一场具有深远意义的革命，为了确保这场革命取得最后的胜利，他认为必须从两个方面加以进行创新：一方面，必须对当前的文化体制改革进行相应的理论创新；另一方面，必须改变党和政府对文化的管理方式，为其创造良好的发展环境，促进其健康快速发展。陶彦霓（2004）⑦ 指出，促进中国文化创新的根本途径是深化文化体制改革，而深化文化体制改革的根本途径又是充分发挥市场的功能和作用，让市场体制对文化生产、管理等活动产生积极的影响，为文化产业的发展消除障碍，以满足人们日益增长的文化需求，促进社会和谐和社会经济不断发展。

① 李向民，韩顺法. 我国深化文化体制改革的理论探析及政策选择 [J]. 东岳论丛，2010 (4).

② 唐坤. 以人为本解析文化体制改革的难点——基于宏观制度视阈的分析 [J]. 学术论坛，2010 (5).

③ 罗文东. 深入推进文化体制改革的科学指南 [J]. 光明日报，2010 (8).

④ 黄南珊. 深化文化体制改革中"二个三"重要问题探析 [J]. 江汉大学学报（人文科学版），2011 (6).

⑤ 徐嵩龄. 中国文化与自然遗产的管理体制改革 [J]. 管理世界，2003 (6)：63 – 73.

⑥ 胡惠林. 关于当前文化体制改革的两点思考 [J]. 学术月刊，2004 (6)：60 – 64.

⑦ 陶彦霓. 文化体制改革与文化创新 [J]. 云南社会科学，2004 (4)：118 – 123.

刘礼国（2007）① 认为，中国文化体制改革必须通过机制创新，才能促进其运行机制以及文化管理体制的更好运转，从环境创新等四个方面提出了中国文化体制改革的途径，以促进中国文化体制改革不断深入。解学芳（2007）② 认为，中国的文化体制改革是文化产业的一项制度性安排，而其发展的路径是多方面的，可以分为理论创新路径、意识形态路径等几个方面，并指出只有协调好这几个方面的关系，才能促进中国文化体制改革的不断深入，才能为文化产业又好又快地发展提供制度性保障。王彦林（2013）③ 以公共经济学视角研究文化体制改革问题，认为改革应以文化产品的公共品属性为基础，进行分类、分层改革，针对现实问题，未来改革路径集中在明确界定政府和市场的边界、重塑独立的文化市场主体，营造良好的文化市场环境、认清公益性文化事业与经营性文化产业间的关系。林京（2014）④ 就如何推动国有文化企业快速发展问题进行了理论研究，认为国有文化企业在取得重大发展的同时，缺乏战略性新型领域内的产业布局，规模小、经营范围分散、整体实力不强成为后续发展的制约，未来国有文化企业的发展重点应为加大兼并重组力度、建立现代企业制度、强化人才培养、构建激励约束制度等。

4. 转变政府职能，完善院团法人治理结构。王晨、李向民（2013）⑤ 指出，传统戏剧的技艺传承、创新发展都是在舞台表演实践和市场竞争中完成的，不是由政府评奖和戏剧学校复制加工出来的。国有文艺院团深化改革的最终目标就是让传统戏剧回归舞台、回归民间、回归市场，在竞争中谋发展。赵雪梅（2011）⑥ 与连志梅（2011）⑦ 一致认为，表演艺术的生产和改革发展必须把握市场导向，将文艺院团推向市场，让其在市场中求生存、找

① 刘礼国. 文化体制改革浅议［N］. 海南日报，2007（3）.
② 解学芳. 文化体制改革：文化产业的一项制度安排［J］. 学术论坛，2007（8）：138－141.
③ 王彦林. 我国文化体制改革和创新的公共经济学思考［J］. 财政研究，2013（8）：10－14.
④ 林京. 关于推动国有文化企业加快发展的研究［J］. 河南社会科学，2014（12）：111－114.
⑤ 王晨，李向民. 转企改制后国有文艺院团深化改革的动因和对策研究［J］. 广西经济管理干部学院学报，2013（1）.
⑥ 赵雪梅. 戏曲院团转企改制攻坚：几对突出矛盾的解决策略［J］. 中华艺术论丛，2010（10）.
⑦ 连志梅. 转企改制面向市场——文艺院团体制改革的流变和基本思路［J］. 杂技与魔术，2011（2）：33－36.

出路，应当始终是改革的主线。欧阳坚、于平、雷喜宁（2010）[①] 指出，院团迫切需要建立现代企业制度，解放演艺生产力，推进演艺产品的工业化或产业化生产，提高生产效率。傅才武（2003b）[②] 指出，院团改革的核心在于体制调整，认为艺术表演团体与政府之间、与社会之间、与演职员工之间的依赖型、松散型、依附型关系要分别向独立、紧密和契约型演进。傅才武（2003a）[③] 指出，在转型时期，确实存在政府对艺术表演团体的管理重心的重新定位问题。政府的管理重心必须实现由具体事务、微观领域向宏观事务、宏观领域的职能转变，必须由管艺术表演团体的人、财、物转变为管政策、管法规，由负无限之责向负有限之责转变。应建立完善法人治理结构，使艺术表演团体成为独立法人实体，使得政府和院团的关系逐步制度化、规范化。同时要以"小政府，大社会"为方向，大力发展中介组织。闻滨（2013）[④] 从转变政府职能、打造服务型政府、完善现代企业制度、打造演艺市场产业链的角度给出了相应的建议。孙亮（2013）[⑤] 从完善政策支持体系（土地、资金、税收优惠和基础设施）、外部支撑体系建设（各类资本、中介组织和人才尤其是经管人才队伍建设）和提高自我发展能力（现代企业制度、产品营销能力、资本运作能力、知识产权经营能力和内部管理能力）方面论述了进一步深化国有文艺院团体制改革的路径。

5. 政府资助的坚持和规范。傅谨（2004）[⑥] 认为，将剧团直接推向市场，已经不是一种现实的选择，而都市戏剧发展的关键，在于社区戏剧的发展。傅才武（2003a）[⑦] 认为，中央政府作为中华民族利益的代表，对民族优秀文化艺术具有守护之责，是民族优秀文化艺术的"守夜人"。而中国现有2600多个国办艺术表演团体大多为高雅艺术剧团，应是政府资助的主要

①　欧阳坚，于平，雷喜宁. 文化部组团赴日考察演艺产业报告 [J]. 艺术百家，2010 (1).
②　傅才武. 试论艺术表演团体体制调整和制度创新 [J]. 武汉大学学报（社会科学版），2003b (2).
③　傅才武. 政府艺术管理职能"错位论"的源流及认识局限 [J]. 江汉大学学报（人文科学版），2003a (2).
④　闻滨. 国有文艺院团转企改制过程中存在的问题及对策研究 [J]. 艺术科技，2013 (2).
⑤　孙亮. 国有文艺院团体制改革的阶段、问题与未来路径 [J]. 经营与管理，2013 (12).
⑥　傅谨. 二十世纪中国戏剧导论 [M]. 北京：中国社会科学出版社，2004.
⑦　傅才武. 政府艺术管理职能"错位论"的源流及认识局限 [J]. 江汉大学学报（人文科学版），2003a (2).

对象。傅才武（2004[①]，2011[②]）指出，尽管通过体制改革可以提高表演艺术组织的供给效率，但却不能通过改革剔除本质上源于表演艺术逆市场性的问题，郑伟（2010）[③] 提出推动院团从文化事业模式向公共文化服务模式转变发展，从而通过政府购买形成强大的买方资源的政策建议。杨谦（2011）[④] 认为，将院团直接推向市场来解决其困境，只会使其陷入更大的困境。他强调政府应采取补助、政府采购、税收减免等方式对院团进行政策倾斜，并列举了广州市"三捆绑"（文艺院团与剧场、媒体和旅游）的改革成功案例。谢伦灿（2010）[⑤] 认为，事业或企业身份不是评价院团水平高低的标准，因此应当消除以事、企身份区分院团的演出水平，更应消除国有、民营院团的不同身份。因此不管是国有院团，还是民营院团，只要为观众认同、业界认可，都应当作为重点院团加以支持。王晨、李向民（2013）[⑥] 建议政府要进一步退出市场竞争领域，减少直接干预。建议建立全国公开招标政府采购方式，促进剧团在剧目创作中不断推陈出新，提高演出水平。同时，他们将演出场次、上座率、观众人次、全国巡回演出场次、国外演出场次等作为重要的评价指标。

　　6. 注重人才培养，完善保障机制。傅谨（2010）早在1994年就提出要特别关注传统戏剧的继承和保护，认为在西化程度很高的当下，戏剧领域最重要、最迫切的任务就是继承。傅瑾（2004）[⑦] 指出，对于像戏剧这样的现场表演艺术而言，最好的也最可靠的保存和传承方式，就是要保证艺人的存在。潘晓曦（2012）[⑧] 指出，艺术不能折腾，钱不能直接产生艺术。艺术创作所需要的文化积淀，艺术精品所需要的精雕细琢，与市场经济中的"快

---

① 傅才武. 艺术表演行业的反市场形态及原因分析 [J]. 湖北大学学报（哲学社会科学版），2004c, 31（3）：309 –314.

② 傅才武，陈庚. 当代中国艺术表演行业的市场适应性问题及其对国家政策环境的特殊要求 [J]. 艺术百家，2011（1）.

③ 郑伟. 云南省国有艺术院团体制改革的几点思考 [J]. 民族艺术研究，2010（2）.

④ 杨谦. 国有院团的体制创新和机制转换——以广元市艺术剧院为例 [J]. 四川戏剧，2011（3）.

⑤ 谢伦灿. 阵痛与重生：国有文艺演出院团改革路径之抉择 [J]. 湖南科技大学学报（社会科学版），2010（2）.

⑥ 王晨，李向民. 转企改制后国有文艺院团深化改革的动因和对策研究 [J]. 广西经济管理干部学院学报，2013（1）.

⑦ 傅谨. 二十世纪中国戏剧导论 [M]. 北京：中国社会科学出版社，2004.

⑧ 潘晓曦. 行走在春天里——从山西省话剧院《立秋》的成功谈国有艺术院团体制改革 [J]. 剑南文学，2012（9）.

速需求"相互矛盾。因此好的艺术作品必然要花费艺人或艺术家大量的时间和精力，并通过不断锤炼，才能最终孕育而出。谢伦灿（2010）[①] 指出，新时期剧团的发展，人才是重要因素。因此，郑伟（2010）[②] 主张建立与剧种演出要求相配套的演艺人员的保障机制，使艺术家在积累的过程中，至少生活得到保障。还要建立健全演艺人员的培训机制，不断提高艺术从业人员转岗的工作能力。与此同时，艺术院团还必须要加强自身的创新生存能力建设，探索以主业带动其他业务发展的路子。如开展艺术培训工作、演艺服饰设计和租赁服务、健美健身活动等，在充分发挥这些艺术从业人员自身价值的同时，为他们解决后顾之忧。

7. 强化资源整合和共享。郑伟（2010）指出，首先要实现的是院团与院团之间的资源共享，尤其是人力资源的整合。其次还有公共设施的共享问题。欧阳坚、于平、雷喜宁（2010）[③] 主张积极鼓励国有或者是非国有的大型企业之间的并购，然后通过创办或兼并的方式发展文艺演出，改变文艺演出院团只能由文化管理部门来办来管的传统发展方式和理念。赵渊（2012）[④] 提出了通过产业整合建构基层院团改制动力的思路，并阐述了实施产业干预与整合的路径。强双龙（2013）[⑤] 以甘肃省为例，认为要使文化体制改革有所突破，使文化产业成为促进经济社会发展的支柱性产业，必须要在制度、财政、税收等方面形成强大合力，要选择以资源整合为路径、以大型项目为带动、以品牌打造为目标的发展路径。王晨、李向民（2013）[⑥] 指出，要通过市场机制促进院团跨地区、跨剧种、跨产业的自发整合和并购，要彻底解决现有条块分割的问题，就要以国内大都市为依托，建立演艺集聚中心，从而促进全国演艺市场的有效整合。

———————————

① 谢伦灿. 阵痛与重生：国有文艺演出院团改革路径之抉择 [J]. 湖南科技大学学报（社会科学版），2010（2）.

② 郑伟. 云南省国有艺术院团体制改革的几点思考 [J]. 民族艺术研究，2010（2）.

③ 欧阳坚，于平，雷喜宁. 文化部组团赴日考察演艺产业报告 [J]. 艺术百家，2010（1）.

④ 赵渊. 国有文艺院团改制动力机制的建构与完善：产业干预与整合的视角 [J]. 现代营销，2012（9）.

⑤ 强双龙. 甘肃文化体制改革的难点分析与对策建议——以国有文艺院团改革为例 [J]. 开发研究，2013（2）.

⑥ 王晨，李向民. 转企改制后国有文艺院团深化改革的动因和对策研究 [J]. 广西经济管理干部学院学报，2013（1）.

第六章　4C 理论视角下文化单位改革的现实困境

现有国有文化单位改革难题主要表现在国有艺术表演团体中，因此认清其改革现状及影响因素对于深化文化体制改革作用重大。

一、文化组织发展难题和应对策略的既有研究

国有文艺院团的"转企改制"是文化体制改革的中心环节和重中之重，也是整个文化体制改革和文化管理体制机制创新的难点。表演艺术作为文化经济学最早涉足的研究领域，在 20 世纪 60 年代便受到了关注。赫斯蒙德夫曾直言不讳地指出：文化经济学中的绝大多数文献不关心那些生产了我们正在消费的大多数文化产品的产业，反而把焦点集中到周边文化产业上。该领域关注的是表演艺术组织是否由于劳动成本的提高而注定面临生存窘境。主流文化经济学对诸如流行音乐和电视等重要文化产业的忽视，却是很显著的现象。① 伴随着我国国有文艺院团的改革，表演艺术也成为国内研究较多的领域。已有成果和现实改革对深化国内表演艺术经济理论和实证研究提供了较好的研究基础和现实需要。

（一）表演艺术的基本难题——财务困境

表演艺术组织处于财务困境的常态，成为文化经济学在该领域的研究主线。与大众文化产业相比，表演艺术在承受市场高风险的同时，还深受生产力滞后和需求式微的影响，形成了特有的财务困境。财务困境作为世界范围

---

① 大卫·赫斯蒙德夫. 文化产业［M］. 张菲娜译. 北京：中国人民大学出版社，2007：32.

内表演艺术组织所面临的共同难题，其差别往往不在于有无而在于外部捐献资金的多少、来源和比例问题。鲍莫尔和鲍恩（Baumol and Bowen, 1965）①最早从生产率的角度对这一难题做出了解释并预言了其扩大的趋势，并通过构建两部门（生产率进步部门和生产率停滞部门）模型阐述了其中的道理，指出由高生产率部门带来的工资水平的总体上涨，导致表演艺术等生产率不变部门单位产出的劳动力成本持续上涨，使得表演艺术陷入持续的成本困境中。这种经济结构方面的障碍，将使得表演艺术只能越来越多地依赖外部捐献资金。鲍莫尔（Baumol, 1973）②运用林德定理（Linder Theorem）进一步证实了表演艺术的生存危机。闲暇正变得越来越稀缺，真实工资上涨会导致不利于文化和其他耗时事务的时间分配。替代效应使得增长的生产率确实降低了对耗时或便宜商品的消费。随着传统消费者越来越难以找到时间消费表演艺术，需求的下降是必然的。增长的生产率及其导致的闲暇时间机会成本的上涨，会降低对时间成本高、货币成本低的消费品的消费，因此，对音乐、戏剧、舞蹈和精致的菜肴等的需求将持续下降，它们的死亡是显而易见的。至此，鲍莫尔以生产力滞后为基础，认为由其导致的直接人力成本问题和间接消费成本问题将表演艺术逼入绝境。这种由生产力滞后引发的成本问题被认为是导致表演艺术组织财务困境的主因，并成为后续研究的起点。

（二）组织外部和内部的应对策略与发展现状

然而，随后的研究表明，表演艺术组织的收入差距并没有扩大（Heilbrun, 2003）③，从而并没有步入上述鲍莫尔所说的死亡之路，这就意味着其他一些旨在减轻其财务负担的研究结论和建议发挥了作用。本章将分别从外部捐赠、艺术从业人员和组织自身角度做出解释和判断。

1. 外部捐赠：基础理论。对表演艺术的支持主要与表演艺术的意识形态属性、外部性和上述成本难题有关。作为一种精神产品，文化艺术产品有

① Baumol W. J., Bowen W. G. On the Performing Arts: The Anatomy of Their Economic Problems [J]. The American Economic Review, 1965, 55 (1/2): 495 – 502.

② Baumol W. J. Income and Substitution Effects in the Linder Theorem [J]. *The Quarterly Journal of Economics*, 1973, 87 (4): 629 – 633.

③ Heilbrun J. 11 Baumol's Cost Disease [J]. A Handbook of Cultural Economics, 2003: 91.

着不可忽视的外部性，好的作品能起到丰富精神生活、教育、民族认同的作用。富勒顿（Fullerton，1991）① 回顾了对艺术提供支持的证据（justifications）——上涨的成本、收入界定的困难、契约失灵或信息不对称、对资本约束的补偿、再分配、有益品、公共物品和外部效应。海尔布伦和格雷（2007）② 认为艺术的外部收益是分散的、难以察觉的，列举了诸如留给后代的遗产、民族认同及威望、有利于地方经济的发展等，认为"由艺术带来的外部收益具有纯粹的公共物品的特点"。③ 丹尼尔·莱德（Daniel Reid，2013）指出对艺术的融资干预（政府津贴），支持者多是基于意识形态的考虑，如有益品、留给后代的遗产、成本困境、经济效应、促进创新、购买者所意识不到的好处等。斯诺鲍尔和安特罗伯斯（Snowball and Antrobus，2001）④ 证明由艺术带来的正的外部效应也属于低收入和低教育水平群体，这为由捐赠表演艺术导致的不公平（有人指出观看表演艺术是有钱人和受教育程度高的人群的专利）提供了反例。布鲁诺·弗雷（2007）⑤ 也认为，艺术为整个社会带来了正的外部效应，也被称为非使用价值，如存在价值、选择价值和遗赠价值，包括那些没有享用过任何具体文化活动的人。思罗斯比认为，艺术品的文化价值包括审美价值、精神价值、社会价值、历史价值、象征价值和真实价值。⑥ 我国学者林日葵（2006）⑦ 认为，艺术产品有科学的价值、历史的价值、社会的价值、艺术的价值、收藏的价值、教育的价值、经济的价值等。

此外，表演艺术是显著的城市活动，如美国百老汇和英国伦敦西区的形成都有赖发生于城市中心的集聚效应。表演艺术不仅通过直接消费还通过间接消费和引致消费（尤其是旅游消费）产生经济效应。然而在大多数中小

---

① Fullerton D. On justifications for public support of the arts [J]. *Journal of Cultural Economics*, 1991, 15 (2): 67 - 82.
② Heilbrun J. Baumol's cost disease [EB/OL]. scholar. google. com, 2007.
③ 詹姆斯·海尔布伦，查尔斯·M. 格雷. 艺术文化经济学 [M]. 詹正茂等译. 北京：中国人民大学出版社，2007：232.
④ Snowball J. D. , Antrobus G. G. Measuring the Value of the Arts to Society: The Importance of the Value of Externalities for Lower Income and Education Groups in South Africa [J]. *South African Journal of Economics*, 2001, 69 (4): 752 - 766.
⑤ 布鲁诺·弗雷. 欧美文化经济学研究日渐繁荣 [N]. 张斌编译. 社会科学版，2007 - 03 - 22.
⑥ 戴维·思罗斯比. 经济学与文化 [M]. 张峥嵘译. 北京：中国人民大学出版社，2011：31.
⑦ 林日葵. 从艺术中寻求经济，从经济中寻求艺术——论艺术产品的价值发现 [J]. 湖南社会科学，2006 (5).

城市中，艺术活动所占比例很小，因此所产生的经济效应有限。尽管如此，艺术与当代的生活质量却紧密联系在一起。一个强大的文化生产部门往往能发挥城市名片作用，"是对社会文明和文化总体水平的一项重要的指示器。它的存在意味着当地社会是进步的、富足的、自我关注的，并且是积极向上的"。① 我国的城市发展也表现出不以 GDP 为唯一考核指标的政策倾向，而对于文化软实力的关注将越来越受重视。发展合理的话，还可以直接带动落后、偏远、特色地区的产业结构升级和经济跨越式发展。这也是发展文艺的一大重要的外部经济。

2. 捐赠方式：公共支持和私人捐赠。从捐赠主体看，对表演艺术的外部捐赠主要分为公共支持和私人捐赠。赫斯蒙德夫（2011）指出，为了弥补私人企业提供文化产品的不足，政府或者直接为戏剧、芭蕾、歌剧、美术等部门提供津贴，或者间接通过许可私人企业以研究或其他知识形式涉足以前只有公用事业才能涉足的领域，即公共支持或私人捐赠。西曼（Seaman，1981）② 研究了什么因素决定艺术支持来源的数量和相对比例，指出表演艺术不是公共物品，并且个人收入和公共支出需求呈倒 U 形关系，因此艺术融资就成为关键。

实现公共物品的私人生产、弥补外部性导致的成本外溢、降低票价让原本看不起的人可以观看（支付转移）是对表演艺术提供支持的传统经济理论依据（Hansmann，1981）③。同时，汉斯曼（Hansmann，1981）基于捐赠多来自参看演出的群体的现象提出私人捐赠是一种自发的价格歧视行为，这保障了表演艺术的生存。富勒顿（Fullerton，1991）则从捐赠行为的外部性出发，指出捐赠的外部性（价格的下降、演出质量和数量的变化等）激励了非捐赠者的"搭便车"行为，并且捐赠者之间也存在"搭便车"现象，一个捐赠者的捐赠水平取决于其他捐赠者的捐赠水平，这样政府以税收的方式提供支持就是必须、必要的④。

---

① 詹姆斯·海尔布伦，查尔斯·M. 格雷. 艺术文化经济学 [M]. 詹正茂等译. 北京：中国人民大学出版社，2007：363.

② Seaman B. A. Economic Theory and the Positive Economics of Arts Financing [J]. *The American Economic Review*，198，71 (2).

③ Hansmann H. B. Nonprofit Enterprise in the Performing Arts [J]. *The Bell Journal of Economics*，1981，12 (2)：341 – 361.

④ Fullerton D. On justifications for public support of the arts [J]. *Journal of Cultural Economics*，1991，15 (2)：67 – 82.

3. 艺术从业人员的兼职收入。文化领域特有的现象是"明星效应"及其副效应"兼职收入"。"明星效应"的典型特征是文化从业者货币收入的两极分化，在少数人获得高额收入的同时，大部分人却不得不赚取兼职收入。舍温罗森将"明星效应"归因于有限的最佳才能的供给同市场风险所造成的需求扩张之间的相互作用。罗伯特·弗兰克和菲利普·库克将这种特征称为"赢家通吃"现象。拉维德（Ravid, 1999）① 研究发现，对电影而言，不论钱花向了何处，高预算意味着发出了高收入的信号。其中大部分预算成了明星的收入，形成了显著的租金俘获（rent-capture）现象。

"明星效应"的存在与现代制作、传播技术的发展密切相关。国内学者傅谨（2004）② 对这种关系进行了说明。影视和流行音乐可以让它们所能够覆盖的所有地域迅速同质化和平面化，让人们有机会最大限度地分享同样的文化作品，从而极大地威胁着地方特色艺术作品的存在空间，体现出现代社会"赢家通吃""全部或者零"的特征，除了一流的艺术作品外，其他艺术作品的传播加倍困难，它使得一个文化空间只有一个或很少几个文化作品的受益者。更为重要的是，有选择的传播还暗含一种评价——它在直接或者隐晦地传授着这样一种价值理念，试图诱导公众相信，这些覆盖面极大的传播媒介所提供的艺术家以及作品，拥有超越其他艺术家及其作品的特殊价值，甚至唯有这些艺术家与作品才是有艺术价值、值得欣赏和喜好的。拉维德（Ravid, 2003）③ 研究了评论者如何影响票房，以及这些影响如何被明星和预算所抵消的问题。研究发现，对于受到更多负面评论的电影，流行明星和大预算具有提高票房的作用，但是对于受到更多正面评论的电影没有作用。

传媒时代对于文化艺术而言是一把"双刃剑"，它一方面大幅度推进了艺术的平民化进程，使普通公众有可能接触欣赏到最优秀的艺术作品；另一方面又在大面积地摧毁着原生态的艺术，将工业时代的竞争法则直接引入文化领域，导致那些未能或未及充分产业化的文化娱乐方式在残酷的商业竞争面前被无情和非理性地淘汰（傅谨，2004）④。在极少数有机会入大众传媒

---

① Ravid S. A. Information, Blockbusters, and Stars: A Study of the Film Industry [J]. *The Journal of Business*, 1999, 72 (4): 463-492.
② 傅谨. 二十世纪中国戏剧导论 [M]. 北京: 中国社会科学出版社, 2004.
③ Basuroy S., Chatterjee S., and Ravid S. A. How Critical are Critical Reviews? The Box Office Effects of Film Critics, Star Power, and Budgets [J]. *Journal of Marketing*, 2003, 67 (4): 103-117.
④ 傅谨. 二十世纪中国戏剧导论 [M]. 北京: 中国社会科学出版社, 2004.

之法眼得以广泛传播的艺术家获得文化产业时代的超额利润的同时，其他艺术家的生存空间则被挤压到最小。凯塞恩（Késenne，1994）① 运用一个基本模型表明：一个基本收入制度的引进，会吸引更多的艺术家投身艺术工作，可以在一定程度上抵消鲍莫尔的成本病。

然而，思罗斯比（Throsby，1996）② 研究发现，艺术家的相对收入既没有显著恶化也完全没有上升，与其他类似职业相比依然较低。同时，艺术家从事其他工作以多样化其收入来源。因此，兼职收入的存在是表演艺术领域艺人收入方式的一种常态，这不仅降低了单个表演艺术组织的工资给付，而且让一般表演艺术演出人员的处境与其他行业相比，没有那么大的差距。另外，从事演出的兴趣和成为明星的吸引力正激励着他们付出更多的努力并取得更多的收获。

4. 艺术组织自身的努力。

首先，提升票价，降低时间成本。提升价格和降低时间成本可以同时增加参与率和收入。加平斯基（Gapinski，1986）③ 指出，替代品（如电影、阅读、娱乐）的价格作为现场表演艺术需求的一个决定因素早为人知，如果替代品的价格需求无弹性，提升价格可以增加本公司的收入，还可以增加社区内其他公司的收入，进而降低受众的时间成本，同时增加参与率和收入。博纳托等（Bonato et al.，1990）以意大利1964~1985年的表演艺术为研究对象，建模并估计了现场表演艺术的需求函数。他们指出，表演艺术绝不是同质商品，因此质量很重要。真实收入和演出质量的提高都显著提高了参看人次，同时降低观看演出的时间成本也有利于提高参与率。

然而，提升票价也存在局限性，塔奇斯通（Touchston，1980）④ 估计了预期的捐赠（contribution）变化对表演艺术价格和参与率的影响，发现戏剧提价70%，歌剧、交响乐和芭蕾提价2倍以上时，戏剧、歌剧、交响乐和芭蕾的参与率分别下降7.6%、13.7%、18.2%和13.2%。同时，越小的组

---

① Késenne S. Can a Basic Income Cure Baumol's Disease? [J]. *Journal of Cultural Economics*，1994，18（2）：93－100.

② Throsby D. Economic Circumstances of the Performing Artist：Baumol and Bowen Thirty Years On [J]. *Journal of Cultural Economics*，1996（20）：225－240.

③ Gapinski J. H. The Lively Arts as Substitutes for the Lively Arts [J]. *The American Economic Review*，1986，76（2）：20－25.

④ Touchston S. K. The Effects of Contribution on Price and Attendance in the Lively Arts [J]. *Journal of Culture Economincs*，1980.

织越难以仅仅通过提价抵消增长的收入差距。莱斯利（Leslie, 2004）研究了百老汇剧院的价格歧视，表明相对于单一定价，价格歧视可以提高公司的利润约5%，而总的消费者剩余的差异可以忽略不计。费尔顿（Felton, 1992）通过按剧种（管弦、芭蕾和歌剧）对公司分类，检验了表演艺术价格需求无弹性的假说，发现表演艺术的平均价格需求无弹性，而公司间的弹性差别大。对于价格需求弹性大于1的公司，提价并不能导致票房的增加。而收入需求弹性只对于大的管弦乐队是正的并且是显著的。

其次，努力实现规模经济和范围经济。格洛伯曼和布克（Globerman and Book, 1974）[1]指出，上涨的收入差距（生产成本和赚取的收入）问题引发了持续关注。收入差距主要由两方面的因素导致：一是有限的生产率提升机会；二是表演艺术机构出于对政治偏见（political biases）和观众规模显著下降的担忧而不愿意通过提价的方式转移成本压力。他们构造了演出的成本产出函数，以考察表演艺术团体的演出活动是否存在显著的规模经济。实证结果表明，表演艺术活动存在显著的规模经济。因此要鼓励中等规模的交响乐和剧院组织旅行演出，减少对新生艺术组织的补贴。布劳等（Blau et al., 1986）的研究表明，大型组织中存在较高的规模经济效应，这是因为它们能够吸引捐献时间或作为学徒的志愿者。相对于小型营利组织，大型营利组织在生产和技术效率、业务规模扩大带来的单位成本降低和内部劳动力市场经济上具有优势。费尔顿（Felton, 1994）[2]的实证研究也表明，管弦乐队增加生产率是可能的，它们可通过多样化的服务（举办更多的夏季音乐会、从事更多的旅行演出、提供额外的有小组管弦乐队成员演奏的音乐会）实现范围经济。弗雷（Frey, 1996）[3]指出，相对于艺术机构，激增的音乐节由于可以以较低的边际成本雇佣艺术家和其他人员、避免由政府和工会施加的限制，因此可以较好地克服成本病。奎恩（Quinn, 2009）[4]通过爱尔兰艺术节及其可持续发展的例子，说明了通过节日可以很好地创造艺术需求、

① Globerman S., Book S. H. Statistical Cost Functions for Performing Arts Organizations [J]. Southern Economic Journal, 1974, 40 (4): 668 – 671.

② Felton M. V. Evidence of the Existence of the Cost Disease in the Performing Arts [J]. Journal of Cultural Economics, 1994 (18): 301 – 312.

③ Frey B. S. Has Baumol's Cost Disease Disappeared in the Performing Arts? [J]. Ricerche Economiche, 1996, 50 (2): 173 – 182.

④ Quinn B. Problematising "Festival Tourism": Arts Festivals and Sustainable Development in Ireland [J]. Journal of Sustainable Tourism, 2009, 14 (3): 288 – 306.

加强场地设施、鼓励地方创造力，进而带动当地的艺术发展。

最后，始终以顾客需求和满意度为根本导向。布鲁克斯（Brooks，1997）①从需求角度指出，有三个途径可以克服表演艺术的成本问题：增加消费者数量、增加表演艺术"成瘾"水平和增加消费者的收入。随着竞争的加剧，受稀缺政府基金分配的约束，即便是非营利的表演艺术机构也在寻求商业化运营路径，再购买意图（repurchase intent）成为新的研究内容。伦奇勒等（Rentschler et al.，2001）分析了变化的文化环境导致的营销的重要性，指出构建忠诚之梯（loyalty ladder）对于表演组织的生存和发展至关重要。休姆等（Hume et al.，2005）② 指出，非营利表演组织的艺术经理人对于产品的认知、表演艺术产品的设计和消费者体验之间存在着严重不匹配问题，产生了严重的服务设计断层问题。但是这个问题一直没有被表演艺术组织在战略发展上所重视。

情感对表演艺术也是一个重要的消费推动力。表演艺术经理人可以在这些方面做出改善以吸引更广泛的受众，并鼓励他们再购买。休姆和莫特（Hume and Mort，2008）③ 研究了文化表演艺术中价值和满意度的结构与关系。他们发现消费者主要基于演出和外围服务方面的属性显示来确定服务满意度，并从中获得价值。因此，文化组织的运营者要充分理解这个过程和机制。休姆和莫特（Hume and Mort，2010）分析了表演艺术中评价情感（appraisal emotion）、服务质量、感知价值（perceived value）和消费者满意度对再购买意图（repurchase intent）的影响。研究结果表明，再购买意图主要基于由感知价值带来的满意度（satisfaction mediated by perceived value），核心服务质量、评价情感和外围服务质量（peripheral service quality）影响感知价值进而影响相应的时间和金钱付出，影响再购买意图。

然而，尽管采取了多种应对措施，但是仍没能阻止艺术参与率的下降和艺术组织的"艺术赤字"行为。科尔布（Kolb，1997）检验了"年轻人不参加艺术活动是因为票价太高"这一假说，表明学生尽管关注成本，但主要障

① Brooks A. C. Toward a Demand – Side Cure for Cost Disease in the Performing Arts ［J］. *Journal of Economic Issues*，1997，31（1）：197 – 207.

② Hume M.，et al. Understanding Service Experience in Non-profit Performing Arts：Implications for Operations and Service Management ［J］. *Journal of Operations Management*，2005（24）：304 – 324.

③ Hume M.，Mort G. S. Satisfaction in Performing Arts：The Role of Value ［J］. *European Journal of Marketing*，2008.

碍是认为艺术活动无聊。不能同时具有娱乐性和广泛性的艺术活动不受学生欢迎、不能满足娱乐和社交的需求是其参与率下降的主要原因。迪马吉奥和穆赫塔尔（DiMaggio and Mukhtar，2004）分析了1982年、1992年、2003年的艺术公共参与调查数据，检验了美国的艺术参与率趋势是否与许多文化社会学家的看法一致：艺术作为文化资本的作用正在下降。结果表明，美国艺术活动的参与率1982~2002年确实发生了下降，在戏剧、音乐剧、古典音乐会、艺术、工艺博览会和历史遗迹等领域，大学毕业生参与率的下降超过了20%。高雅文化艺术的参与率下降最为显著，而爵士乐和视觉造型艺术（艺术博物馆）的参与率则有所上升。同时，普通的艺术文化活动参与率的下降水平超过了高雅文化艺术的参与率，这说明所有的艺术活动正在经历着为吸引公众注意而加剧的竞争。青年人参与率下降的可能原因是室内娱乐消费、家庭结构的变化。总之，作为文化资本的艺术其作用确实在下降，但下降较为缓慢。

费尔顿（Felton，1994）指出，为应对观众减少和持久赤字，一些表演组织正在通过降低投入克服成本问题，这降低了演出质量，导致了"艺术赤字"问题。海尔布伦（Heilbrun，2003，2007）也强调艺术组织正在通过"艺术赤字"行为克服成本病。这些研究都说明：面对青年人参与率的下降和参与态度的改变，表演艺术的前景并不乐观。

二、转企政策和转企现状

（一）转企政策

1. 改革路径设计上，以院团的转企改制为核心。针对院团底子薄和需求少的现状，给予转企院团一系列的支持和扶持政策。各省积极推动实施同城、同市、同类、同业院团的整合，组建演艺集团，建立演出院线和演艺联盟。

2. 财政资金投入上，转制院团的原有正常事业费，转制后在过渡期内[①]由财政继续拨付。同时安排了专项补贴，帮助转企院团弥补改革成本。更重

---

① 具体执行中，有的地方是5年期满后又延长5年，有的地方后来就没有规定期限。

要的是，财政投入方式有了转变，增加了政府购买和项目投入资金，加大了投入力度。各有关专项资金向转企院团倾斜，对转制院团重点产业发展项目予以支持，专项资金的发放和政府购买或补贴都与演出场次和质量联系在一起。

3. 基础设施建设上，按照"一团一场"的原则，改造、新建剧场，以配置、租赁、委托经营等多种方式提供给转制院团使用，为转制院团配备流动舞台车。此外，在人员安置、院团投融资、税收等方面都给予了优惠政策。

4. 与院团转制相配套，政府推出了采购安排和补贴安排，加大了采购公益性演出的力度。政策宣传性演出、重大节庆演出、对外文化交流、送戏下乡和拥军慰问等公益性演艺活动，主要以政府采购的方式，公开面向各类院团招标。同时按照演出场次给予院团一定的补贴，鼓励院团增加基层演出场次。

（二）转企现状

然而，财务困境的既成事实却使得院团的"转企"困难重重，效果不明显，并导致了更为严重的人才流失现象。低下的自我生存能力使得院团转企表现出了一系列的不适应症状。本小节以在山东省文化厅、山东省演艺集团、邹城市文广新局、西安市演艺集团及其下属 5 家院团的调研情况为依据，对院团的真实改革现状和存在的问题做出说明。

1. 转企不到位。首先，山东省省直 6 家院团——山东省京剧院、山东省歌舞剧院、山东省话剧团、山东省杂技团、山东省吕剧院和山东省柳子剧团的改革进程。山东省京剧院按要求保留事业法人身份。山东省歌舞剧院、山东省话剧团和山东省杂技团原则上要求必须转企，目前歌舞剧院和话剧团的事业法人已被注销而企业法人又没有成立，暂时成为法律意义上的非法组织，杂技团由于不愿跟市里的院团合并而转企。山东省吕剧院和山东省柳子剧团转为非物质文化遗产保护传承中心。其次，邹城市豫剧团改制后，形成市演艺公司、市非物质文化遗产传承中心和市豫剧团三个称谓，这是地方政府保护本地剧种的一种普遍做法，既满足了转企的任务要求，又实现了对地方剧种的保护。最后，西安市原文化局下属 5 家院团——西安歌舞剧院、西安儿童艺术剧院、西安市豫剧团、西安话剧院和西安市说唱艺术团的改革较为彻底，划入曲江新区后，经多方协调（国有独资不能挂牌为有限公司），于 2009 年 8 月 27 日正式挂牌注册为有限公司，这在全国也是独一无二的做法，开始时曾引发院团人员的质疑和不满。

2. 运作模式实质变动不大。依转企进度不同，现有院团的具体运作也有所差异。例如，山东省省直院团的运作还是延续原来的做法，原全额拨款的事业经费继续拨付，演出剧目也不市场化，营销、推广依赖政府，政府负担重。最大的买家和市场还是政府，评奖机制不变。邹城市豫剧团为差额拨款事业单位，市财政负责 75% 的人员工资福利支出。同时政府注重对文化的发展，加大了采购力度，通过政府采购扩大剧团收入来源。西安市 5 家院团原为差额拨款（50%）单位，现转企后保持原有事业经费不变，物业收入也占了较大一部分。其创作和演出方式以申请项目、争取曲江新区和市里的惠民演出为主，内容上主抓政府诉求，商业演出较少。

3. 非市场自发的有效需求。现有改革中，与院团的现有运作模式相一致，演出的资助和购买主体依然以政府为主，观众依然习惯于免费观看演出，这种非市场自发的有生需求力量将无法在根本上破解演出的内向型激励机制循环。

4. 人才流失问题。除生存依然严重依赖政府外，转企改制同时导致了更为严重的人才流失问题。一是"一刀切"的退休政策使得大量优秀人才退出院团，导致演出接续不上、演出质量下滑。二是事业身份的缺失和较低的工资收入使得院团在劳动力市场中的竞争力较弱。山东省省直院团改革尽管没有出现实质变动，但是未来的不确定性带来的不安全感使得部分优秀人才逐渐选择退出院团，转向高校等研究机构和市场。而转企较为彻底的西安市 5 家院团的人才流失现象较为严重，在满 30 年工龄可以退休的政策下，转企后有近一半的原在编人员退出院团。好处是，由于原事业拨款数额保持不变，院团可以将多余的资金用于创作演出、招收新人，同时节省了部分养懒人的资金。[①] 坏处是，演员的退出引发了更为严重的演员断档和培养难的问题，使得演出接续不上、演出质量下滑。演员后续力量不足将从根本上损坏院团的发展基础。同时面临的是管理人才的匮乏，经营管理人才的匮乏在省级院团中显得较为突出。

---

① 据调研，转企后，对于院团内部保留事业编制的人员，依然存在少量空挂现象。

5. 政策不明，改革后续动力不足。西安市 5 家院团领导普遍对发展前景感到担忧，认为转企是甩包袱、走市场必死无疑、正能量不能用金钱衡量，希望政府能加大扶持力度，以改善演出环境、提高演出质量。同时，受政策不明、前途不清的影响，院团自身作为继政府之后的第二行动主体，进一步深化改革的动力不足，多地改革出现停滞现象。

6. 剧场和民营的竞争问题。改革中，时任文化部部长蔡武曾提出"一团一策、一团一场"的政策，而实施中，除省直院团解决了剧场问题外，许多地市级剧团则不了了之，沦为剧场的打工者；此外，民营院团参与惠民演出的现状引发国有院团的不满，认为其是拿着国有院团的资源（人才、剧目）跟国有院团竞争，且不按套路出牌，偷工减料，搅乱市场。

7. 效益目标相冲突。改革要求院团将社会效益放在第一位。而社会效益与经济效益或企业化、市场化存在冲突。因此，在财务困境的大前提下，如何处理两者的矛盾、如何做好政府和院团的定位可能是长期存在的问题。

8. 双重体制问题没有得到解决。转企过渡期内，政府通过继续拨付原有正常事业费、增加文化产业发展资金投入、加强基础设施建设、加大政府购买力度等予以支持，[①] 为转企院团注入收入。同时允许其进行商业演出赚取和分配营利性收入，即实行"一手抓市场，一手抓市长"的收入模式。税收方面，免征企业所得税和房产税。因此，无论是原有事业单位制还是转制后的营利性企业制，国有院团都不能简单地归类为法律意义上的营利组织或非营利组织，而是两者的结合体。而民营院团除取得参与惠民演出等一些利益外，与国有院团的待遇差别依然较大，这不利于表演艺术的整体发展和社会效益的实现。

由此可见，尽管转企确实在激发院团危机意识、引导市场化发展理念、改善内部薪酬体系等方面取得了一定成绩，但是转企在更大程度上只是体现在名称的变动中，实质性进展不大，而进一步的人才流失也反映出演出人员对转企院团的"看跌"态度。总体来看，改革成果显得局部而有限，尚没有形成值得普遍借鉴的成功模式和经验，绝大多数院团依然一演就赔，深陷财务困境，形成院团的人员工资、剧目创作和演出资金来源仍以政府资助为主的局面。总之，认为改革失败和甩包袱快成功的声音此起彼伏，改革效果与初衷相悖，而政府在资助上的退出更可能使表演艺术面临消失的危险。

---

① 省委办公厅、省政府办公厅关于加快国有文艺院团改革发展的实施意见. 鲁办发［2012］7 号.

三、基于4C理论检验文化单位改革困境的影响因素

对文化供给和需求中的固有规律进行深入分析发现,事业体制下的内向型生产激励机制和僵化的收入分配制度造成了与消费者之间的沟通障碍,加重了人员支出负担,生产力滞后引发的不断上涨的生产要素成本尤其是人员支出成本、对场馆的要求和相应的消费成本,以及受消费偏好和消费能力影响的消费者需求不足及其长期性问题,成为表演艺术组织财务困境的主要影响因素。本小节通过实证检验艺术组织财务困境的影响因素,就如何深化改革提出建议。

4C理论在20世纪90年代由美国的劳特朋(Lauterborn)提出,4C分别指代消费者、成本、便利和沟通,而核心则是消费者需求。其中,4C理论的各个维度跟上述供给和需求中的各个影响因素以及主要的体现变量如表6-1所示。

表6-1   表演艺术经济压力的4C理论分析和主要体现变量

		影响因素	体现变量
被解释对象:			被解释变量:
财务困境		4Cs:成本、便利、沟通、需求	收入差距
解释对象(4Cs):			解释变量:
供给	成本	滞后的生产力	从业人员数量
		事业体制(人员编制)	人员支出
			演出场次
	体制 便利	艺术表演场馆	表演场馆数量
			流动舞台车数量
	沟通	演出激励机制	分类回归和加入相关检验变量*
		文化资源	
消费者需求		消费偏好	观众数量
		消费能力	演出收入

注:相关检验变量参见下文模型(6-1)的设计。

基于前面的分析,提出以下几个基本假设:(1)人员支出和数量跟院

团的财务困境正相关。（2）演出场次的影响跟市场需求状况有关。市场需求充足时，演出场次跟院团的财务困境负相关；市场需求不足时，演出场次跟院团的财务困境正相关。（3）演出场馆的影响是双向的。一方面，演出场馆数量的增加为演出的供给和消费提供了便利，有利于改善其经济状况；另一方面，受生产力滞后的影响，对演出场馆的高要求会加重院团的财务负担。（4）观众数量和院团的财务困境负相关。（5）企业体制有助于改善院团的经济状况。与事业制相比，企业制中外向型的生产激励机制，更有利于表演艺术组织的演出供给及其与消费者需求之间的沟通对接。下文将对此进行实证性检验，并给出相应的解释。

同时，我们还检验了文化资源和当地经济发展水平的影响，各地区固有的戏曲文化资源更是连接艺术演出供给和需求的一座无形的桥梁，有利于提高院团的市场生存能力。

（一）实证检验和分析

1. 变量选择和统计描述。所用数据主要来源于《中国文化文物统计年鉴》和《中国统计年鉴》，时间跨度为 2004~2012 年，选取全国 31 个省份的数据进行统计分析。其中一些数据的处理表述如下：（1）"财政补贴"的计算中，结合 2009~2012 年的统计标准，为使前后统计口径一致和更好地反映企业制艺术表演团体的非劳动收入，事业制艺术表演团体 2004~2012 年的该项数值为"财政拨款"额，企业制艺术表演团体 2004~2008 年为"补贴收入"额，2009~2012 年为"政府补助"额，全国 2004~2012 年的相应数值依已包含内容进行调整。（2）"人员支出"计算中，结合 2009~2012 年的统计标准，为使前后统计口径一致，事业制艺术表演团体 2004~2006 年为"人员支出" + "对个人和家庭补助支出"，2007~2012 年为"工资福利支出" + "对个人和家庭补助支出"；企业制艺术表演团体 2004~2006 年为"从业人员劳动报酬" + "本年应付福利费总额"，2007~2012 年为"本年发放工资总额" + "本年支付的职工福利费"；全国 2004~2012 年的相应数值依已包含内容进行调整。（3）戏曲文化资源大省的选取中，依剧种数量（大于等于 10 种）选出 14 个省份，称为戏曲文化资源大省，包括河北、山西、陕西、安徽、浙江、江西、福建、湖南、湖北、河南、广东、山东、江苏、广西。此变量只在混合回归分析中使用。结合前文理论分析，模型中所用的变量及其特征如表 6-2 所示。

表6-2 变量及其基本统计特征

变量	具体含义	理论含义	单位	均值 总	均值 事	均值 企	标准差 总	标准差 事	标准差 企
subsidize	财政补贴	财务困境：收入差距	万元	21018	17112	1741.1	41012	9938.4	5302.5
audience	观众数量	消费者需求偏好和能力	千人	21041	12715	8331.8	22848	11780	18432
income	演出收入		万元	8481.8	3610.4	4849.6	12175	3455.1	10618
staff	从业人员数量	成本：生产力滞后	个	5918.7	4039.9	1887.8	4023.7	2216.3	3330.9
s_expense	人员支出		万元	17608	14683	2736.4	12898	10187	5699.2
performance	演出场次		场	28929	12246	16669	49540	9745.6	47712
theatre	表演场馆数量	便利程度	个	65.122	65.122	65.122	49.566	49.566	49.566
f_stage	流动舞台车数量		个	47.412	19.456	26.674	153.833	26.842	150.508
group	总的表演团体数量		个	162.35			184.75		
group_p	事业制表演团体数量		个		76.667			45.286	
group_e	企业制表演团体数量	沟通：体制和文化资源的影响	个			85.649			179.322
group_a	企业制中的补贴表演团体数量		个			12.358			37.282
culture	是否为戏曲文化资源大省		1是，0否	0.4516	0.4516	0.4516	0.4986	0.4987	0.4987
gdp	地区生产总值	控制变量	亿元	11158	11158	11158	10441	10441	10441

资料来源：《中国文化文物统计年鉴》、《中国统计年鉴》(2005~2013)；部分数据经由网站搜集整理获得。

2. 模型设计和经验分析。我们构建了 3 个面板模型分别对全国总的艺术表演团体、全国执行事业会计制度的艺术表演团体和全国执行企业会计制度的艺术表演团体三类性质的艺术表演团体进行参数估计，以研究总的、事业制和企业制单独的变量间的相关关系，分别为模型（6-1）、模型（6-2）、模型（6-3），混合回归模型记为模型（6-4）。具体设计中，四个模型中都使用地区生产总值作为控制变量，以排除地区经济发展水平对财政补贴的影响。模型（6-1）中包含企业制艺术表演团体的数量，以检验企业制艺术表演团体数量增加对收入差距的影响。模型（6-3）中加入了企业制艺术表演团体中接受补贴的艺术表演团体的数量，研究补贴数量的增加尤其是"事转企"对收入差距的影响。模型（6-4）中则包含了文化虚拟变量。具体表达如下所示：

$$
\begin{aligned}
\ln(\text{subsidize})_{it} = {} & \beta_0 + \beta_1 \ln(\text{audience})_{it} + \beta_2 \ln(\text{income})_{it} + \beta_3 \ln(\text{staff})_{it} \\
& + \beta_4 \ln(s_{\text{expense}})_{it} + \beta_5 \ln(\text{performance})_{it} + \beta_6 \ln(\text{theatre})_{it} \\
& + \beta_7 \ln(f_{\text{stage}})_{it} + \beta_8 \ln(\text{group}_e) + \beta_9 \ln(\text{gdp})_{it} \qquad (6-1)
\end{aligned}
$$

$$
\begin{aligned}
\ln(\text{subsidize})_{it} = {} & \beta_0 + \beta_1 \ln(\text{audience})_{it} + \beta_2 \ln(\text{income})_{it} \\
& + \beta_3 \ln(\text{staff})_{it} + \beta_4 \ln(s_{\text{expense}})_{it} + \beta_5 \ln(\text{performance})_{it} \\
& + \beta_6 \ln(\text{theatre})_{it} + \beta_7 \ln(f_{\text{stage}})_{it} + \beta_8 \ln(\text{gdp})_{it} \qquad (6-2)
\end{aligned}
$$

$$
\begin{aligned}
\ln(\text{subsidize})_{it} = {} & \beta_0 + \beta_1 \ln(\text{audience})_{it} + \beta_2 \ln(\text{income})_{it} + \beta_3 \ln(\text{staff})_{it} \\
& + \beta_4 \ln(s_{\text{expense}})_{it} + \beta_5 \ln(\text{performance})_{it} + \beta_6 \ln(\text{theatre})_{it} \\
& + \beta_7 \ln(f_{\text{stage}})_{it} + \beta_8 \ln(\text{group}_a) + \beta_9 \ln(\text{gdp})_{it} \qquad (6-3)
\end{aligned}
$$

$$
\begin{aligned}
\ln(\text{subsidize})_i = {} & \beta_0 + \beta_1 \ln(\text{audience})_i + \beta_2 \ln(\text{income})_i + \beta_3 \ln(\text{staff})_i \\
& + \beta_4 \ln(s_{\text{expense}})_i + \beta_5 \ln(\text{performance})_i + \beta_6 \ln(\text{theatre})_i \\
& + \beta_7 \ln(f_{\text{stage}})_i + \beta_8 \ln(\text{gdp})_i + \text{culturedummy} \qquad (6-4)
\end{aligned}
$$

使用 Stata 12.0 统计分析软件，在前 3 个模型的估计中，通过分析采用稳健的豪斯曼检验得出，所用面板数据适合固定效应模型（FE），通过对相应的变量进行对数化处理并使用聚类稳健的标准差得出估计结果如表 6-3 所示，最后是混合回归的估计结果。

表 6-3　　　　　　　面板固定效应和混合回归模型的估计结果

变量	FE_robust（1）		FE_robust（2）		FE_robust（3）		OLS_robust（4）	
	估计系数	标准误	估计系数	标准误	估计系数	标准误	估计系数	标准误
ln(audience)	-0.0730*	0.0420	-0.0597	0.0526	0.1800	0.2239	-0.0951	0.0799

续表

变量	FE_robust（1）		FE_robust（2）		FE_robust（3）		OLS_robust（4）	
	估计系数	标准误	估计系数	标准误	估计系数	标准误	估计系数	标准误
$\ln(\text{income})$	−0.0063	0.0422	0.0586 **	0.0253	−0.3282 *	0.1977	0.0065	0.0452
$\ln(\text{staff})$	0.5404 *	0.2739	0.4295 ***	0.1532	0.0232	0.2204	0.2151 *	0.1230
$\ln(s_{\text{expense}})$	0.1585 *	0.0915	0.2880 **	0.1358	0.9214 ***	0.2127	0.7735 ***	0.1608
$\ln(\text{performance})$	−0.1171	0.0750	0.0522	0.0710	−0.2796	0.2021	−0.1027 *	0.0514
$\ln(\text{theatre})$	−0.0123	0.0309	−0.0155	0.0208	−0.6048	0.4350	−0.0427	0.0451
$\ln(f_{\text{stage}})$	0.0108	0.0102	0.0031	0.0078	−0.2267 *	−0.2267	0.0242	0.0162
$\ln(\text{group}_e)$	−0.0263 **	0.0111						
$\ln(\text{group}_a)$					0.8017 ***	0.1293		
$\ln(\text{gdp})$	0.8214 ***	0.1015	0.6329 ***	0.0947	1.4994 ***	0.4062	0.1605 **	0.0733
culture							−0.1314 *	0.0747

注： *、**、*** 分别表示在10%、5%、1%的统计水平上显著。

基于以上估计结果，得出以下几点结论：

（1）生产力滞后引发的人员支出成本问题是导致我国艺术表演团体经济压力沉重的直接原因，与判断（1）相符。模型（6-1）、模型（6-2）、模型（6-3）的估计结果中，人员支出系数分别在10%、5%和1%的统计水平上显著为正，表明人员支出跟艺术表演团体的财务困境显著正相关，这再次说明生产力滞后引发的成本问题是导致表演艺术组织财务困境的主因的观点。其中，模型（6-2）中从业人员数量的系数在1%的统计水平上显著为正，反映原有事业体制下对国有艺术表演团体的财政拨款主要用于所谓的"人头费"支出，即按人员数量给付工资福利等。

（2）演出场次、演出场所的影响不明显。模型（6-1）、模型（6-2）和模型（6-3）的估计结果表明，演出场次和演出场所的增加有利于改善艺术表演团体的经济状况，但是结果不显著。前文分析表明，通过增加演出场次增加演出收入、改善财务状况的前提是有效需求的存在，否则，演出越多，亏损越多。而演出场所的影响则是双向的。回归结果显示，尽管场次、场馆的增加没有明显的正向效果，但同时表明院团也并没有明显地陷入演出越多、亏损越多的境地。因此，该估计结果表明有效需求不足使得演出场次和表演场馆没能发挥分摊成本和方便演出的功能。结合前文的内容，认为该结论不支持新建场馆行为。此外，模型（6－3）的估计结果表明，流动舞台车的增加有利于降低企业制艺术表演团体的经济压力，有效地发挥了其为演出供给和需求提供便利的作用。

（3）有效需求不足制约表演艺术的发展。模型（6－1）中观众数量的系数在10%的统计水平上显著为负，表明观众数量的增加有利于减轻艺术表演团体的经济压力，与假说（4）相符。但同时，演出收入的影响并不显著，说明观看演出的需求没有成功转化为有效需求，或者说消费偏好与消费能力不匹配。现实中，有消费需求的老年群体缺乏消费能力，消费能力更强的青年群体没有消费偏好，这种消费偏好与消费能力的错位在根本上束缚着表演艺术的发展。

（4）事业体制是加重艺术表演团体财务困境的又一重要因素，与判断（5）相符。首先，模型（6－1）中企业制艺术表演团体数量的系数在1%的统计水平上显著为负，表明转企改制，推进国有艺术表演团体的市场化程度有利于增强其自我生存能力。同时，企业制中接受补贴的艺术表演团体的数量的估计系数在1%的水平上显著为正，表明企业制艺术表演团体正越来越多地接受财政补贴，说明企业制尽管更有效率，但是财务困境似乎更顽固，即便转企也不能完全摆脱其影响。其次，从演出收入的影响看，模型（6－1）、模型（6－2）和模型（6－3）中演出收入的影响，一个不显著，一个在5%的统计水平上显著为正，一个在10%的统计水平上显著为负，是个值得关注的现象。而导致这种状况的一个重要原因可能是"财政拨款、计划演出、赠票组织观众"的传统事业制艺术表演团体的演出供给消费模式。对于原有事业制艺术表演团体而言，演出不仅没能成为盈利途径，反而成为财政负担。与之相比，企业制艺术表演团体则能通过演出赚取利润，再一次表明企业制在满足市场需求能力方面的优势，即与消费者之间的沟通对接优势。

（5）对艺术表演团体的补贴跟当地经济发展水平密切相关，例如，模型（6－1）、模型（6－2）和模型（6－3）中地区生产总值的系数都在1%的统计水平上显著为正。这可能是因为国有艺术表演团体的发展严重依赖当地财政补贴，因此跟当地经济发展水平显著相关。同时说明演艺业的发展整体尚处于初级阶段，其发展前景依附于其他行业的发展水平。

（6）戏曲文化资源可以有效降低艺术表演团体的经济压力。通过加入戏曲文化资源大省虚拟变量，应用混合回归模型（6-4）的估计结果表明，该虚拟变量的系数在10%的统计水平上显著为负。进一步使用LSDV估计表明，上述14个省份虚拟变量的系数在1%的水平上显著为负，因此地方戏曲文化资源有效拉近了传统演出的供给和需求之间的距离，对于化解艺术表演团体财务困境具有重要作用。

（二）市场化发展前景——与民间职业剧团的进一步比较

在国有艺术表演团体背负沉重的经济压力、深陷财务危机的同时，民间职业剧团非但不为经济压力所累，反而能赚取利润，这为检验体制的作用和表演艺术的市场前景提供了一个天然的可比对象。调研中也发现，国有院团对民营院团参与公益演出颇有微词，认为其简化的演出流程对正规的演出造成了恶性的竞争冲击。那么事实究竟如何？我们也做一对比。受民间职业剧团统计数据年限较短的制约，在此主要以2009~2012年为研究区间，对相应指标进行比较分析。

1. 企业制的优劣。通过对事业制与企业制中不同隶属关系和企业制中国有和民间艺术表演团体的自费率、演出收入占比和人员支出占比的比较得出：在自费率和演出收入占比上，存在着"民间＞企业制（县属）＞企业制总体平均＞企业制（国有）＞事业制（中央级属）＞事业制总体平均"的现象；在人员支出占比上，存在着"民间＜企业制（县属）＜企业制总体平均＜企业制（国有）＜事业制（中央级属）＜事业制总体平均"现象。具体数值如表6-4所示。相比于自费率，演出收入占比是一个更为苛刻的度量艺术表演团体主营业务收入能力的指标。因此，上述结果表明市场化程度高的企业体制有利于提高艺术表演团体的自我生存能力和投入产出效率，有利于促进"养人"向"养演出"的转变，从而有利于减轻艺术表演团体的经济压力，再一次验证了企业制相对于事业制的效率优势。

但是，民间职业剧团的盈利模式决定了其生存模式不具有普遍意义上的可复制性。其他诸如团均从业人员和技术人员、团均营业成本、人均工资福利等指标以及民间职业剧团自身的演出场次和观众发展趋势表明，主要活跃在县区以下的民间职业剧团，具有规模小、基础条件差、人员演出多、待遇差等基本特征。同时，它们过度以商业利润为根本导向、重场次轻观众、重

表 6－4

2012 年全国艺术表演团体按性质分类的比较

指标	企业	民间	国有	中央	省	市	县	事业	中央	省	市	县
个数（家）	5502	4550	804	2	78	347	5075	1819	15	145	408	1251
自费率（%）	0.886	1.024	0.619	0.631	0.64	0.668	0.982	0.244	0.566	0.221	0.205	0.252
演出收入占比（%）	0.491	0.533	0.34	0.325	0.40	0.414	0.528	0.128	0.256	0.111	0.097	0.179
人员支出占比（%）	0.288	0.263	0.321	0.33	0.362	0.303	0.27	0.589	0.467	0.507	0.652	0.69

注：演出收入占比$_1$＝演出收入÷总支出$_1$；人员支出占比$_1$＝（工资福利支出＋对个人和家庭补助支出）÷总支出$_1$；投入产出比$_2$＝演出收入÷总支出$_2$；人员支出占比$_2$＝工资福利支出÷（营业成本＋营业外支出）。

资料来源：经由《中国文化文物统计年鉴》（2013）整理计算得出。

形式轻质量的演出方式，不仅使民间剧团自身的可持续发展受到质疑，[①] 并且难以吸引艺术人才，也与国有艺术表演团体的价值和利益取向不相符合。

2. 有限的市场空间。2009 年以来，民间职业剧团在全国执行企业制的艺术表演团体中，剧团数量、演出场次、观众人次和营业利润均占绝大多数。比较企业制中国有与民间职业剧团的生存状况，国有艺术表演团体的收入差距 2009 年开始急剧上升到超过 11 亿元，自费率则从近 90% 下降到 60%[②]，而民间职业剧团的自费率也出现明显下滑，如图 6 - 1 所示。2009 年是文化体制改革全面展开的一年，2011 年事业单位分类改革加速，随着事业制单位的全面转企，可以预测原有事业制艺术表演团体的经济压力将会转移到企业制艺术表演团体中。图 6 - 2 显示，数量占比仅 5% 的国有艺术表演团体的负利润绝对值已占到民间职业剧团利润的 50%，因此现有市场需求空间不足以支撑表演艺术的发展，或者说不足以支撑国有院团的市场化运营，还有待市场的进一步开发。如果市场的需求状况没有显著改观的话，国有院团无论是原来的事业体制还是转为纯粹的营利性企业制，都将持续陷入财务困境，市场化发展道路艰难。

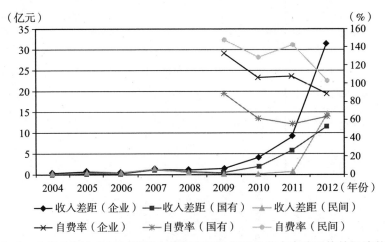

图 6 - 1 全国执行企业制以及其中的国有和民间职业艺术表演团体的经济状况

① 沈亮. 企业和机构——美国非营利民营剧院兴起的启示. http://wenku. baidu. com/link？url＝IG-fBVoBQxUqlSdgHnlzhljJYDpPjCU9ZWX4shQ83QBa5J6W0Q51HBa1MyQ3DhQtS76KONUV2－Xd_J6gwDeKasAMK9xnKA7jiOWJ32OfsncW.

② 收入差距$_2$≈政府补助，自费率$_2$＝（营业收入＋营业外收入－政府补助）÷总支出$_2$；自费率的计算中，只选用 2009~2012 年的统计口径一致的年度数据。

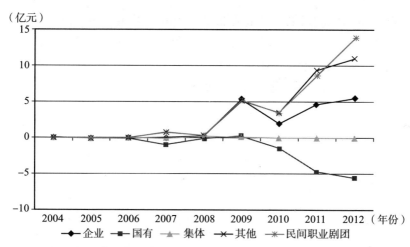

图 6 - 2 　全国执行企业会计制度的艺术表演团体的盈利情况

资料来源：根据《中国文化文物统计年鉴》（2005～2013 年）整理得出。

四、初步的发展建议

我们的分析表明，原有体制下内向型的生产激励机制、僵化的人事关系是原有事业体制的根本弊端，恶化了院团的经济状况。而表演艺术本身固有的生产力滞后及其影响下的负效应，加之有效需求不足的基本现实障碍及其形成的困难，使得国有院团转企举步维艰。而实际改革中，也对转企院团给予各种优惠扶持政策，实施了过渡模式，但仍然导致了一系列的后转企问题，距离院团成为繁荣社会主义文艺的中坚力量和形成表演艺术发展的长效机制仍有很大的差距。这些特征和现状以及社会效益优先的改革要求，决定了国有院团改革需求一条不同于一般工商类国有企业的改革道路。

现有需求条件也表明，纯粹的营利组织是不可能大量存在的，表演艺术组织的财务困境将成为一种常态，这也是现实中的院团转企没能成功的一大重要约束条件。此时，表演艺术的供给、需求的培育、艺术宣传教育等，应在以市场需求为基本导向、以院团为基本行动主体充分发挥主观能动性的同时，同时辅以外部支撑力量，共同推进表演艺术的发展。

　　表演艺术组织的发展需要企业自身、政府和社会力量的共同参与。而以培育需求为根本目标、以供给主体的自身和相应的外部支撑体系建设为基本途径，进一步深化艺术表演团体的体制机制改革、建立统一规范的艺术资助体系、改善现有表演场馆设施将成为重要的改革方向。

第七章 文化创意能力、激励结构与文化单位改革

文化创意能力是文化企业的核心竞争力，如何通过有效的制度设计来激励创意能力的形成是推动文化产业发展的关键所在。通过终身教职制度和事业合伙人制度的实践总结和博弈分析，结合文化产业人力资本特征和改革实践，我们认为：在组织形式方面，文化组织改革发展应适用非营利组织和营利组织模式；在激励机制方面，在非营利组织中保留部分终身聘任职位、在营利性公司中实施形式多样的事业合伙人制度是值得借鉴的方向。

一、文化创意生产的基本特征：文献综述

文化产业亦被称为创意产业、版权产业、文化创意产业等，尽管内容范围有所差别，但主要区别在于所侧重强调的产业特征不同。毋庸置疑的是，该产业的核心是创意，而文化创意能力便是该产业的核心资本，因为创意的主体是人，因此如何激励该人力资本的形成和释放是文化组织改革发展的关键所在。

（一）"明星效应"是文化产业的突出特征

大卫·赫斯蒙德夫（2007）指出，20 世纪 50 年代，文化产业中出现了显著的分化：一方是成名的符号创作者；一方是各种各样的"蓄水池"① 中的人。明星体制建成了。舍温·罗森将"明星效应"归因于有限的最佳才

---

① 最大的"蓄水池"是由非专业的文化工作者组成的。参见大卫·赫斯蒙德夫. 文化产业 [M]. 张菲娜译. 北京：中国人民大学出版社，2007：67.

能的供给同市场风险所造成的需求扩张之间的相互作用（詹姆斯·海尔布伦、查尔斯·M. 格雷，2007）①。保罗·麦克唐纳（2015）② 认为，明星是经济价值的符号，是电影市场所利用的资产，其目的是提高制作融资、获取收益及确保利润。"明星效应"对应的是艺术劳动力市场收入分配的极度不均，绝大多数从业者获得极低的报酬，少数明星却攫取了绝大部分行业租金（戴维·思罗斯比，2011）③。罗伯特·弗兰克和菲利普·库克将这种特征称为"赢家通吃"现象（詹姆斯·海尔布伦、查尔斯·M. 格雷，2007）。拉维德（Ravid，1999）④ 证实了租金俘获（rent-capture）假说，即明星得到了与他们价值等同的支付。而目前中国明星不断上涨的片酬更是备受诟病。

因此，尽管人力资本的作用早已为国内外学者所认识和研究，如贝克尔（Becker，1962）⑤ 指出人力资本投资在收入增长中起到越来越重要的作用。方竹兰（1997）⑥ 从风险承担的角度得出，人力资本的专用性和团队化趋势使人力资本的所有者日益成为企业风险的真正承担者。但是没有哪个行业的收入分配差异像文化产业这样如此悬殊，因此适应性激励结构的构建是促进文化组织改革发展的前提条件。

（二）非营利组织的大量存在是该产业的又一特征

在一些国家，非营利组织广泛存在于教育科研、医疗卫生、艺术文化等领域，剩余不可分配是其在人力资本激励方面有别于营利组织的根本特征，因此相对而言对努力的激励较弱（Newhouse，1970⑦；马丁·利克特，2006⑧）。在不同文化艺术门类中，有诸如出版、影视、流行音乐等大众文

---

① 詹姆斯·海尔布伦，查尔斯·M. 格雷. 艺术文化经济学 [M]. 詹正茂等译. 北京：中国人民大学出版社，2007.

② 保罗·麦克唐纳，好莱坞明星制 [M]. 王平译. 北京：世界图书出版公司，2015.

③ 戴维·思罗斯比. 经济学与文化 [M]. 张峥嵘译. 北京：中国人民大学出版社，2011.

④ Ravid S. A. Information, Blockbusters, and Stars: A Study of the Film Industry [J]. The Journal of Business, 1999, 72 (4): 463 – 492.

⑤ Becker G. S. Investment in Human Capital: A Theoretical Analysis [J]. Journal of Political Economy, 1962, 70 (5): 9 – 49.

⑥ 方竹兰. 人力资本所有者拥有企业所有权是一个趋势——兼与张维迎博士商榷 [J]. 经济研究，1997 (6).

⑦ Newhouse J. P. Toward a Theory of Nonprofit Institutions: An Economic Model of a Hospital [J]. The American Economic Review, 1970, 60 (1): 64 – 74.

⑧ 马丁·利克特. 企业经济学：企业理论与经济组织导论 [M]. 范黎波，宋志红译. 北京：人民出版社，2006.

化或流行文化内容，也有戏剧、芭蕾、交响乐等高雅文化内容，而后者则更多地采用非营利组织形式（黄河清，2011①），享受免税待遇并接受外部捐赠（Hansmann，1980②），以应付由来已久的自身财务问题（Baumol and Bowen，1965③；辛纳，2014④）。营利组织和非营利组织共存，最终形成了良好的人才培养和产品供给的市场分工（魏建、辛纳，2015⑤）。

与此同时，我国文化从业者原有的事业编制，与同属于非营利组织的美国大学中的终身教职制度有类似之处。终身聘任职位的引入强化了组织对人才的努力激励。郑文全（2014）⑥指出，剩余收益在非营利性组织中可以间接分享，必须间接分享，而且也只能间接分享。而终身职位便是给予个人分享组织剩余的一条重要的间接路径。

因此，与作为自由职业者的美国演员（王晓鹰，2008）⑦不同，我国文化单位经历了"事转企"的历程，演员也从"有编"向"无编"过渡。在此过程中，市场需求旺盛的影视、出版等表现了良好的适应性，而市场需求不足的戏曲等传统艺术门类则呈现出严重的不适应性。因此，综合国外经验和我国文化单位改革历程，对于这些文化价值大但盈利能力差的文化艺术门类，采用非营利组织形式并部分保留终身聘任职位是值得参考的一个方向。

（三）对物质资本的高度依赖

任何产业的发展都离不开资金的支持，诸如影视等大众文化内容更是表现出对物质资本的高度依赖性。一方是演员甚至明星，另一方是物质资本，此时如何处理好人力资本和物质资本的关系是营利性文化企业发展中面临的重要问题，而组织的剩余收益分配机制成为关键所在。

---

① 黄河清，美国百老汇运作模式及其启示［D］. 中南大学，2011.

② Hansmann H. B. The Role of Nonprofit Enterprise［J］. *The Yale Law Journal*，1980，89（5）：835－901.

③ Baumol W. J.，Bowen W. G. On the Performing Arts：The Anatomy of Their Economic Problems［J］. *The American Economic Review*，1965，55（1/2）：495－502.

④ 辛纳. 财务困境、成瘾消费与国有文艺院团改革［J］. 东岳论丛（人大复印报刊资料转载，2015 年 1 月），2014，35（8）.

⑤ 魏建，辛纳. 专用性人力资本、市场需求与表演艺术非营利组织的发展［J］. 东岳论丛，2015，36（7）.

⑥ 郑文全. 剩余收益能够间接分享吗？——基于终身教职制度性质的系统解释［J］. 管理世界，2014（2）.

⑦ 王晓鹰. 美国戏剧的"商业"与"非赢利". ［EB/OL］，http：//blog. voc. com. cn/blog showone type blog id 281939 p1. html，2014－11－09.

从群众演员到签约演员再到明星演员，随着演员人力资本水平或知名度的不断提高，其获取的报酬也呈现跳跃式上涨，收入分层逐渐向演员倾斜，分享方式也不断多样化。与此同时，对物质资本的高度依赖、过高的明星报酬、艺人经纪纠纷、诸如空壳公司等明星资本运作乱象，将促使组织与演员之间建立新的"合作"或"合伙"模式。

陈和、隋广军（2011）① 指出，合伙制是人力资本密集型产业的主流治理模式。张维迎（2014）② 亦研究表明，合伙制企业多存在于这样一些行业内，即在这些行业的企业中，成员们在生产上同等重要，在监督上也同样困难。同时，"劳动雇佣资本"的现象多集中于这一类行业，即通过诸如教育凭证之类的容易观察到的信号，重要的能力容易被识别。因此，在诸如律师事务所、注册会计师事务所以及其他咨询、学术研究类行业组织中，合伙制占多数。而在公司制企业中，传统的股票或股票期权激励以及职业经理人制度也呈现出其弊端，近年来，一种新的"合作"或"合伙"模式——事业合伙人制度（康至军，2016）③ 正在兴起，其实施形式多样，进一步强调了组织和个人的合作关系，深化了两者之间的利益绑定效应。

我们以我国文化组织"事转企"为背景，重点借鉴终身教职制度和事业合伙人制度，综合分析不同艺术门类文化组织的适应性激励结构——外部组织形式和内部激励机制。

二、文化创意能力和改革中对人力资本的忽视

（一）文化创意能力及其属性

文化创意能力是文化组织区别于其他组织的关键特征，主要体现在两个方面：首先，作为文化产品的生产者，向社会提供美的感受和启迪，文化创意的形成及其展现是传播美的关键；其次，激励文化创意的生产是文化组织形成持续竞争力的所在，同时也是难题所在。

---

① 陈和，隋广军. 合伙制人力资本密集型企业研究：一种古老治理模式的复兴 ［J］. 南京社会科学，2011（6）.
② 张维迎. 企业的企业家——契约理论 ［M］. 上海：上海人民出版社，2014.
③ 康至军. 事业合伙人：知识时代的企业经营之道 ［M］. 北京：机械工业出版社，2016.

文化创意能力作为文化组织的核心人力资本①，不可避免地具有两重属性——专有性②和专用性③。其中，专用性侧重于个人对组织的依赖性，而专有性则侧重于组织对个人的依赖性。因此，个人和组织之间具有双重依赖性，合理的激励结构是促进组织和个人共同发展的作用前提。

（二）文化创意能力的两阶段特征

"明星效应"表明，没有哪个行业像文化产业一样，其从业个体的才能和收入差异如此巨大。好莱坞明星制既是对明星价值的充分肯定，更体现出电影产业对明星的依赖。

从一名普通演员或一名普通文化从业者成长为明星需要一个或长或短的过程，即其人力资本积累的过程。跟终身教职轨类似，这里也存在一个临界值，当其人力资本水平低于该临界值时，不能被称为明星，收入也远低于明星的收入，在此称之为才能的形成期；当其人力资本水平高于该临界值时，便成为明星，能够获得远高于一般从业人员的报酬，在此称之为才能的释放期。

其中，在第一阶段，即才能的形成期，个人尚没有显示非凡才能，即没有得到普遍认可，只能成为"雇员"，获得相对较低的报酬；在第二阶段，即才能的释放期，其才能已得以充分显示和认可，那么给予终身聘任、支付较高的报酬（即提高其收入所得占总剩余的比例）、赋予剩余收益分配权等将不得不成为组织留住人才的选择路径。

（三）文化组织改革中对人力资本的忽视

国有文化组织改革基本上处于停滞状态，原因何在？其中一个重要原因在于对文化组织、文化人才的特殊规律认识和把握不够，现有的制度安排既不能有效地保留人才，又不能有效激发组织人力资本的形成。

一是 2015 年事业单位养老保险改革中实行了"老人老办法、新人新制

---

① 因此，下文论述中主要使用"人力资本"这一概念。

② 参见郑文全. 剩余收益能够间接分享吗？——基于终身教职制度性质的系统解释 [J]. 管理世界，2014（2）.

③ 参见刘文. 企业隐性人力资本形成和作用机理研究 [M]. 北京：中国经济出版社，2011：73.

度、中人逐步过渡"的养老金计发办法。① 而 2014 年《文化体制改革中经营性文化事业单位转制为企业的规定》对人员分流安置做出规定："对转制时距国家法定退休年龄 5 年以内的人员，在与本人协商一致的基础上，可以提前离岗，离岗期间的工资福利等基本待遇不变。"这样的人员处置安排，对于具有较强营利性的文化组织（如报业、影视）影响较小，而对于盈利能力较弱甚至严重依赖财政拨款的文化组织（如文艺院团）影响较大，导致了老人流失、新人难以引进的局面。

二是文化组织股权激励制度的滞后发展。2014 年 4 月，国务院发布的《关于印发文化体制改革中经营性文化事业单位转制为企业和进一步支持文化企业发展两个规定的通知》提出，建立党委和政府监管国有文化资产的管理机构，强调国有文化企业要健全公司法人治理结构，探索实行特殊管理股试点和股权激励试点。而关于股权激励，早在党的十八届三中全会已经被谈及。《中共中央关于全面深化改革若干重大问题的决定》提出，"积极发展混合所有制经济。允许混合所有制经济实行企业员工持股，形成资本所有者和劳动者利益共同体"。

目前，我国的一些上市国有文化企业已经形成了混合所有制的股权结构，但绝大多数尚未实施经营者和骨干员工持股的股权激励制度。其中较为成功的有博瑞传播，而百视通（已于 2015 年重组上市为"东方明珠新媒体股份有限公司"）作为中宣部试点，股权激励方案尚未实施。

因此，针对上述人力资本固有的专用性和专有性属性、文化产业人力资本所独有的两阶段特征（"明星效应"）、改革中对这种人力资本特征的忽视以及改革停滞的现状，采取何种激励结构是进一步深化文化单位改革、促进文化发展亟须探索解决的问题。

三、人力资本激励——对一些既有制度安排的分析

（一）美国大学的终身教职制度

终身教职是美国高等教育中的特色之一，也是美国高校学术竞争力形成

---

① 参见《国务院关于机关事业单位工作人员养老保险制度改革的决定》，2015 – 01 – 14.

与领先的制度基础。

学术自由是终身教职制度产生的基础。1940 年，《关于学术自由与终身教职的原则声明》就试用期、终身教职的授予和终止进行了明确说明，指出在一定的试用期（一般不超过 7 年）后，经同行评议合格，教师应当享有永久性的、持续的任职资格，只有在财政危机、教师不称职、道德败坏等充分的理由下才能终止任期。正如亨利·罗索夫斯基所言，在终身教职制度下，美国高校的教授更像是没有老板的股东而不是雇员。

终身教职制度下，教师的学术产出表现为"集中—积累"的过程。终身教职制度在对学术自由与职业安全发挥积极作用的同时，"非升即走"的规定也体现了其竞争残酷的一面，即只有在试用期内取得突出教学、科研成绩并且通过校内外同行评议的教师才能获得终身教职，否则在试用期结束后就必须离开。这就导致了，一方面处于前一阶段的青年学者面临残酷竞争和巨大压力，另一方面一旦通过试用期，便获得了终身教职这一"金饭碗"。因此，获取终身教职的过程就表现为学术产出的集中爆发和随后不断积累的过程。

与此相对应，终身教职制度下的激励监督（或称之为考核）具有鲜明的二分性，"集中"阶段的强激励监督和"积累"阶段的弱激励监督形成鲜明对比。正是"积累"阶段的激励监督要远弱于前一阶段，成为日后对终身教职制度的批评及其探索改革的主要诱因之一。20 世纪 80 年代以来，美国高等教育界掀起对终身教职制度的激烈抨击，甚至主张废除终身教职。推动终身教职制度变革的原因有：终身教职对教师的特别保护（免受裁员等市场波动影响的优越性）、紧缩的财政和弱化的绩效责任引发公众问责（降低大学活力和效率、养成"懒老师"降低教学质量等）、学术阶层的产生、外部教育环境的变化等。事实上，具有终身教职的教师比例在不断下降，兼职教师的比例在不断增加，"美国大学教师协会 2010 年发表的研究报告指出，40 年前绝大多数的教师都在终身教职的轨道上，即使是那些主要从事教学而不是研究的教师，但是今天 70% 的教师都不在终身教职轨道上"。[①]与此同时，职后评审制度、终身职位限额制、合同制等正在约束或改变终身教职制度。尽管如此，终身教职不论是由于路径依赖还是作为一种象征，仍

---

① 参见孟倩，许晓东，林静. 美国大学终身教职制度改革的路径 ［J］. 比较教育研究，2013（6）.

然普遍存在并且受到新老师的激烈竞争，仍然在美国教育体系中发挥着重要的作用。

（二）事业合伙人制度

知识经济时代，人力资本或人才的价值逐渐凸显，甚至逐渐凌驾于物质资本之上。综观现代行业发展，"合伙"或"合作"而非"雇佣"渐成主旋律。传统或法律意义上的合伙制主要对应合伙制企业，分为普通合伙企业和有限合伙企业，其中有限合伙企业由普通合伙人和有限合伙人组成。在权责划分方面，普通合伙人拥有公司的实际经营控制权、对合伙企业债务承担无限连带责任，有限合伙人以其认缴的出资额（不得以劳务出资）承担责任。目前，为强化人力资本激励，在诸如万科、阿里巴巴等公司制企业内部，一种新的合伙人制度或者叫合伙人机制正在兴起，为与传统或法律意义上的合伙制相区分，一般将之称为"事业合伙人制度"。与纯粹的合伙制企业相比，这种新型合伙人制度主要是 21 世纪以来产生的一种致力于利益共创、共享、共担的制度。

我们以万科、华为、阿里巴巴、海尔的相关制度安排为例，探讨其背后的人才激励机制。万科的"事业合伙人制度"，主要是通过"事业合伙人持股计划"和"项目跟投计划"，实现企业投资者（股东）与员工（即事业合伙人，包括董事、监事、高级管理人员在内）之间的利益捆绑。首先，实施持股计划的关键主体是深圳盈安财务顾问企业（有限合伙企业，以下简称盈安合伙），其普通合伙人接受来自万科的事业合伙人的委托，对他们在公司经济利润奖金集体奖金账户中的全部权益进行投资管理[①]，同时通过分级集合资产管理计划对接外部杠杆资金，市价买入万科股票，计划中盈安合伙认购的则是 C 类劣后份额。其次，在项目跟投计划中，较为突出的规定是管理层对所有的项目都要跟投，其余员工自由跟投，加之与上述持股计划相配合，以规避员工的短期投机行为。回报方面，项目现金流回正前归还的员工跟投本金不得超过其总额的 80%，现金流回正后其实现结算利润后可以分红。综合上述，万科的"事业合伙人制度"是一项建立在货币利益

---

① 在集体奖金所担负的返还公司或有义务解除前，该部分集体奖金及衍生财产统一封闭管理，不兑付到具体个人。参见康至军．事业合伙人：知识时代的企业经营之道［M］．北京：机械工业出版社，2016：8.

激励上的制度，而这些"事业合伙人"并没有明确的权利，同时值得注意的是该制度发挥作用的前提是万科的持续盈利及其股价的持续上涨。

华为自 1990 年开始实施员工持股制度，每股 1 元的参股价格一直持续到 2001 年，值得注意的是，员工持有的股票从一开始就是"虚股"。[①] 2001 年后开始实施虚拟股制度，员工的原有股票也转变为虚拟股。虚拟股持有人（参股价格采取每股净资产的价格）可以获得分红，以及虚拟股对应的公司净资产增值部分，没有所有权、表决权，也不能转让和出售。在其持有人离开公司时，股票只能由华为工会回购，因此华为的员工持股在更大程度上只是获得分红的凭证。值得注意的是，这种股票一旦获取，为其持有人带来的未来收益跟他的未来贡献不具有强相关性，因此出现了既得利益者和懈怠者，偏离了"以奋斗者为本"的初衷。

与万科、华为这种纯粹货币利益驱动的合伙人制度不同，阿里巴巴则是构建了"凌驾"于董事会之上特殊权力机构——合伙人，以保证其创始人和管理层对公司的控制权。这种制度设计下，合伙人有了明确的权利，主要包括董事提名权、董事任命权和奖金分配权。[②] 与此同时，阿里巴巴还通过制定规则保证合伙人制度的长期性和稳定性，使其形成一种自我永续性制度。

海尔的事业合伙人制度则走得更远。海尔在 2000 年引入市场链管理，将市场化的利益调节机制引入企业内部，从战略业务单元（SUB）到自主经营体到小微模式，不断推进"公司平台化、用户个性化、员工创客化"，不断重塑员工与企业的关系，从雇员到经营者到创业者、合伙人，充分调动了参与者的积极性。

总体而言，事业合伙人制度[③]凸显了人力资本的价值，彰显了人与人之间的合作关系，对其作用的发挥起到了更好的激励作用。其中，万科主要是通过打造利益共同体，将包括员工在内的公司成员吸收其中，并设置一种劣后的收益分配机制激励所有参与人的动力。华为重视知识的价值创造功能，

---

① 参见康至军. 事业合伙人：知识时代的企业经营之道［M］. 北京：机械工业出版社，2016：87.

② 参见康至军. 事业合伙人：知识时代的企业经营之道［M］. 北京：机械工业出版社，2016：62，176.

③ 相对于职业经理人制度、股票期权制度，能更好地保证与股东利益的一致性。参见康至军. 事业合伙人：知识时代的企业经营之道［M］. 北京：机械工业出版社，2016：9 – 10，36 – 40.

低价参股、高额分红给予了员工极大的工作激励，同时创造了公司的高速发展。阿里巴巴的合伙人则拥有控制权和优先的收益权，以在公司治理上实现让有企业家精神的人控制企业。这种制度安排下，参与的直接主体依然是货币或其等价物，并且对于整个公司而言，对外承担风险的主体依然是货币资本或实物资本。海尔的管理更具创新性，在探索组织与员工合作共赢的道路上越走越远。可以认为，目前的事业合伙人制度是一种"嵌套"于大型营利性企业内部的、强化了公司与个人之间绑定效应的、旨在激励参与者努力程度的"类合伙人制度"。

（三）两种制度下的人力资本激励对比总结

上述两种制度皆是突出人力资本价值、强化对其激励的制度。其中一种制度对应非营利性组织，另一种则对应营利性组织。

美国高校中，通过第一阶段考核的教师都显示了较高的综合能力即人力资本水平。由于教师的学术产出主要是以个人或少数几个人为单位，进行学术论文的创作和发表，个人创意在产出中起主导作用，同时拥有相对独立、自由的工作环境，因此存在张维迎所说的"在生产上同等重要，在监督上也同样困难"的特征，与合伙制相适应。但是在非营利组织形式下，即剩余收益不可分配的情况下，从激励的角度看，终身教职的制度安排是为了通过长期雇佣制度保障大学教师在非营利性条件下能够间接分享大学剩余收益。[①]

而在营利性企业中，产出则需要组织内所有成员的共同配合，包括股东、管理者和工人，那么剩余如何分配是调动各参与者积极性的关键。在个人的才能得以显示并且对组织发展至关重要即拥有较高的人力资本水平的情况下，内嵌于公司制企业中的"事业合伙人制度"是更好的激励制度安排。[②] 合伙制企业尽管适用于人力资本密集型行业，但是具有规模小、对物质资本依赖低等局限性，而"事业合伙人制度"主要是通过持股等内部激励安排使得员工与股东成为利益共同体，得以分享部分剩余收益，同时承担一定风险，更好地处理了现代主流公司制企业中物质资本和人力资本的关

---

① 文中对剩余收益的形式也做了介绍。参见郑文全. 剩余收益能够间接分享吗？——基于终身教职制度性质的系统解释 [J]. 管理世界，2014（2）.
② 将在本章下一小节进行说明。

系，形式丰富，具有更广泛的适用性。

综合上述，尽管终身教职制度和事业合伙人制度也面临提供持续的激励监督的挑战，需要不断改革、探索和完善，但仍然分别是非营利组织和营利组织中人力资本激励制度的成功代表。

四、组织剩余收益分配的博弈分析

上述制度机制设计表明，无论是在非营利性组织还是在营利性组织中，个人只有在显示才能后，才得以分享更多的剩余回报，因此下文的分析建立在此基础上，在能力方面不存在信息不对称的情况。

（一）终身教职制度

终身教职制度下，教师被分为助理教授、副教授、正教授三种职位。研究性大学中如哈佛大学、加州理工学院，助理教授和副教授都不是终身教授。本文通过下述展开式博弈来探讨人力资本所有者在职业选择及其后续考核中的损益。

假设：博弈双方为个人和高校，分别记为 1 和 2；新增加一位教师而给学校带来的总收入[①]为 Δ，学校和教师的分配比例分别为 ω，$1-\omega$；人力资本所有者之所有选择进入终身教职轨以挑战终身教授职位是因为对该职业的偏好，即如果能够通过考核留下的话会增加其效用，$f_\alpha(T)$ 为终身教授职位给予其所有者的报酬，T 代表终身教职，f 为货币转化函数，α 为风险厌恶系数，满足 $\alpha > 0$，α 越高、$f_\alpha(T)$ 越大。相应地，如果被迫离职（不合格）的话则损失 $f_\alpha(T)$。如果没有职后评审的话，偷懒会给教授带来效用，表现为 $f_\alpha(T)$ 增加为 $f_\alpha(T+L)$；学校在教师考核合格获得终身职位后观察不到其是否偷懒，如果引入职后评审机制对其进一步考核，不合格的话要求其离职，那么职后评审的压力会使得教师对该职位的效用下降，相应的收益由 $f_\alpha(T)$ 下降为 $f_\alpha(T-P)$。如果之前偷懒的话，效用会下降更多，降为 $f_\alpha(T-P-L)$；如果不选择进入高校的话，由其带来的总收入或总剩余为 Δ'，组织与个人的分配比例依然为 ω，$1-\omega$。

---

① 美国高等教育经费主要来源于政府拨款、学费、科研经费和社会捐赠。参见李子江．美国大学终身聘任制的历史与变革［J］．清华大学教育研究，2006（3）．

下面各图中各总收入或剩余之间存在关系[1]如下：$\Delta'_1 \leqslant \Delta_1 < \Delta_2 < \Delta_4 < \Delta_3$，$\Delta_6 \leqslant \Delta_8$。其中，$\Delta_1$、$\Delta_2$为相应情况下作为助理教授或副教授带来的总收入，$\Delta'_1$为不选择进入高校时的总收入或总剩余，其余为各情况下终身教授带来的总收入。我们只关注选择行为及其直接导致的个人和高校的收益分配，不考虑该行为对后续收入的影响，比如被迫离职对再就业的收入影响。展开式博弈如下：

1. 两阶段博弈。如图 7 - 1 所示。

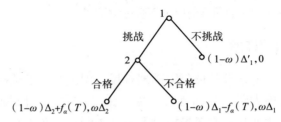

图 7 - 1　两阶段博弈

该博弈的均衡解为：1 在第一阶段选择挑战，2 在第二阶段选择合格。双方收益分别为 $(1 - \omega)\Delta_2 + f_\alpha(T)$，$\omega\Delta_2$。

2. 三阶段博弈。如图 7 - 2 所示。

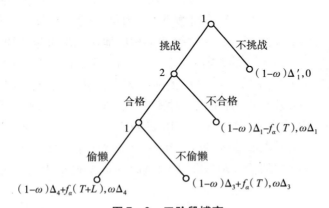

图 7 - 2　三阶段博弈

① 参见收入主要靠工资？美国研究型大学教授薪酬揭秘，http：//mt. sohu. com/20160811/n463706197. shtml.

该博弈的均衡解取决于偷懒给教授带来的效用大小，当 $f_\alpha(T+L)-f_\alpha(T)\geqslant(1-\omega)(\Delta_3-\Delta_4)$ 时，1 在第三阶段就会选择偷懒，否则不偷懒。

3. 四阶段博弈。如图 7 – 3 所示。

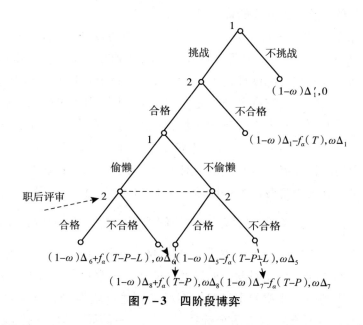

图 7 – 3　四阶段博弈

该博弈中，职后评审的引入改变了三阶段博弈的结果，均衡解为：1 在第一阶段选择挑战，在第三阶段选择不偷懒；2 在第二阶段选择合格，在第四阶段选择合格。双方收益分别为 $(1-\omega)\Delta_8+f_\alpha(T-P)$，$\omega\Delta_8$。

总体来看，职后评审能够规避偷懒问题。对于学校而言，如果职后评审是有效的，即能够进一步激发教授的努力程度从而增加总收入，那么应该存在 $\Delta_3<\Delta_7<\Delta_8$，$\Delta_4<\Delta_5<\Delta_6$，对于组织而言是有利的。但是对于个人而言，如果压力过大的话，那么由其导致的效用损失就较大，不仅会打击从事教师职业的积极性，同时可能会引发教师的一些短期行为，不利于学术的长期发展，因此审慎把握职后评审的力度是必要的。

（二）离职威胁、股票期权与事业合伙人制度

新的时代背景下，"合作""自由人的自由联合"[①] 正成为公司治理模式

---

①　参见叶雷. "事业合伙人制度" 兴起 [J]. 新产经, 2016 (4).

变革的方向。因此，在人力资本相对于物质资本变得更为稀缺的情况下，与监督相比，如何更好地激励个人才能正成为组织发展的核心问题。我们以事业合伙人制度作为一个探索，通过对比分析股票期权方案，讨论其在实现股东和其他人员利益一致方面的优越性。

1. 剩余不增加——离职威胁。假设如下：博弈双方分别为一个物质资本所有者 O_p 和一个人力资本所有者 O_h；各要素市场是完全竞争市场，要素可自由流动；双方收入都体现在剩余分配及其比例上；物质资本所有者只负责出资，承担风险，决定剩余分配比例[①]；高人力资本水平的人会带来剩余的净增加；低人力资本水平人员同质性高（专有性和专用性特征不明显），因此其流动（辞职与否）不影响创造剩余的大小，而高人力资本水平人员专有性和专用性特征突出，其流动会对剩余大小造成一定的损失。

分析中，分为两阶段：第一阶段，未显示才能。创造可分配剩余为 R，分配 $\left(\dfrac{3R}{4}, \dfrac{R}{4}\right)$；第二阶段，显示才能。创造可分配剩余为 $2R$，如何分配？此时，对于人力资本所有者的剩余分配比例，物质资本所有者面临两个选择：增加，不增加。在此假设，如过增加的话，则意味着对人力资本所有者的剩余分配比例由 1/4 提高到 1/3，不增加则意味着维持原 1/4 的水平不变。而人力资本所有者也有两个选择：辞职，不辞职。双方的博弈结果如图 7-4 所示。

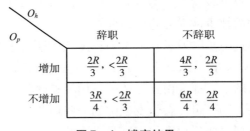

图 7-4　博弈结果

上面的分析表明，（不增加，辞职）是此次博弈的纳什均衡。类似"囚

①　如未说明，我们不关注人力资本所有者的具体职务，只关注以货币衡量的剩余及其分配问题。

徒困境"，该策略组合的结果 $\left(\dfrac{3R}{4},\ <\dfrac{2R}{3}\right)$ 要劣于 $\left(\dfrac{4R}{3},\ \dfrac{2R}{3}\right)$ 双方合作的结果。

因此，物质资本所有者如果想独占剩余，不改善人力资本所有者的所得的时候，人力资本所有者就会选择离职。博弈理论表明，重复博弈可以改变均衡结果，使得博弈双方选择彼此合作的策略，实现（增加，不辞职）的新均衡结果。因此，提高人力资本所有者的待遇、寻求合作是组织和人谋求长远发展的必要路径①。

　　而在长期的合作中，给予人力资本所有者的分配构成一般为工资、奖金和股权激励。对于不断发展的公司而言，将人力资本所有者的剩余分配与体现公司价值的股票相挂钩，进而使得人力资本所有者得以分享公司长期价值增长的股权激励，被广泛用于对个人的努力激励中。接下来，本书将对比被广泛应用的股票期权和现有事业合伙人制度下股权激励安排在实现物质资本所有者和人力资本所有者利益一致方面的优劣。

　　2. 股票期权——窃取剩余的风险。基于期权合约权利和义务不对称的合约，股票期权在赋予其持有人按照某一规定价格购买一定数量的公司股票的权利（而没有必须购买的义务）的同时，并没有对人力资本所有者后续的业绩或剩余创造有强制约束。尽管该安排的初衷是激励人力资本所有者不断提高总剩余或利润，进而推动股票价格上涨，这样合作双方都能受益。然后一旦获得该权利后，跟人力资本所有者收益直接挂钩的是股价上涨和股票回购②。此时，通过将可分配剩余全部用于股票回购中，人力资本所有者便剥夺了物质资本所有者的利益。

　　下面，我们分析股票价格 P_s 的不同情形：上涨和下跌，与期权持有人或人力资本所有者 O_h 的不同选择：努力和不努力的相互组合下，③ 投资者（物质资本所有者）和期权持有人收益的博弈结果。假设：全部剩余或利润（扣除留存收益等必要支出）用于股票回购；努力与否只是影响股价的涨跌

---

　　①　物质资本所有者也可以从市场上补招一个合作剩余为 $2R$ 的人，此时他支付的费用不能低于合作剩余的 $1/3$，而新人由于其原有资本的专有性和专用性，所创造的合作剩余 $<2R(\ >R)$。物质资本所有者的收益区间为 $\left(\dfrac{2R}{3},\ \dfrac{4R}{3}\right)$，使得双方的剩余分配为 $\left(<\dfrac{4R}{3},\ <\dfrac{2R}{3}\right)$，劣于 $\left(\dfrac{4R}{3},\ \dfrac{2R}{3}\right)$，因此不论是对于组合还是个人而言，选择合作、不断提高合作剩余和改善分配比例都是最优的选择。

　　②　这里假设公司是通过在二级市场上购买股票而非发行新股的方式满足股票期权的行权需要。

　　③　由于期权的赋予并未对后续的业绩做出要求，因此投资者的行为决策不能再对期权持有者的努力程度造成影响，只有对股价的预期才能影响期权持有者的努力程度。

幅而不影响其涨跌方向[1]，同时努力的情况下的股票价格上涨较多或下跌较少，因此上涨情况下的期权持有人价差收益存在：$\Delta_{p_1} > \Delta_{p_2}$，下跌情况下的投资者损失 $\Delta'_{p_1} < \Delta'_{p_2}$，$r$ 为努力给期权持有人带来的效用损失值（如图 7－5 所示）。

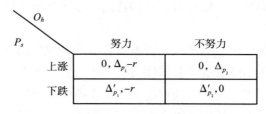

图 7－5　博弈结果

因此在股票期权激励方案下，首先，期权持有人既能享受股价上涨带来的收益，又无须承担股价下跌的风险。其次，在价格上涨的情况下，投资者的剩余分配被窃取，在价格下跌的情况下还要蒙受损失。最后，均衡的结果取决于努力所带来的价差收益和效用损失值的大小比较，前者大于后者，均衡结果为（上涨，努力），否则为（上涨，不努力）。而不论是哪种结果，投资者都得不到好处，却可以让期权持有人在无为即不努力的情况下窃取对方的收益。此外，这种价格导向的激励甚至激发高人力资本水平所有者通过违规操作推动股票上涨进而获取高额收入，而高管辞职套现也成为我国资本市场上颇受关注的话题。[2]

所以，由于缺乏风险共担，股票期权反而使得物质资本所有者和人力资本所有者的利益冲突有深化的趋势。值得一提的是，华为的虚拟受限股尽管不同于股票期权，但其按照职级、绩效确定参股比例以及低价参股的方式也使得其对既得利益者的监督和新员工的激励面临挑战。

3. 事业合伙人制度——更优的安排。通过上面的比较，不难看出，万科的事业合伙人制度在其推广适用性和后续业绩约束方面更有优势，主要体现在以下几个方面：市价买股，能享受股价上涨带来的收益，也承担股价下

---

① 涨跌方向更多地受经济周期以及行业周期的影响，通常非企业一己之力所能改变。

② 参见陈晶，余玉苗. IPO 股权激励与高管团队稳定性——基于回天新材诉案的分析 [J]. 财务与会计，2015（22）.

跌的风险；项目跟投，人与组织共进退，共享收益、共担风险。与直接的股票或股票期权激励相比，该制度安排增加了员工获取剩余分配以及退出组织的难度，强化了公司与个人之间的利益捆绑，以共享、共担激励员工的努力程度。因此，在这种制度下，投资者通过让渡部分剩余的方式，与员工之间形成了更强的绑定效应，结成了更深的利益共同体。

持股计划中，合伙、信托、资产管理计划的机制设计大大降低了员工（主要是管理层）通过股票回购计划推动股价上涨而获取收益的动机。同时由于项目跟投计划的实施，使得员工（尤其是管理层）的收益跟每个项目的成败相关，进而与组织的整体收益相关，这就大大降低了员工不作为的可能性。下面，参考上文中股票期权的博弈框架进行分析。

假设：努力与否只是影响股价的涨跌幅而不影响其涨跌方向[1]，同时努力的情况下股票价格上涨较多或下跌较少，因此上涨情况下的人力资本所有者即事业合伙人的价差收益存在 $\Delta_{P_1} > \Delta_{P_2}$，下跌情况下的价差损失存在 $\Delta'_{P_1} < \Delta'_{P_2}$，投资者的收益和损失相一致[2]；事业合伙人同时参与了持股与跟投计划，q 为不努力给其带来的项目失败预期的效用损失值（如图 7 - 6 所示）。

图 7 - 6　博弈结果

此时，上面的博弈均衡解只能是（上涨，努力）。这也回应了前文分析中在强化的绑定效应下共享、共担对事业合伙人努力的正向激励，以及组织的持续盈利和股价的持续上涨是该制度的稳定前提。从内部激励上，该分析表明了事业合伙人制度相对于其他诸如股票期权方案的激励优势，同时由于给予了个人获取组织剩余收益的渠道，相对于纯粹的薪酬，又属于强化激励。

---

① 涨跌方向更多地受经济周期以及行业周期的影响，通常非企业一己之力所能改变。
② 在此，不考虑工资、分红、持股比例等的影响。

五、文化组织的改革与发展方向

人力资本之于文化产业至关重要，建立符合其发展规律的组织形式以及内部激励机制是该产业现阶段所面临的关键问题。文化产业作为内容产业，兼有商业属性和精神属性，因此其组织形式不完全同于传统的工商业，需要更为丰富的组织形式和激励机制。

（一）非营利组织及其激励机制

非营利组织作为部分文化内容的供给主体，主要是为了解决文化艺术组织的财务困境问题，在培养人力资本中起基础作用或托底作用。在人力资本激励方面，剩余收益不可分配的法律规定，以及现实中对人员收入增长的限制，使得非营利组织具有弱激励的属性，成为爱好者的集合和人力资本培育的平台。那么，在非营利组织中，类似终身教职这种终身聘任制度的引入则进一步强化了对人力资本的激励。

综合来看，当某种文化艺术门类具有较高的文化价值但是现有市场生存空间狭小时，可采用非营利组织形式，以吸收捐赠以及享受税收减免等形式获取生存空间；当该文化艺术门类具有重要甚至重大的文化价值时，可保留部分终身聘任职位，以吸引高水平的艺术人才。值得注意的是，上文关于终身教职的发展状况及博弈分析表明，对于终身聘任，引入适当的职后评审是必要的。

（二）营利性组织及其激励机制

从组织形式上，营利性组织包含独资企业、合伙企业和公司企业。当然文化领域也不例外，公司企业是主流形式。以影视业为例，在影视制作发行、经纪、演员各具优势的背景下，三者之间的合作或者说是利益分配结构也日趋多样和复杂。从收入来源上看，制作发行收入主要来自票房，演员收入主要来自片酬，经纪收入主要来自演员收入的提成。因此从利益关系上看，演员跟经纪人的关系更加紧密。从发展状况看，如美国法律要求，制作公司和经纪公司必须分离，经纪业存在诸如美国创新艺人经纪公司（CAA）等巨头，而国内目前往往是影视公司身兼制作发行和经纪业务。

在此情况下，在人力资本激励方面，处于人力资本形成期的国内演员往往与影视公司签订合同，作为其雇员，获得相对较低的回报。而当演员的人力资本水平积累到一定的水平，步入释放期后，便往往不满足于原有的收入分配安排，开始寻找新的合作方式。例如，从 2010 年开始，明星工作室渐渐盛行，明星尤其是知名度较高的一线明星开始组建自己的工作室，与原有的影视公司从雇佣关系变为合作关系。国内的明星工作室主要分为两种：一种是自立门户型的，即个人成立公司，如范冰冰工作室。在这种情况下，明星自主性大，风险高。另一种是依托艺人本身签约的经纪（影视）公司如华谊兄弟成立的工作室，自主性低，风险也低。

然而，好导演、好演员未必善于经营，除了少数明星自立门户成功外，对于大多数演员、明星等来说，跟影视公司合作可能是更优的选择。而影视公司也通过给予明星股权、购买明星的空壳公司、为明星成立工作室、成立子公司等办法留住人才，获取双赢。由于股权激励存在高风险，现实中，直接获取公司股权变得更加困难。在这种情况下，影视公司与明星的关系更像是前文所述的"事业合伙人"关系。因此，在营利性文化组织中，将演员等从业人员视为合伙人，根据其人力资本水平高低制定不同的利益分享方案，实施内嵌于公司制企业中的形式多样的事业合伙人制度是值得其借鉴发展、获取共赢的一个方向。

改革要重视文化组织的特殊性，应认识到人的合作始终是文化组织存在的关键，具有创意才能的人的有效合作是文化组织进行文化生产的基础。再就是组织发展要充分认识到个人能力的巨大差异，建立与人力资本水平或曰创意能力相匹配的激励结构是保持人与组织和谐发展的关键所在。我们通过分析终身教职和事业合伙人制度这两种分别对应非营利组织和营利组织的成功的人力资本激励制度，结合文化创意能力特征和激励实践认为，文化组织的改革发展，从外部组织形式上，应将非营利组织与营利组织相结合，对于文化价值大而又缺乏有效需求的文化艺术门类，如部分表演艺术，非营利组织可能是最好的选择；对于市场需求充足的文化艺术门类，如影视剧，营利性公司是主要选择。在内部激励机制上，应当给予人力资本以足够的尊重，不断探索跟其水平相当的剩余收益分配方式，在非营利组织中保留部分终身聘任职位的同时引入职后评审制度，在大型营利性文化公司中借鉴实施事业合伙人制度是值得文化组织改革发展借鉴的方向。

第八章　专用性人力资本积累与深化文化单位改革

　　国有文化单位已经难以适应文化发展的需要，转企改制的改革取得的绩效也较为有限，那么应该如何进一步深化文化单位的改革？

　　基于对院团财务困境、现实改革和发展状况的考虑，国内部分学者在对国有艺术表演院团改革的研究中，较早地提出了发展非营利组织的思路。傅才武（2004[①]；2005[②]；2011[③]；2012[④]；2013[⑤]）研究认为，根据我国经济发展水平和文艺院团在文化建设中的地位与作用，可将文艺院团分为营利性和非营利性两大类别。在深化文化管理体制机制改革中，要推动基层单位从文化产业体系中分离（即"三剥离"——身份与岗位的剥离，就业与福利的剥离，机构运转与权力统置的剥离），并与发展公共文化服务相结合，让基层公益性文化单位成为接受政府捐助但具有自身独立性的非营利性组织。杨绍林（2010[⑥]）结合目前国有表演艺术院团的生存状况，认为有必要吸纳借鉴国外非营利组织的部分政策和运作形态。谢大京（2012[⑦]）提出了建立完善的事业法人制度、鼓励非营利艺术机构发展的政策建议。王晨和李向民（2013[⑧]）

　　① 傅才武. 论中国艺术表演团体改革的实现途径——兼论中国文化体制改革的特殊性 [J]. 江汉大学学报，2004a，23（1）.
　　② 傅才武. 建国以来中国事业单位组织模式的变迁——一种以艺术表演团体为主体的历史透视 [J]. 江汉论坛，2005（4）.
　　③ 傅才武，陈庚. 当代中国艺术表演行业的市场适应性问题及其对国家政策环境的特殊要求 [J]. 艺术百家，2011（1）.
　　④ 傅才武. 当代公共文化服务体系建设与传统文化事业体系的转型 [J]. 江汉论坛，2012（1）.
　　⑤ 傅才武，陈庚. 艺术表演团体管理学 [M]. 武汉：湖北人民出版社，2013.
　　⑥ 杨绍林. 国有表演艺术院团改革与发展求索 [J]. 艺海，2010（1）.
　　⑦ 谢大京. 艺术管理 [M]. 北京：法律出版社，2012.
　　⑧ 王晨，李向民. 转企改制后国有文艺院团深化改革的动因和对策研究 [J]. 广西经济管理干部学院学报，2013（1）.

分析指出，分类改革的标准不明，有可能成为新的事业体制保护伞和条块分割的管理方式是改革存在的主要问题。他们认为，"事业身份，企业化运营"的构想——既可以按照事业身份获取国有资源和政府投入，又可以按照企业身份来实行收入分配和资产处置——不科学。他们声称，表演艺术应当由非营利机构和私人共同来提供，其中对演艺类非物质文化遗产的保护，也应当采取非营利组织的管理方式。

以非营利组织形式成立艺术机构也是发达国家的普遍做法，那么非营利组织何以在表演艺术领域大量存在？这种特殊的企业组织制度安排是怎样有效缓解和适应表演艺术组织的财务困境问题的？本章将对上述问题进行回答。

非营利组织是相对于营利性组织而言的，广泛存在于教育、公共医疗卫生服务、艺术以及以追求慈善为目标的领域，它们一般存在于捐赠和免税的环境中。汉斯曼（1988）[①] 认为，采取何种组织模式取决于对市场契约和对所有权成本的权衡，当市场契约成本和所有权成本之间的冲突十分严重时，非营利组织就会出现。汉斯曼（1980[②]、1981[③]）、伊斯利和奥哈拉（Easley and O'Hara）（1983）[④] 认为，非营利组织在服务质量较难观测的领域具有优势[⑤]。格莱泽和斯莱费尔（Glaeser and Shleifer，2001）[⑥] 的分析则表明，非营利组织在以下两种情况下会出现：质量不可测、收入较少的领域。R Kushner，AE King（1994）[⑦] 认为，以非营利组织形式供应的表演艺术是一种俱乐部商品。Jessie P. H. Poon and Christine A. Lai（2008）[⑧] 对非营利艺术组织在美国中等规模城市取得成功的现象进行了研究。他们发现：非营利组织嵌

---

① Hansmann H. B. Ownership of the Firm [J]. *Journal of Law, Economics, & Organization*, 1988, 4 (2): 267 – 304.

② Hansmann H. B. The Role of Nonprofit Enterprise [J]. *The Yale Law Journal*, 1980, 89 (5): 835 – 901.

③ Hansmann H. B. Nonprofit Enterprise in the Performing Arts [J]. *The Bell Journal of Economics*, 1981, 12 (2): 341 – 361.

④ Easley D., O'Hara M. The Economic Role of the Nonprofit Firm [J]. *The Bell Journal of Economics*, 1983, 14 (2): 531 – 538.

⑤ 即存在生产者与消费者之间的契约失灵或信息不对称。

⑥ Glaeser E. L., Shleifer A. Not-for-profit entrepreneurs [J]. *Journal of Public Economics*, 2001 (81): 99 – 115.

⑦ Kushner R., King A. E. Performing Arts as a Club Good: Evidence from a Nonprofit Organization [J]. *Journal of Cultural Economics*, 1994, 18 (1): 15 – 28.

⑧ Poon J. P. H., Lai C. A. Why are Non-profit Performing Arts Organisations Successful in Mid-sized US Cities? [J]. *Urban Studies*, 2008, 45 (11): 2273 – 2289.

入在当地城市经济中，赞助、表演者和声誉严重依赖当地社区，本地化经济以及创造性资本构成了中型城市对表演艺术行业的吸引力。杨绍林（2010）[1]强调接受外部捐赠资金、享受税收优惠是非营利组织在表演艺术领域大量存在的外在原因。

那么，文化领域非营利组织的内在机理是怎样的？在人力资本市场和产品市场中承担怎样的市场分工角色？本章将以表演艺术人力资本积累特征为研究起点，结合市场需求条件，探明非营利组织的市场分工和作用，以有效丰富和推进已有非营利理论研究，并为我国的院团改革深化提供可借鉴的经验。

一、专用性人力资本及其积累——效用分析

（一）表演艺术的人力资本及其收益特征

1. 高度专用性的人力资本和天赋的作用。生产和消费的同时性，决定了人力资本在表演艺术中的核心作用。"人力资本的专用性是雇员在企业工作的过程中，通过学习和经验积累形成了一些特殊知识，一旦拥有这些资本的雇员被解雇，其拥有的特定知识就会贬值，这对企业和雇员双方都是损失。"[2] 由于行业间和行业内部工作性质的不同，使得表演艺术行业的人力资本天然具有高度的专用性。因此，对由专用性人力资本投资导致的机会成本的考虑，就成为是否会选择表演艺术从而进行专用性人力资本投资和积累的重要影响因素。

同时，专业素养要求高、专用性人力资本积累周期长是表演艺术的典型成才特征，比如，对于戏曲、歌舞等表演艺术，优秀的演出人员往往从小就要开始学起，后期还要不断进行专用性人力资本投资。而较高的专用性使得天赋在表演艺术人力资本积累中的作用远远超过在其他领域中的作用，天赋越高，艺术生产力越高，越可以降低专用性人力资本的积累成本、提高其预期收益。

---

① 杨绍林. 国有表演艺术院团改革与发展求索 [J]. 艺海，2010（1）.

② 刘文. 企业隐性人力资本形成和作用机理研究 [M]. 北京：中国经济出版社，2011：73.

2. 非货币收益需求和货币收益的分化。艺术劳动力市场的研究表明，艺术家是理性的效用最大化的追求者，他们会努力实现货币和非货币收益的最佳组合。对于喜爱表演艺术的人，从事艺术演出会给他带来直接收益，我们称之为非货币收益，非货币收益需求改变了艺术家效用的决定因素。

专用性人力资本水平的高低是衡量一个艺术演出人员演出水平高低、所创造的价值大小、所分配的收益多少的主要决定因素。艺术劳动力市场的另一个典型特征是超级明星的存在，这对表演艺术也不例外，尽管职业收入差距的存在是普遍的，但却不如文化领域分化得如此明显。超级明星拥有其他人所不及的非凡表演才能（专用性人力资本水平高），作为质量的象征，大大降低了演出的市场风险，具有较高的风险分担能力，因此能获得远高于一般演出人员的货币报酬。

（二）专用性人力资本积累的效用分析

人力资本依附于其载体艺术演出人员，其能否得到积累，在于艺术演出人员能否从表演艺术中得到更大的效用。我们结合上述人力资本的积累和收益特征，构建如下的理论模型，[①] 分析选择表演艺术从而进行专用性人力资本投资与否的主客观因素。

我们将文中所用的变量等定义如下：货币收益（净收益）：y_m；非货币收益：y_{nm}；专用性人力资本：h_s；艺术学习、艺术劳动、非艺术学习、非艺术劳动的时间和相应的单位成本与收入分别为：$l_e, l_a, l_c, l_o, w_e, w_a, w_c, w_o$；效用函数：$u$；非货币收益函数：$y$；专用性人力资本积累函数：$h$；非劳动收入（自有资产收益）：$k$；最低生活保障：$s$；除去闲暇后的可用时间：$l_s$。影响非货币收益的其他变量：$\mu$；[②] 专用性人力资本的积累速度：$\gamma$；惩罚系数：$\delta$（$\gamma$ 和 δ 对个体 j 而言是常量）。下标 t 代表第 t 年的值，T 为学习工作年数。

1. 选择表演艺术。假设个体 j 喜爱表演艺术，专用性人力资本的积累速度 γ_j 受个体天赋的影响，第 t 年的效用[③]表示如下：

---

① 参见戴维·思罗斯比[29]. 经济学与文化 ［M］. 张峥嵘译. 北京：中国人民大学出版社，2011：116.

② 不同组织形式，μ 指代的影响因素不同。

③ 分析中不考虑兼职劳动的影响；货币收益 y_m 的上标 1 和 2 分别表示选择表演艺术和不选择表演艺术时的货币收益大小。

$$u_t = u(y_{m_t}^1, \ y_{nm_t}), \ u_m > 0, \ u_{nm} > 0$$

$$y_{m_t}^1 = w_{a_t} l_{a_t} - w_{e_t} l_{e_t} y_{nm_t} = y(h_{s_t}, \ \mu_t)$$

$$\partial y_{nm_t} / \partial h_{s_t} > 0$$

满足：

$$y_{m_t}^1 + k_t \geq s_t l_{a_t} + l_{e_t} \leq l_{s_t}$$

基于艺术劳动力市场货币收益分化的现实，假设同一环境①下，艺术劳动的收入 w_a 只有三个值：0、w_{a_1} 和 w_{a_2}，$w_{a_1} \ll w_{a_2}$。假定存在两个临界值 h_{cv_1} 和 h_{cv_2}，使得当 $h_{s_t} < h_{cv_1}$ 时，$w_{a_t} = 0$；当 $h_{cv_1} \leq h_{s_t} < h_{cv_1}$ 时，$w_{a_t} = w_{a_1}$；当 $h_{cv_2} \leq h_{s_t}$ 时，$w_{a_t} = w_{a_2}$。个体 j 的专用性人力资本达到 h_{cv_1} 和 h_{cv_2} 的时间分别为 t_1 和 t_2，如图 8 – 1 所示。

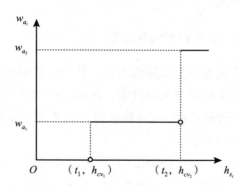

图 8 – 1　专用性人力资本——货币收益

其中，$h_{s_t} = h[\gamma_j \sum_{t=1}^{T} (l_{e_t} + l_{a_t})]$，$l_{e_t}$，$l_{a_t}$ 分别为第 t 年的艺术学习和艺术劳动时间，$1 \leq t \leq T$。

2. 不选择表演艺术。因为没选择爱好的职业，所以对货币收益有个惩罚，δ_j，$0 < \delta_j < 1$。个体 j 第 t 年的效用表示如下：

$$u_t = u(\delta_j y_{m_t}^2) y_{m_t}^2 = w_{o_t} l_{o_t} - w_{c_t} l_{c_t}, \ w_{o_t} > w_{a_1}$$

满足：

$$y_{m_t}^2 + k_t \geq s_t l_{o_t} + l_{c_t} \leq l_{s_t}$$

3. 比较分析。个体 j 是理性的，在满足相应的约束条件下，追求职业生

涯中总效用的最大化，$1 \leqslant t \leqslant T$，上述两种情况的效用目标分别为：

$$\max \sum\nolimits_{i=1}^{t} u_i = \sum\nolimits_{i=1}^{t} u(y_{m_t}^1, \ y_{nm_t})$$

$$\max \sum\nolimits_{i=1}^{t} u_i = \sum\nolimits_{i=1}^{t} u(\delta y_{m_t}^2)$$

总效用的大小取决于边际效用 u_m 和 u_{nm}、惩罚系数 δ_j、$\sum\nolimits_{t=1}^{T} y_{m_t}^1$ 和 $\sum\nolimits_{t=1}^{T} y_{m_t}^2$ 的大小。

首先是主观因素——u_m、u_{nm} 和 δ_j 的影响。选择表演艺术时，艺术劳动对个体效用的影响是单向的，而艺术学习对效用的影响是双向的：一方面，艺术学习通过专用性人力资本和非货币收益增加个体的效用；另一方面，艺术学习通过货币收益降低个体的效用。不选择表演艺术时，个体不能通过非货币收益获得效用。因此，u_{nm} 越大，相应的 δ 越小，与不选择表演艺术相比，选择表演艺术能带来更多的效用，因而越倾向于选择表演艺术，并进行专用性人力资本投资，反之则反。

其次是客观因素——$\sum\nolimits_{t=1}^{T} y_{m_t}^1$ 和 $\sum\nolimits_{t=1}^{T} y_{m_t}^2$ 的影响。$\sum\nolimits_{t=1}^{T} y_{m_t}^2$ 相当于选择表演艺术的机会成本，机会成本越小，越有利于选择表演艺术。其中，天赋越高、专用性人力资本的积累速度 γ_j 越快，市场预期的 w_{a_1} 和 w_{a_2} 越大，那么选择表演艺术的机会成本相对越小，越有利于选择表演艺术，进行专用性人力资本投资，反之则反。

综合上述，人力资本专用性程度高、积累时间长使得表演艺术天然需要较大的学习成本，而市场需求从根本上决定了人力资本投资的未来收益和选择表演艺术的机会成本大小，因此，与市场需求条件相适应的表演艺术组织形式对于满足艺术演出人员的效用目标、保障和激励其专用性人力资本积累从而引进和培养艺术人才具有重要作用。

二、非营利组织的作用——基于委托代理和市场需求的分析

借鉴利克特的研究方法[①]，在埃奇沃思盒状图下，运用委托代理分析营利组织和非营利组织在表演艺术中的适应性问题。

---

① 马丁·利克特. 企业经济学：企业理论与经济组织导论 [M]. 范黎波，宋志红译. 北京：人民出版社，2006：126 – 129，292 – 295. 如无特殊说明，下文所指的收益为货币收益。

（一）埃奇沃思盒状图下的委托代理分析

假设：（1）代理人 A（物质资本所有者一方）和委托人 B（专用性人力资本所有者一方）磋商，就某一演出项目的收益分配达成契约。（2）项目收益只有两个值，π_1 和 π_2，$\pi_1 \ll \pi_2$，π_1 和 π_2 的大小体现出文化艺术投资收益分化的特征，表现在图 8-2 中矩形边的长短上；π_1 和 π_2 发生的概率分别为 p_1 和 $p_2 = 1 - p_1$，$0 \leqslant p_1$，$p_2 \leqslant 1$。其中，平均收益 $\pi = p_1\pi_1 + p_2\pi_2$，$p_1$ 大、p_2 小或高的市场风险是文化行业的典型特征。

收益分配上满足：

$$\pi_{1A} + \pi_{1P} = \pi_1$$

$$\pi_{2A} + \pi_{2P} = \pi_2$$

如图 8-2 所示，两条 45°线——O_AP 和 O_BQ 分别为代理人 A 和委托人 P 的确定线，即无风险线。无论项目收益多少，位于确定线上的点存在自身收益不变的特征。图 8-2 中，a 点表示代理人为风险规避、委托人为风险中立时双方能达成的最优契约，此时，代理人获得固定货币收益，委托人承担所有风险并获得剩余的收益；c 点表示代理人为风险中立、委托人为风险规避时能达成的最优契约，此时，委托人得到固定收益，代理人承担所有风险并取得剩余的收益；b 点介于两条确定线之间，呈现收益分享的特征，双方都要承担一定的风险并获取相应的风险分担收益。

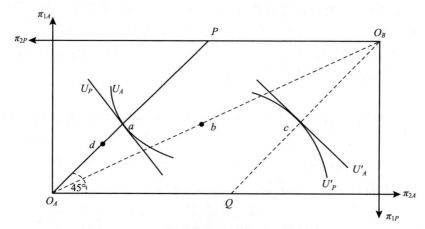

图 8-2 基于风险偏好的有效契约分布

（二）营利组织和非营利组织的内部激励特征

非营利组织广泛存在于教育、科研、医疗卫生、艺术等领域，剩余不可分配的约束是其有别于营利组织的根本特征，也正因为如此，非营利组织存在激励较弱的问题（马丁·利克特，2006[①]；王箐和魏建，2010[②]）。

1. 激励方式的不同。营利组织以追求收益的最大化为首要目标，是目前各行业采用的主要组织形式，充足的市场有效需求是其基本存在前提。一般而言，在营利组织中，物质资本所有者承担市场风险，给予人力资本所有者固定的工资报酬，有效的契约位于代理人确定线 O_AP 上的 a 点。随着人力资本所有者风险分担能力的提升，给予人力资本所有者风险分担收益，此时，有效的契约转移到两条确定线之间的 b 点，呈现收益分享特征。对于非营利组织，受剩余不可分配的约束，人力资本所有者只获得相对固定的较低的工资收益，在收益分配和风险分担上可以看成是委托人缺失，有效的契约位于代理人的确定线 O_AP 上的 d 点。

2. 激励大小的差异。非营利组织存在激励较弱的缺陷。由于非营利组织内部员工的工资增长受限，即使组织利润出现较大增长，其工资水平也不会出现较大变动。因此，由于缺乏收益分享，非营利组织对员工的激励弱于营利组织。并且非营利组织同时存在直接出资人分散、不易监督机构运营的特点，其员工的偷懒行为会更多[③]，委托代理问题也较为突出。例如，杜波依斯等（Dubois et al.，2004）[④] 研究发现，不相关业务或辅助性活动正成为非营利组织增长最快的收入来源，他们分析认为，追求其他利益的代理人是导致这种情况出现的根本原因。因此如果将市场契约考虑在内的话，对努力的激励一般存在以下关系：市场契约＞营利组织＞非营利组织。

3. 非物质激励补偿。然而，尽管产权在非营利组织中受到了削弱，但

---

① 马丁，利克特. 企业经济学：企业理论与经济组织导论 [J]. 2006.

② 王箐，魏建. 非营利组织性质和绩效的研究进展 [J]. 广东商学院学报，2010，25（6）：33－39.

③ 阿尔钦和德姆塞茨的分析表明，在非营利性和互助企业中，偷懒行为会更多。参见路易斯·普特曼和兰德尔·克罗茨纳编，孙经纬译. 企业的经济性质. 上海：上海财经大学出版社，2009，p. 184.

④ Dubois C.，et al. Agency Problems and Unrelated Business Income of Non-profit Organizations：An Empirical Analysis [J]. *Applied Economics*，2004（36）：2317－2326.

是认为对努力的激励完全不存在则是错误的。追求更高的艺术演出质量、公益目标的实现、自身专业水平的提高等给工作人员带来的非物质收益在一定程度上补偿了物质上的弱激励。此外，成立非营利组织所需承担的法律义务和同类非营利组织之间的竞争也起到一定的激励作用。综合上述，与营利组织相比，非营利组织在物质上存在弱激励性，但是具有提供非物质激励补偿的制度优势。

（三）基于市场需求的艺术组织分工

市场需求、艺术组织与演出人员的关系如图 8 - 3 所示，大部分艺术演出人员存在于组织中，受组织内部契约约束，少部分艺术演出人员游离于组织外部，受市场契约约束。市场需求在根本上影响 π_1 和 π_2 的高低、w_{a_1} 和 w_{a_2} 的大小。

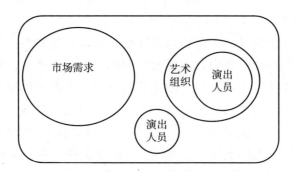

图 8 - 3   市场需求、艺术组织与演出人员的关系

市场需求充足时，尽管 $\pi_1^1 \ll \pi_2^1$，$w_{a_1}^1 \ll w_{a_2}^1$，但 π_1^1 和 π_2^1、$w_{a_1}^1$ 和 $w_{a_2}^1$ 都相对较大[①]，表演艺术行业平均收益高、选择表演艺术的机会成本小，此时，营利组织和演出人员竞相进入，营利组织足以保障表演艺术的发展。人力资本积累中，对专用性人力资本水平处于 h_{cv_1} 和 h_{cv_2} 之间的演出人员通过 a 点的契约给予 $w_{a_1}^1$ 的货币收益，为其积累专用性人力资本提供保障，吸引其进入表演艺术；对专用性人力资本水平超过 h_{cv_2} 从而能有效降低 p_1 增加 p_2、降低演出市场风险增加组织收益的演出人员通过组织内的收益分享（b 点的契

---

①   上标 1、2、3 分别代表市场需求充足、较少和不足时的收益。

约）或纯粹的市场契约约定给予 $w_{a_2}^1$ 的货币收益，既能有效调动高水平人员的演出积极性，又在根本上激励低水平演出人员积累专用性人力资本的努力程度，从而形成良好的内部激励机制。此时，表演艺术的发展如图 8 - 4 所示。

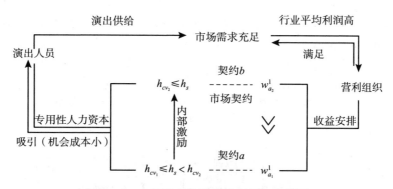

图 8 - 4　市场需求充足时营利组织的发展

市场需求较小时，π_1^2 和 π_2^2、$w_{a_1}^2$ 和 $w_{a_2}^2$ 大幅减少，项目收益和个人收益的分化差距缩小，表演艺术行业平均利润降低，选择表演艺术的机会成本加大，阻碍了营利组织和演出人员的进入。一方面，大部分委托人和代理人的风险规避如此之大，使得双方都想让对方承担风险以达成诸如 a 点或 c 点的契约，那么自发的有效契约便无法在委托人和代理人之间达成；另一方面，人力资本和非人力资本的机会成本大，阻碍其进入表演艺术行业。这时，就需要不追求货币收益的外部捐献资金的进入，形成非营利组织，通过组织契约 d 为偏爱（u_{nm} 大、δ 小）表演艺术的大部分人员提供 $w_{a_1}^2$ 的货币收益，在保障其基本生活支出的同时，为其提供积累专用性人力资本的平台，此时的非营利组织还作为艺术演出人员的蓄水池或储备库，为营利组织培养和输送人才资源。而少量营利组织为专用性人力资本处于高水平从而能有效降低演出市场风险的艺术演出人员提供 $w_{a_2}^2$ 的高货币收益，激励着艺术人员对专用性人力资本积累的努力程度。非营利组织和营利组织一起完成表演艺术人才的引进和培养，支撑着表演艺术的发展。与组织形式相对应，在产品市场中，非营利组织主要进行创新剧目、小众化剧目或社区文化服务类的演出，主要满足居民的基本文化需求，同时发挥艺术教育和培养青年观众的功能，扩大表演艺术的受众群体。而营利组织则通过明星效应和演出高水平经典剧目占领有效需求市场、赚取收益。营利组织和非营利组织作为一个有机整体，互为补充，相得益彰。

综上所述，人力资本的高度专用性和世界范围内表演艺术市场的式微，决定了只有少数表演艺术组织采用自负盈亏的营利组织形式，大部分则以非营利组织的形式存在。表演艺术营利组织和非营利组织在人才培养和市场中的分工如图 8－5 所示。

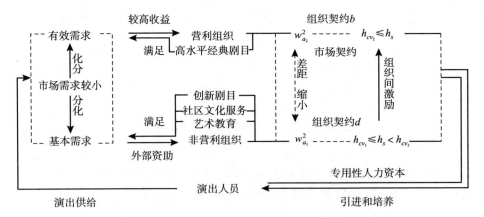

图 8－5　市场需求较小时营利组织和非营利组织的分工

三、非营利组织的国际实践

（一）美国和西欧模式

1. 美国。在美国，戏剧、歌剧、交响音乐会和芭蕾等传统表演团体多以非营利组织的形式存在，大量非营利组织和少量营利组织是美国表演艺术组织的客观存在模式。[①] 一个非营利性表演艺术机构的捐赠收入占其总收入的 1/3 ~ 1/2。这些组织处于捐赠性和营利性之间，汉斯曼将之称为慈善性

---

① Hansmann H. B. Nonprofit Enterprise in the Performing Arts ［J］. *The Bell Journal of Economics*, 1981, 12 （2）: 341 – 361；杨绍林. 国有表演艺术院团改革与发展求索 ［J］. 艺海, 2010 （1）.

非营利组织。① 非营利组织和营利组织互为补充，形成了良好的市场分工。劳动力市场中，少量营利组织通过提供较高的报酬吸引高水平艺术演出人才的加入，而非营利组织则作为人才培养的平台，为营利组织培养和输送人才资源。产品市场中，百老汇营利剧院依靠大投入、大规模和高质量的精美制作，以昂贵的票价上演经典成熟剧目，吸引外来旅游人员。而非营利剧院则在"为社区民众提供文化服务"的宗旨下，以小制作、低票价和灵活的形式上演探索实验剧目，并设立"发展部"和"教育部"以争取外部资助和培养青年观众。例如，百老汇营利剧院常通过设立非营利机构、与非营利剧院结盟、对其剧目创新进行投资的方式，积累人才、剧目和观众资源。因此，如果说美国戏剧的标志是百老汇的"商业戏剧"，那么美国戏剧的基础构成，或者说真正面对美国大众的，则是百老汇之外的、遍布全国的"非营利戏剧"。②

捐赠来源中，美国对表演艺术的资助以私人捐赠为主。而对艺术的公共支持则通过国家艺术基金会（NEA）、州艺术行政机构和地方艺术行政机构进行。各级艺术机构内部都成立艺术委员会，进行捐赠评审。美国立法对各级艺术机构的资助范围和比例做了规定。其中对 NEA 的规定有：不允许其对一般的日常经营提供捐助支持，只能对特定的"项目和产品"提供资助；注重资金在各州的分散分配；设立联合融资制度，对其所支持的任何项目的资助不得超过项目成本的 50%。州艺术行政机构则被允许对艺术组织提供一般经营支持。与 NEA 和州艺术行政机构仅作为纯粹的捐赠发放实体不同，地方艺术行政机构的功能更加多样化且数量众多。并且机构本身并非必须是公共实体，私人机构的数量反而更多些，其收入来源中劳动收入和私人捐赠数额超过了公共资助。③

2. 西欧。与美国相反，西欧（以及加拿大和澳大利亚）对表演艺术组织的额外资助则主要来自政府财政拨款。英国、法国、德国政府倡导发展精英文化的理念。尤其是法国和德国政府更加重视对文化的资助和管理，法国

① Hansmann H. B. The Two Nonprofit Sectors: Fee for Service versus Donative Organizations [EB/OL]. scholar. google. com, 2013 – 10 – 21.

② 王晓鹰. 美国戏剧的"商业"与"非赢利" [EB/OL]. http://blog. voc. com. cn/blog_showone_type_blog_id_281939_p_1. html, 2014 – 11 – 09.

③ 詹姆斯·海尔布伦，查尔斯·M. 格雷. 艺术文化经济学 [M]. 詹正茂等译. 北京：中国人民大学出版社，2007：288 – 310.

政府在"文化例外"指导思想下，对文化发展和管理的重视最为突出，由文化部等相关政府机构直接对少数主要院团进行管理和拨款；德国联邦宪法关于"艺术、科学、研究、教育应免费"的要求使得联邦政府坚持了对主要院团的高额投入。这些国家的表演艺术供给基本上由公共部门提供，供给主体因此被称为公共表演艺术组织（publicly run performing arts organizations，PAOs）。严重依赖补贴的表演艺术机构在德国随处可见，大部分大型机构由市政府或国家部门所有或成为其直属机构。这些大型剧场中，政府补贴占其总收入的85%以上。① 在英国，少数历史悠久、规模宏大的国家级非营利剧院受政府资助，它们是高端表演人才的聚集地，是主流戏剧的创造者和领导者，而小规模的营利剧院则充当着戏剧传播者的功能。这种表演艺术组织存在模式使得表演艺术组织内部和组织间的激励机制发生了变化：尽管政府资助没有改变非营利剧院在物质方面存在弱激励性的本质，但是资助额度上的绝对优势使得非营利剧院所提供的非物质和物质收益均优于小规模商业剧院，这就吸引了大量的优秀人才汇集于优势非营利剧院。

3. 非营利组织的分类。汉斯曼从融资来源和控制权角度对非营利组织进行了分类：如果非营利组织的绝大多数或全部收入来源于捐赠，则称之为捐赠性（donative）非营利组织。相反，如果收入主要来源于提供有偿服务，则称为商业性（commercial）非营利组织。当然并非所有的非营利组织都可以简单地归为其中的一类，捐赠性和营利性非营利组织是非营利组织的两极，而一些非营利组织如大学，捐赠和学费收入同等重要，因此处于两者之间。受出资人（patrons）② 控制的为互助性（mutual）非营利组织，其董事会成员由组织会员选举产生，会员包括消费者。相反，不受出资人控制的为创业性（entrepreneurial）非营利组织，这些组织通常被一个自我存续的董事会控制。以上两个标准相互交叉，非营利组织最终被分为四种类型：捐赠互助性非营利组织（donative mutual）、捐赠创业性非营利组织（donative entrepreneurial）、商业互助性非营利组织（commercial mutual）和商业创业性

---

① Traub S. , Missong M. On the Public Provision of the Performing Arts [J]. *Regional Science and Urban Economics*, 2005（35）：862 – 882.

② 捐赠性非营利组织中，出资人代指捐赠者；营利性非营利组织中，出资人代指消费者；处于两者之间的非营利组织，出资人既包括捐赠者也包括消费者。Hansmann H. B. The Role of Nonprofit Enterprise [J]. *The Yale Law Journal*, 1980, 89（5）：841.

非营利组织（commercial entrepreneurial）。[1]

（二）非营利组织的法治经验

从发展现状看，美国和英国表演艺术发展最为成功，尤其是美国在表演艺术发展中后来居上，表明了完善的资助体系、相对宽松的管理环境、以市场需求为导向的艺术供给主体和健全的相应法律法规保障是表演艺术健康发展的基本环境。不同的捐赠传统、艺术管理和组织方式、法律环境导致了美国和欧洲国家不同的发展结果。

各国以立法的形式对非营利组织的成立条件、权利责任做出了相关规定，以明确其与政府和营利组织的边界，为其社会功能的发挥在法律上提供了保障和约束。

1. 美国和西欧的相关法律规定。对非营利组织做出界定的法律条款，最为重要的是美国国会制定的《联邦税收法》第 501 条款。是否获得免税资格，是美国税法对非营利组织进行规制的重要法律和经济手段，也是非营利组织法律地位的重要特征。[2] 第 501 条款规定，非营利组织获得免税资格须满足六点要求：必须以非营利为目的；成立完全出于非营利目的；其经营主要是为达到规定的非营利目的；不得为个人谋取利益；不得参与竞选；不得参与实质性游说活动。此外，美国《国家艺术和人文基金法》和《公平劳工标准法》分别就对文化艺术的支持和演艺从业人员的权益保障做出了规定，为非营利组织的存在提供了外部法治环境。

在欧洲，一是英国 1979 年制定了《关于刺激企业赞助艺术办法》，1996 年发布了《英国艺术组织戏剧政策》，成为艺术发展的制度和法律保障。作为判例法国家，对非营利组织的认定标准如下：公益性；志愿性，雇佣志愿服务人员；从业人员薪水低于一般水平；不支薪理事会作为管理部门；利润不可分配约束；资金来源多元化。英国将非营利组织分为慈善机构和非慈善机构，如果某一机构被认为是慈善机构则可免税。并以 1968 年的"剧院法案"和 2003 年的"授权法案"等具体的文化政策来推进表演艺术

---

[1]　Hansmann H. B.. The Role of Nonprofit Enterprise [J]. *The Yale Law Journal*, 1980, 89（5）：835－901.

[2]　李培林，徐崇温，李林. 当代西方社会的非营利组织——美国、加拿大非营利组织考察报告 [J]. 河北学刊，2006（2）.

行业的发展。二是法国的非营利组织依据《法国民法典》设立，并且只有满足税务部门规定的条件才有资格免征公司所得税，其中，社会福利、教育、文化、运动、慈善、医疗等服务可免征增值税。三是德国有民法和税法两个基本法律制约非营利组织的活动，非营利组织必须满足以下几个条件才能享受免税待遇：不以营利为目的；不分配利润；必须按规定使用资金；不得为管理人员支付畸高报酬。同时，德国完善的社会保障、税收、版权、劳动、数字保护等法规体系为表演艺术的发展提供了制度保障。

2. 非营利组织的基本制度特征。综上所述，表演艺术非营利组织的发展离不开免税资格主体认定和资助、知识产权、社会保障等外部支撑体系完善的法治保障。非营利组织的法律规定和应用实践具有如下基本制度特征：（1）组织性。作为与政府组织和营利企业组织并存的第三类组织，非营利组织有法律上认可的合法身份，有固定的组织形式和成员，有成文的章程和自身组织管理结构如董事会、理事会等。（2）自治性。拥有独立的决策和执行能力，能够进行自我管理。（3）非营利性。不以营利为目的，负有提供公益性服务的义务，同时可招募志愿者参与组织产品或服务供给。（4）剩余不可分配约束。禁止将其净利润分配给组织相关的利益主体——组织从业人员、管理人员、董事及捐赠人员。这一点正是非营利组织与营利组织的根本区别。（5）不参与政治活动或试图影响法律。如非营利组织不得参与竞选、不得参与实质性游说活动。在满足以上基本制度特征后，非营利组织取得免税资格，具有合法免税地位，组织自身和捐赠人依法享受税收减免待遇。

四、以非营利组织为方向，深化文化单位改革

（一）我国文化单位的改革制度困境

表演艺术组织的中国特色表现为：无论是"事业制"还是"企业制"剧团，都不能按照一般意义上的营利组织和非营利组织进行划分，而是两者的结合体，既可以接受政府补贴，又不受剩余不可分配的限制。而前述分析表明，少量营利组织和大量非营利组织的存在模式是与表演艺术人力资本积累和现有市场需求条件适应性发展的结果。那么，我国表演艺术组织为何采用营利组织和非营利组织相融合发展的模式？未来是否会发生营利组织和非

营利组织的分化？

　　首先是为什么融合的问题，这要归因于我国表演艺术面临的更为严峻的市场需求环境。

　　尽管发展过程完全不同，但 20 世纪 80 年代后期在美国和我国几乎同时出现的表演艺术的衰退，都表明表演艺术在吸引青年人方面的劣势。大众文化的竞争和生活方式的变迁，改变了青年人的文化消费内容和方式，对表演艺术造成了持续和不可逆的冲击，彻底将其推到了边缘位置。除大众文化的竞争外，我国的文化艺术需求的有效形成还受较低的文化购买能力、较低的受教育程度、较少的闲暇时间和经典艺术资源流失的制约，因此有效需求的不足和形成具有长期性。

　　当市场需求不足时，营利组织和收益分化特征基本消失，此时表演艺术组织只能依赖外部捐献资金为演出人员提供相对较低的、固定的货币收益 $w_{a_1}^3$，维持其专用性人力资本积累的进行。我国对表演艺术组织的资助以政府资金为主，其中政府资助和自筹经费的比例约为 7：3。改革中，除保障演出人员的基本工资和购买公益性演出外，同时以剩余可分的方式激励艺术组织和演出人员赚取营利性演出收入。此时，不能将院团明确区分为营利组织或非营利组织，而是两者的结合体。以这种方式调动演出的积极性、促进剧团自我生存能力的提高和剧团的企业化、市场化运营是与现有需求环境相适应的。结合前文的分析，将市场需求、表演艺术组织形式和相应的专用性人力资本积累的实现方式总结为三种发展模式，如表 8 - 1① 所示。

表 8 - 1　　　市场需求、组织形式和专用性人力资本积累的实现

发展模式	市场需求条件	组织形式	报酬水平	专用性人力资本积累的实现方式
模式 1	充足	营利组织/市场契约	$(w_{a_1}^1,\ w_{a_2}^1)$	组织内部（高能激励）
模式 2	较小	分化为营利组织和非营利组织	$w_{a_1}^2,\ w_{a_1}^2$	组织间联合
模式 3	不足	营利组织和非营利组织相融合	$w_{a_1}^3$	组织内部（低能激励）

――――――――――

　　① 与模式 1 相比，模式 3 中的组织只能提供相对平均、较低的货币收益，因此激励是低能的，此处的低能是从水平而非方式层面而言的；考虑艺术劳动的非货币收益时，非营利组织和我国国有剧团往往能通过诸如良好的社会形象、提供公益性服务带来的满足感等因素对整体收益产生影响，从而增加演出人员的非货币收益，这也是模式 2 和模式 3 存在的部分原因。

不难看出，美国表演艺术的发展模式为模式2。而我国的国有艺术表演团体暂时采取了营利组织和非营利组织相融合即"一手抓市场，一手抓市长"的发展模式3。

其次是是否会分化的问题，我们认为答案是肯定的，原因如下：

改革和发展初期，我国将营利组织和非营利组织相融合，在增加政府资助规模、转变资助方式的同时，鼓励剧团赚取营利性演出收入，对激发院团内部演出活力、培育市场需求做出了重要贡献，促进了表演艺术的发展。然而，较低的文化消费能力在制约文化需求形成的同时也预示着巨大的文化需求空间。随着市场需求的培育和形成，有效需求和营利性收入的不断增加，将使现有艺术演出消费的贫乏境况逐渐得到改善，部分院团有望发展成为纯粹的营利组织，吸收高水平演出人员，赚取高收益，支付高报酬，表演艺术的发展则从初级发展模式3过渡到更规范的发展模式2。

我国是历史悠久、文化资源丰富的大国，但却是文化产业小国。在新的时代背景下发展文化产业，机遇与挑战并重。传统表演艺术存在剧种分散、地方色彩浓厚的特征，西欧国家只对少数国家级剧院进行资助的方法显然不符合我国的实际情况。因此，当以我国院团发展现状为基本出发点，参照美国模式，以法律法规为基本依据，推进依法治文，完善相关制度供给，以形成表演艺术发展的长效机制，实现文艺院团在繁荣社会主义文艺中的中坚力量作用。建议建立以非营利组织为基本的捐赠接收主体、以政府为主要捐赠主体的外部资助运行体系，推进表演艺术组织的自治性，减少政府干预，规范捐赠行为，这对于进一步深化院团体制机制改革创新、进一步塑造表演艺术市场微观供给主体、应对原有管办不分和双重体制问题、规范艺术市场秩序从而保障院团之间在法律框架内的公平竞争和表演艺术的可持续发展，同时鼓励群众参与艺术支持、缓解政府财政负担等具有重要的现实意义。

（二）非营利组织的制度优势

非营利组织的出现是与表演艺术发展规律和市场经济规律相适应的结果，能有效解决表演艺术的存在和发展问题。

1. 组织存在性问题。由于注册为非营利组织是接受捐赠的合法前提，那么世界范围内表演艺术需求市场的式微，决定了以非营利组织形式接受外部捐赠和享受税收优惠以应对组织自身的财务问题成为非营利组织在表演艺术领域大量存在的首要原因。

2. 人力资本积累的平台作用。营利组织和非营利组织在人力资本和产品市场中形成了自发有效的分工，互为补充，相得益彰。

3. 外向型的演出激励机制。作为获得外部资助的回报，非营利组织往往被要求承担社区公益演出、开展艺术教育的服务功能。其演出剧目的艺术文化价值、受欢迎程度、开展的宣传教育和有针对性的演出优惠活动是其是否能获得拨款的评价标准。以坚持艺术性为基本原则、以服务观众为基本导向，在培育需求群体的同时实现了院团的社会效益。以需求为导向，将受众认可等作为基本评价指标，而非仅仅依赖内部评奖机制，形成的是一种外向型创作演出激励。充分的自治性和独立性也使得组织满足居民文化需求的能力较强，有利于培育消费人群、缓解政府资金压力，有利于促进政府从官办艺术向服务艺术的职能的转变。

4. 组织与演员之间的现代契约关系。与事业体制下的行政控制约束关系不同，非营利组织作为现代企业组织的一种，以法律基础上的契约关系约束表演艺术组织和演员之间的行为，这符合表演艺术本质上属于经营性产业的发展规律。

5. 内在的监督激励机制。作为一种市场组织，所面临的产品市场和经理人市场的竞争、破产和辞职的威胁及相应评价体系的约束对内部员工起着监督和激励作用。剩余不可分配的要求也会对管理人员的行为起约束作用，保障组织非营利性目的的实现。

6. 公共物品的私人供给。文化产品尤其是表演艺术产品的二元属性和社会效益的存在，决定了其具有一定的公共物品属性，同时这种"公共物品"又具有特殊性，如不是必需品、需求偏好差异大等。此时，该物品的提供由相对独立的第三方组织提供比直接由政府提供更有效率。

因此，非营利组织本质上是一种特殊的现代企业组织。非营利组织的构建为非市场领域社会产品的生产提供了基本制度基础。其独有的激励机构吸引物质资本、人力资本聚集到社会价值大而经济价值不确定的产品生产领域，完成非营利产品的市场化供给，如图8-6所示。

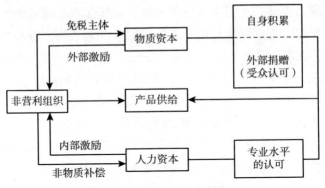

图 8 - 6   非营利组织激励机制

（三）我国非营利组织立法与实践的不足

目前我国非营利组织整体的法治建设还相对滞后，阻碍了其社会功能的发挥，有待进一步完善。存在的问题主要包括非营利组织应用领域有限、非营利组织界定不明确①、非营利组织免税资格的认定程序缺少法定化②、已有非营利组织运作不规范、民间非营利组织认证难、捐赠渠道有限③等。

1. 我国非营利组织的立法亟待完善。我国目前关于非营利组织的相关规定散见于《社会团体登记管理条例》《民办非企业单位登记管理暂行条例》《公益事业捐赠法》《事业单位、社会团体、民办非企业关于企业所得税征收管理办法》《民间非营利组织会计制度》《个人所得税法》《企业所得税法》等法律法规中，它们对非营利组织的成立条件和税收政策做出了原则性规定，如中国首部在名称中直接使用"非营利组织"概念的规范性文件《民间非营利组织会计制度》第二条规定，民间非营利组织包括依照国家法律、行政法规登记的社会团体、基金会、民办非企业单位和寺院、宫观、清真寺、教堂等。适用本制度的民间非营利组织应当同时具备以下三个特征：该组织不以营利为目的和宗旨；资源提供者向该组织投入资源并不得以取得经济回报为目的；资源提供者不享有该组织的所有权。这些特征初步体现了组织性、非营利性和利润不可分配的非营利组织的基本制度特征。《事业单位、社会团体、民办非企业关于企业所得税征收管理办法》规定了

①　史际春，张扬. 非营利组织的法学概念与法治化规范［J］. 学术月刊，2006（9）.
②　徐孟洲，侯作前. 论非营利组织的税法地位［J］. 江西财经大学学报，2004（3）.
③　金锦萍. 论我国非营利组织所得税优惠政策及其法理基础［J］. 求是学刊，2009（1）.

免税收入范围，《个人所得税法》和《企业所得税法》规定了公益性捐赠税前扣除的比例。

2. 非营利组织的运行面临众多难题。首先，在组织自身免税资格认证方面，往往以主管机关、资金来源、组织形式和从事行业等形式标准来判断，不是以实质上的"公益性"的强弱来判断，违反税法公平原则。同时不能有效区分非营利组织的营利性收入和非营利性收入，使得许多不符合免税条件的非营利组织的收入、财产和活动却享受着免税待遇，这种现象在教育行业以及社会上其他各种福利机构中尤为普遍。其次，在捐赠者免税方面，我国税法规定只有向财政部、国家税务总局特许的 25 家非营利组织的捐赠才能享受税前扣除的税收优惠，大大限制了非营利组织筹集资金的能力，阻碍了公民参与公益事业发展的渠道。

（四）建立我国表演艺术非营利组织的政策建议

国外非营利组织这种特殊的企业制度的建立健全及其在表演艺术中的广泛应用为我国提供了丰富的可借鉴资源。一方面，随着社会的发展，政府和营利组织在提供公益性产品和服务中存在的低效和失灵问题，使得非营利组织在社会中的地位和作用越来越突出。另一方面，非营利组织有利于规范表演艺术组织行为、提高供给效率、强化需求导向、实现社会效益，与营利性的表演艺术组织在人力资本和产品市场中互为补充，是一种相适应的制度安排。而非营利组织制度实施的关键在于免税资格的获取。因此推进非营利组织制度的法治建设，是借鉴发展非营利组织的前提。

市场经济体制下，美国、英国、德国等国家以基本法律法规为依据，界定了政府在文化艺术发展中的基本职能以及营利组织和非营利组织的行动边界。其中，政府主要发挥宏观调控作用，基本目的在于创造一个公平有序、鼓励艺术发展的环境。同时促进非营利组织发挥第三部门的作用，在一定程度上代替政府履行公益性文化供给的职能。

中共十八届三中全会指出，"要紧紧围绕使市场在资源配置中起决定性作用深化经济体制改革""紧紧围绕建设社会主义核心价值体系、社会主义文化强国深化文化体制改革，加快完善文化管理体制和文化生产经营体制，建立健全现代公共文化服务体系、现代文化市场体系，推动社会主义文化大发展大繁荣""强调坚持和完善基本经济制度，加快完善现代市场体系，加快转变政府职能，深化财税体制改革……构建开放型经济新体制……推进文化体制机制创新，推进社会事业改革创新，创新社会治理体制"。因此，以非营利组织形式推进文化体制机制创新、深化文化体制改革有利于破解单纯的事业制或营利性企业制在发展表演艺术中存在的制度障碍，有利于发挥市场在资源配置中的决定性作用，有利于建立健全现代公共文化服务体系和现代文化市场体系，有利于协调政府、组织和市场在发展文化艺术中的关系。

综合考虑上述非营利组织现存法治建设问题和表演艺术组织实际情况，我们提出建议如下：

1. 免税资格法定化。非营利组织最重要的特征是免税资格的获取，其中包括组织自身享受免税优惠和捐赠者享受免税优惠。因此，应以非营利性、组织性、自治性、利润不可分配约束、不得参与政治活动或试图影响法律为基本立法准则，通过民法、组织法、税法等严格界定非营利组织边界及其免税资格取得的条件。

2. 完善非营利组织登记管理制度。依法申请，公平竞争，以增加非营利组织间的竞争程度，提高其运营效率；按照税法公平原则，降低民间组织的实质准入门槛，实行同类组织同等法定待遇，以发展和规范民间力量参与公益事务，同时强化非营利组织监督管理体制。

3. 改善捐赠减免制度，便利社会捐赠行为。变特许制为审批制，减少捐赠抵扣限制，便利社会捐赠渠道；适当提高捐赠扣除比例和范围（允许实物捐赠抵扣），以鼓励私人捐赠，逐渐培养支持表演艺术发展的捐赠文化，激励个体参与对本土艺术的扶持发展。

4. 区分营利性收入和非营利性收入。各国对非营利组织的营利性收入普遍予以征税，因此应严格纳税申报制度，设立税收返还制度，将资助和税收视为两个独立过程，明确其纳税权利和义务，这对于规范表演艺术组织经营行为具有重要作用。

5. 明确非营利目的，促进我国表演艺术组织形式分化。明确非营利表演艺术组织的权利与责任，要求非营利组织以服务社区为宗旨，承担公益性文化服务供给、艺术教育功能，以扩大表演艺术受众群体、传承和传播传统优秀艺术文化；依法逐渐取消营利组织优惠政策，以促进院团自下而上自行申请、统一分化为营利组织和非营利组织，从而跨越过渡模式，摆脱合体状态，打破双重体制，最终实现以法治为基本准则规范引导表演艺术组织的行为，建立起发展表演艺术的长效机制。

6. 完善非营利组织内部机制建设。依法制定组织章程、设立各相关职能部门，以实现非营利组织的社会功能。非营利组织的内部机构一般包括董事会或理事会和各职能部门，其中争取外部资助的发展部和培育青年观众的教育部更是非营利组织的特有部门。要根据非营利组织的特征和宗旨，设定组织机构，制定内部奖惩体系，确保组织平稳运行。

（五）配套改革

私人捐赠的缺失和法治建设的滞后也决定了现阶段我国表演艺术离不开政府的主导作用，而其中最为重要的便是政府作为院团非劳动收入的主要供给来源的角色不能缺位。政府作为国有艺术表演团体演出供给的主要资金提供者如果缺位的话，表演艺术将面临消失的危机。而深化艺术表演团体改革的进程中，在推进组织建设的同时，资助体系的规范是亟须发展的外在配套要求。

1. 建立第三方资助机构，增强政府的独立性和院团的自治性。增强政府在资助中的独立性，发挥市场在配置资源中的基础作用。政府要逐渐从买方市场上淡出，将演出方式和内容的选择权更多地交给剧团，从组织者和购买者等多重身份过渡成为独立的第三方资助者的身份。应以立法的形式设立独立于文化主管部门的第三方资助机构，规范政府和组织本身的权责范围。其中政府主要发挥间接管理监督职能，第三方资助机构依法制定标准对拨款申请做出审核，而将具体的演出方式、内容留给院团和观众，以破解传统管办不分、政事不分的难题。具体实施中，我国国家艺术基金的设立，便是文化部门创新艺术创作生产引导方式的重要体现。

2. 注重资助公平，规范资助标准。在以政府资金为主要资助来源的条件下，应接受被补贴主体之间的公平竞争，形成卖方市场内的"仿竞争"机制，以增加艺术表演团体间的竞争程度，提高其运营效率。坚持需求导向的资助标准建设，考察院团的艺术演出、艺术教育、艺术宣传等多种功能指标，注重增加对时间富足的群体的演出供给，如关注大学生群体和老年人群体，对于培育需求具有重要作用。建立联合融资制度，对中央和地方政府资助的项目和产品做出分类和限制，规定资助比例上限。对于诸如京剧、昆曲这种民族艺术代表和珍品，应由中央政府补贴，而越剧、黄梅戏、评剧、豫剧、沪剧、粤剧、吕剧、淮剧、河北梆子等地方戏曲的补贴由中央政府和地方政府共同承担，视地方经济状况分配比例大小。

3. 加大资助购买力度，注重市场细分。加大公益性演出购买力度，增进表演艺术的供给能力和消费的可获得性。同时注重资助中的市场细分，保证公益性演出内容为普及性的一般剧目，以量为主要资助衡量指标，同时加强培育高端演出供给市场，以质为主要衡量指标，适当提高票价。对于主要满足县、区和农村中以居民生活为依托的小型商业演出需求的营利性民营剧团，不予补贴。对于满足基本艺术需求的公益性演出，补贴标准上以量为主，侧重演出场次和观众数量、满意度等。对于满足较高水准艺术需求的高水平艺术演出，补贴标准上以质为主，侧重演出质量和创新度，综合专家评审和观众意见。三个市场互为补充，相互促进，其关系如表8－2所示。

表8－2 资助的市场细分

市场	市场特征	主要消费目的	是否补贴	补贴标准
市场1	高质量的艺术演出	鉴赏	是	演出质量、创新性
市场2	日常商业演出	生活需要	否	无
市场3	社区公益性演出	基本文化需求	是	演出场次、观众数量、满意度

4. 权利义务相对等，打破双重体制。首先，认识到非营利组织制度只是表演艺术发展的保障机制，经营大众通俗文艺产品的营利性剧团将不在政府的财政资助范围内。其次，明确享受资助就要接受约束的意识。对于接受资助的院团，禁止分配利润，且只有符合免税的活动收入才能享受免税。只有这样，才能真正形成非营利组织和营利组织的分工和配合，形成表演艺术发展的良性机制，只有接受非营利组织存在弱激励的事实才能激发其成长为营利性组织的动力。因此，与事业体制不同，非营利组织不是演出人员的安乐窝，而仅仅是一个有志于表演艺术的人员的发展平台。最后，未来要以非营利组织为资助的基本接受主体，统一进入、资助门槛，打破以身份为主的资助方式，以化解国有和民营之间的发展冲突。对于现有的民营剧团争抢人才和低成本的公益演出问题，我们认为只要明确各自的组织性质及其相应的权责边界，问题就可以化解。因为以营利为目的的民营院团将失去竞争公益

性演出的资格。与此同时，国有院团既然接受资助，就要履行相应的演出供给和人才培养义务，否则也不应当得到资助。

5. 明确组织界限，促进市场化发展。历史上剧团的国有化将艺人身份从在市场中讨生活的底层人员转变为国家事业编制人员，事业身份的获得使艺人成为民族文化的继承者和传播者，社会地位得到很大的提高。事业身份不仅给予了演员更多的自由和闲暇、更高的社会地位等非物质收益，还代表了体制内的一些隐性物质福利，如稳定的工作收入（铁饭碗）、分房补贴等。而转为营利性企业后，在现有的市场条件下，无论是物质收益还是非物质收益都不再有保障，这也是多数人不愿进入该行业的主要原因。尽管非营利组织制度相当于为演艺人员提供了一个基本生活保障，一个发展平台，但营利组织的大量存在才是改革成功的最终标志。因此，资助中政府要严格营利组织和非营利组织的界限，理顺发展的体制机制，才能激发活力，变"分蛋糕"为"做蛋糕"，推进院团的市场化发展，从市场中而非仅仅在体制内部寻求更多的物质收益和非物质收益。

6. 减少投资新建剧院行为，合理开发利用现有表演场馆。前文的分析表明，表演场馆存在利用不足的现状，而新建场馆不论是从短期还是长期看都会构成较大的财政压力，高额的租金也会进一步加重表演艺术组织的成本压力，因此改善现有表演场馆设施有利于方便演出供给、吸引消费群体，而新建场馆则应在综合考虑，艺术发展规律及已有场馆分布的基础上循序渐进。

（六）文化单位探索创新发展新路径

非营利组织制度基础和相应的外部支撑体系建设为表演艺术的发展提供了基本的制度保障环境，而组织自身的努力和创新发展才是表演艺术发展的永久动力源。从微观视角看，可以采取的措施有：提升票价和缩短演出时间、努力实现规模经济和范围经济、以需求为导向探索总结观众回购的影响因素从而做出相应的准备。

从宏观视角看，表演艺术需依托其他经济价值大的产业共同发展。2014年发布的《国务院关于推进文化创意和设计服务与相关产业融合发展的若干意见》（以下简称《意见》）指出，"依托丰厚文化资源，丰富创意和设计内涵，拓展物质和非物质文化遗产传承利用途径，促进文化遗产资源在与产业和市场的结合中实现传承和可持续发展"。"推进文化创意和设计服务等新型、高端服务业发展，促进与实体经济深度融合，是培育国民经济新的增长点、提升国家文化软实力和产业竞争力的重大举措，是发展创新型经济、促进经济结构调整和发展方式转变、加快实现由'中国制造'向'中国创造'转变的内在要求，是促进产品和服务创新、催生新兴业态、带动就业、满足多样化消费需求、提高人民生活质量的重要途径"。基于此，院团应立足质量，坚持创新，在提供好作品的同时，以多种方式走近大众。对表演艺术的创新发展路径提出建议如下：

1. 循序渐进，走一条文化嫁接的道路。借助流行文化，推广表演艺术。与流行音乐或影视相融合，不急于程式化戏曲演出的整体发展，局部渗入流行文化节目中。如天津卫视的"国色天香"，尽管与真正的戏曲艺术相差甚远，但却在戏曲的推广上迈出了重要的一步。1992 年 NEA 的研究发现，在通过大众媒介来观看或收听相关艺术资料的被调查人群中，对每种艺术形式的现场表演的参与率都相对更高。因此，各方应有意识地加大各院团的经典作品在公共频道的播出，借助现代传播渠道，增加其可得性。

2. 与旅游相融合。随着居民可支配收入的提高，越来越多的人选择旅游作为一种文化消费方式。此时，地方传统演出，依托旅游景点，既提高了景点的吸引力，又传承和发展了艺术演出事业，该模式的成功典范为宋城演艺模式。目前邹城也依托现存的孔孟遗址进行公益性为主、商业性为辅的演出，旨在发展传承当地的豫剧、渔鼓等特色演出。因此，对于有条件的地方，推动旅游演出的发展不失为一条双赢的发展路径。

3. 坚持传统演出艺术的保护传承和创新发展相结合，拓展艺术产业链。美国学者菲利普·科特勒等从市场营销的角度出发，认为表演艺术产品应具有更为宽泛的界定。产品应包括三个层次，即核心产品、预期产品和附加产品。核心产品是产品本身，预期产品是指对产品购买和产品消费的一般性期待，附加产品是指超过观众一般期待的产品特色和利益。[①] 因此，应加强院团资助产品的产权保护，促进融入戏曲元素的衍生产品（旅游纪念品）、授权产品的开发生产，加强传统因子与现代科技和时代元素的融合。

4. 提高质量，加强合作。已有研究表明，表演艺术的品质特征在影响

---

① 王家新，傅才武. 艺术文化经济学 [M]. 北京：高等教育出版社，2013：60.

其消费决策方面确实比价格更重要。因此，艺术表演团体应精心打造符合观众需求的高品质节目并努力增加其演出场次，提高自身的生存能力。此外，艺术表演团体还可以积极发展同艺术表演团体、院企、院校之间的合作，营造演艺氛围，积累观众和人才。

第九章 政府文化管理职能定位的经济学逻辑

从文化供给和需求规律来看，政府文化管理职能的明确界定，是文化管理体制改革的核心环节，关系到改革的成败。系统、深入地探讨政府文化行政管理职能转型问题，明确政府在文化管理中的角色定位，对构建适合中国国情的文化可持续发展路径，具有重要的现实意义。

首先，文化的特殊性决定了单纯依靠市场力量难以有效解决文化生产、消费中存在的外部性、成本病、不确定性和需求培育难题，由此导致了文化供给体系低效率运行、人民基本的文化需求权利难以有效满足等问题，进而制约了文化的繁荣发展，甚至对社会经济发展产生不利的影响。因此，必须依靠政府力量的有效介入，消除"市场失灵"对文化发展的不良影响。

其次，政府行使文化管理职能是政府众多职能中的关键环节，如何合理界定政府文化管理职能的基本内容以及有效提升文化管理效能，以满足解决上述难题的客观要求，是文化管理体制改革中的一大难题。

政府文化管理职能的界定，应以解决文化发展中的重大难题为基本着力点，以明确政府文化管理职能定位为基本前提。政府文化管理的总目标在于构建富有效率的文化供给体系，更好地保障人民的基本文化权利。就中间目标而言，供给层面上政府应当履行"激励社会文化自由创造"的职能，需求层面上政府应当履行"引导文化消费传播"的职能。通过激励社会文化自由创作，解决文化的外部性和成本病问题，形成充足、有效的文化供给；通过政府引导、规制文化消费传播，克服文化的不确定性问题，从而构建起良性的供给和消费双向互动机制。具体如图9-1所示。

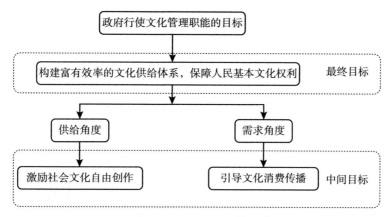

图 9 – 1　政府文化管理职能目标

下面，我们将根据文化的外部性和鲍莫尔成本病特征，构建基于激励性规制理论的政府文化激励规制模型，基于网络外部性理论和文化的不确定性特征，构建文化认同模型，分别说明政府两个职能的理论基础和实现路径。

一、政府文化管理职能定位之一：激励社会文化自由创作

政府通过实施激励性规制，建立基于不同外部性强度的补贴机制，激励社会文化自由创作。首先，激励性规制的实施在于解决文化供给过程中表现出的外部性特征和鲍莫尔成本病问题。其次，政府是否对某种文化产品的生产过程进行补贴，根本原因在于此种文化产品是否具有外部性，而非依据其是否先天地饱受成本病困扰。对具有较强外部性属性的文化产品的生产过程，采取政府直接供给的方式，而对具有稍弱外部性属性的文化产品的生产过程，采取政府购买服务的方式，这一理论有助于纠正改革实践中补贴原因不明、补贴手段不当的问题。最后，激励性规制的实施主要基于被规制者生产产品的外部性强度、实际成本和为降低成本付出的努力，以此根据不同的激励强度给予被规制者适当的成本补偿。

（一）文化生产中的激励性规制机制分析框架

激励性规制机制的设计，核心在于解决存在文化产品外部性的前提下，如何通过成本补贴机制，实现对文化自由创作的最优激励。激励性规制机制

实质上是通过规制者利用转移支付工具，依据不同的激励强度对被规制者进行成本补偿的过程。对于一般性的产品生产过程而言，激励性规制机制的实施，主要在于通过成本补偿机制，使企业生产经营过程中发生的实际成本和为降低成本付出的努力得到相应的货币补偿，即确定激励强度与成本补偿之间的关系。

很多学者对一般性产品的激励性规制机制设计进行了理论研究，具有一定的理论意义。雷华（2007）[①] 在其博士论文中对图书出版业的政府规制进行了机制设计，通过构建不完全信息条件下的委托—代理模型，得出不同激励方案强度和信息租金之间的关系，如图9-2所示。但他对图书出版这一文化领域的研究，实质上并未超越一般性产品激励性规制机制的分析框架。

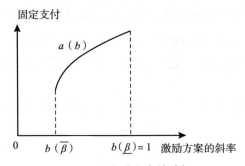

固定支付

$a(b)$

0　　$b(\overline{\beta})$　　$b(\underline{\beta})=1$　激励方案的斜率

图9-2　激励方案的选择

本章基于文化体制改革的三维视角，基于文化产品的外部性特征，进一步完善文化领域的激励性规制思路。

当规制对象为存在外部性的文化产品时，激励性规制机制的设计实质上是通过规制者利用转移支付工具，依据不同的激励强度对被规制者提高产品正外部性的努力和降低成本的努力进行成本补偿的过程。然而，鉴于文化产品生产过程中表现出的投入—产出的特殊性，一般情况下，文化生产经营单位提高产品正外部性的努力和降低成本的努力往往存在内生性的冲突，决定了激励性规制机制的设计目标并非仅是确定激励强度与成本补偿之间的关系，而是通过激励强度的调整实现提高产品正外部性的努力和降低成本的努

---

① 雷华. 政府规制理论与实证研究［D］. 西北工业大学，2007.

力之间的平衡。

借用拉丰和蒂罗尔（Laffont and Tirole，1986）① 对激励方案的设定，假定存在两种激励方案：一种是允许政府通过对受规制企业进行补贴或征税等方式（此外，还包括政府对其进行直接补贴，政府提供低息甚至无须偿还的贷款，低价转让公共投入品等）鼓励或禁止某种生产经营行为；另一种是通过调节激励方案强度实现对企业不同程度的激励。这两种激励方案一般通过激励性的规制合约来实现。

假定政府补偿企业货币支出 C 中的一个份额 $b \in [0，1]$，政府支付企业的成本并向企业支付一个净转移支付 t，$t = a - bC$。其中，a 为进行生产的固定费用，b 为由企业自身承担的成本份额，表示激励方案的强度。通常情况下，b 的取值严格介于 0 和 1 之间，从而形成不同强度的激励性规制合约。

（1）当 $b = 0$ 时，企业不承担其生产的任何成本，此时成本的补偿完全依赖于规制者补贴，实行的是成本加固定费用合约，即成本加成合约的形式，这种形式下实施的是强度非常低的激励方案。

（2）当 $b = 1$ 时，企业的生产成本完全由其自身承担，政府没有补偿企业的任何成本，仅向其支付一笔固定费用。此时企业是其成本节约的剩余索取者，这种形式下实施的是强度非常高的激励方案。

如果规制者和被规制者面临同样的信息结构，即规制者对文化生产者的任何行为具有完全信息，那么，无须通过设计激励性的规制方案保证其供给产品的外部性和激励其为降低成本而付出努力，此时，最优的激励性规制合约是固定价格合约形式，通过设定一个与边际成本相等的固定价格合约，按照边际成本大小给予文化生产经营单位以固定价格补贴。此时，一方面可以充分弥补企业提供文化产品和服务的真实成本，使企业在最优的产出水平上安排生产，以避免文化供给不足的问题；另一方面，基于文化生产经营单位努力程度的成本补偿方案，可以提供对文化生产与创作的激励。

然而，文化市场的特殊属性，决定了政府对文化生产经营单位的监管处在一个动态演进的过程中，在这一动态过程中，双方就提供产品和服务的外

---

① Laffont J. J.，Tirole J. Using Cost Observation to Regulate Firms［J］. *The Journal of Political Economy*，1986：614 – 641.

部性强度、真实成本以及为降低成本付出的努力水平等存在严重的信息不对称，双方面临不同的信息结构、约束条件和可行的选择工具，制约着最优激励性规制方案的设计。此时，激励性规制合约的设计，应以满足个人理性约束和激励相融约束为前提。个人理性约束必须保证被规制者在参与合约的过程中，获得的最低效用高于保留效用；激励相融约束的满足要求规制者通过设计激励合约，有效甄别企业类型，避免逆向选择。

为简化分析，暂不考察文化产品的外部性，以此简要说明个人理性约束和激励相融约束的实现机制。假定存在两家文化生产经营单位，分别代表了高成本企业和低成本企业，规制者对成本信息和企业类型拥有不完全信息。规制者设计两种合约方案，即固定价格合约和成本加成合约，通过企业自主选择合约方案，实现对其类型的甄别：对于低成本企业而言，选择固定价格合约将能通过低成本获取额外收益，为高强度激励性规制方案的选择者；对于高成本企业而言，因固定价格合约等于低成本企业的真实成本，选择此合约将难以弥补其高成本，将选择成本加成合约，为低强度激励性规制方案的选择者。这样，通过类型甄别机制便实现了对不同文化生产经营单位的有效激励。

然而，选择固定价格合约的低成本企业除了通过降低成本的努力实现收支平衡以外，需要规制者对其提供额外的货币补贴，补贴金额等于因虚报成本产生的信息租金。规制者通过支付货币补贴诱使低成本文化生产经营单位说真话，可以降低产品生产成本、提高资源配置效率并进而降低产品供给价格。因此，只要规制者能够较好地权衡激励强度、社会资源配置效率以及信息租金之间的关系，合理制定激励合约，则将能够实现社会福利的改进。

下文有关激励性规制机制的研究分为两部分：一是基于文化产品的外部性视角，研究经验品属性下的文化产品补贴规制机制；二是当文化生产经营单位为应对自身成本病做出降低成本的努力、实施交叉补贴时的激励性规制机制。

（二）文化生产经营单位的激励性规制

不同于一般意义上的激励性规制理论，文化生产经营单位提供的文化产品和服务具有更多特殊性。这种特殊性表现在：一方面，文化产品表现出双边市场特性，因此而产生的交叉补贴现象使规制者在对单一产品供给进行激励性合约设计时，成本信息难以有效衡量；另一方面，文化产品的消费属于经验产品，估值困难。文化产品的特殊性决定了不仅要对成本实施规制，同时应考察外部性规制问题。

1. 经验品属性下的文化产品外部性规制——基于外部性的补贴规制。文化产品与一般商品的不同在于其具有较强的外部性。同时，文化产品的消费表现出经验品属性（只有当消费者购买或者消费之后才能对其外部性强度有所认知，如惠民演出，某个舞台剧、电影、书籍、娱乐活动等），这一特征决定了未来是否对该种文化产品进行重复消费取决于其外部性强弱。因此，对外部性的考察是政府进行激励性规制机制设计时需重点关注的因素。

根据能否对文化产品的外部性进行观察和验证，可以进行两种分类：一是可观察与可验证的外部性，其外部性水平能够事先被规制者无成本地加以确认，此时规制者能够根据不同的外部性水平，直接对企业进行补贴性奖励或惩罚。二是可观察但不可验证的外部性，比如电视台播出的节目高强度的外部性、某台话剧的演出效果等，这些难以量化的外部性指标无法写入正式合约，从而在规制过程中加以验证。第一种情况在此不讨论。

文化产品是一种典型的经验品，尽管当前中国文化消费水平迅速提高，但整体消费水平较低，单次消费购买量较为固定。销售激励对文化生产经营单位而言作用有限。因此，就文化生产经营单位而言，除非消费者能在未来进行重复购买和其他衍生产品的消费，否则文化单位没有任何激励来提供高强度的正外部性产品。因此，文化生产经营单位提供高强度正外部性产品的激励与其声誉和获取的未来重复购买及相关交易的次数有关。

假定文化产品的消费存在多期。第一期时，由于产品外部性强弱是事前无法验证的，消费者对文化产品数量的选择只能选择是否接受，此时供应商提供高强度的外部性产品的激励来自声誉，即出于对未来重复交易可能性的考虑。第二期，供应商供给产品时，则会在维持声誉和降低成本的努力之间进行抉择。然而，提高产品外部性强度的激励和降低产品成本的努力之间存在内在冲突，这种内在冲突影响成本补偿规则，即提高外部性的努力会影响最优产出水平，从而改变产品的边际成本大小，进而影响规制者成本补贴强度和企业因降低成本努力获取的租金。

假定消费者购买文化产品的行为包括两期，$t = 1, 2$。在第一期，卖方提供 1 单位的文化产品，成本函数为：

$$c_1 = \beta_1 - e_1 + s \qquad\qquad (9-1)$$

其中，c_1 表示一期的可验证成本，s 为认真水平，其中 s 既可以形式化为货币成本，也可以被解释为非货币成本；β_1 为效率参数，e_1 代表企业为降低成本做出的努力。变量 β_1、e_1 和 s 对企业来说都是私人信息，在区间 $[\underline{\beta_1}, \overline{\beta_1}]$ 上规制者有先验累积分布 $F(\beta_1)$，其密度函数为 $f(\beta_1)$ 符合单调风险率特征 $\mathrm{d}[F(\beta_1)/f(\beta_1)]/\mathrm{d}\beta_1 \geqslant 0$。产品合格并产生 S_1 的总社会剩余的概率为 $\pi(s) \in [0, 1]$，若产品为次品，则产生的总社会剩余为 0，这一概率为 $1 - \pi(s)$。

在第一期末，规制者能够观察到产品外部性强弱。但是，这一点无法被验证。规制者的合约不能取决于外部性强度结果。

在两期之间，双方的贴现因子为 $\delta > 0$。假定，当且仅当企业在第一期生产的产品为较低强度的外部性产品时，第二期生产出的产品外部性也较低，即第一期的 s 越高，第二期的外部性水平也会越高。上述假定意味着，如果企业在第一期生产的产品外部性较弱，第二期就不再要求其提供产品。这种情况下，第二期的社会福利和企业的租金都为 0。令 $\overline{U_2} > 0$ 和 $\overline{W_2} > 0$ 分别表示产品外部性较强时，第二期的预期企业租金和预期社会福利。

用 $\{s(\beta_1), e_1(\beta_1)\}$ 表示企业在第一期对提高外部性重视程度和为降低成本付出的努力水平，$U_1(\beta_1)$ 表示企业在第一期的租金，$U(\beta_1) = U_1(\beta_1) + \delta \overline{U_2} \pi(s(\beta_1))$ 代表企业的跨期租金。通过选择 $\{s(\beta_1 - \mathrm{d}\beta_1), e_1(\beta_1 - \mathrm{d}\beta_1) + \mathrm{d}\beta_1\}$ 的水平，β_1 类型的企业总能与 $(\beta_1 - \mathrm{d}\beta_1)$ 类型的企业具有相同的提供高强度外部性产品的成本和概率。因此，努力和激励兼容约束为：

$$\dot{U}(\beta_1) = -\psi'(e_1(\beta_1)) \qquad\qquad (9-2)$$

假定 s 提高 1%，为保持成本恒定，文化生产经营单位需提高 1% 的努力水平。对认真水平的激励相融约束条件为：

$$\delta \pi'(s(\beta_1)) \overline{U_2} - \psi'(e_1(\beta_1)) = 0 \qquad\qquad (9-3)$$

个体理性约束就是说，企业必须至少获得保留效用，对此，将其标准化为 0。对于所有的 β_1，有 $U_1(\beta_1) + \delta \overline{U_2} \pi(s(\beta_1)) \geqslant 0$。

只有当 $U_1(\beta_1) + \delta \overline{U_2} \pi(s(\beta_1)) = 0$ 时，个体理性约束在 $\beta_1 = \overline{\beta_1}$ 处是紧的。

类型为 $\overline{\beta_1}$ 的企业为获得第二期的预期租金，而愿意在第一期的租金为负，从而预期的社会福利可表示为：

$$\int_{\underline{\beta_1}}^{\overline{\beta_1}} \big\{ \pi(s)(S_1 + \delta \overline{W}_2) - (1 + \lambda)[\beta_1 - e_1 + s + \psi(e_1)]$$

$$- \lambda(U(\beta_1) - \delta\pi(s)U_2)\big\} f(\beta_1) \mathrm{d}\beta_1 \qquad (9-4)$$

汉密尔顿函数表示为：

$$H = [\pi(s)(S_1 + \delta \overline{W}_2) - (1 + \lambda)(\beta_1 - e_1 + s + \psi(e_1)) - \lambda U + \lambda \delta \overline{U}_2 \pi(s)]$$

$$f - \mu\psi'(e_1) + vf[\delta\pi'(s)\overline{U}_2 - \psi'(e_1)] \qquad (9-5)$$

求解得：

$$\dot{\mu} = \frac{\mathrm{d}\mu}{\mathrm{d}\beta_1} = -\frac{\partial H}{\partial U} = \lambda f \qquad (9-6)$$

由于 $\underline{\beta_1}$ 是一个自由边界，并且 $F(\underline{\beta_1}) = 0$，得：

$$\psi'(e_1) = 1 - \frac{\lambda}{1 + \lambda}\frac{F(\beta_1)}{f(\beta_1)}\psi''(e_1) - \frac{v}{1 + \lambda}\psi''(e_1) \qquad (9-7)$$

$$\pi'(s)(S_1 + \delta \overline{W}_2 + \lambda \delta \overline{U}_2) - (1 + \lambda) + v\delta\pi''(s)\overline{U}_2 = 0 \qquad (9-8)$$

式（9-7）说明，旨在提高对外部性重视程度的激励使规制者改变了激励合约的强度 $[v/(1+\lambda)]\psi''(e_1)$。但是，激励合约的强度 $[v/(1+\lambda)]\psi''(e_1)$ 与外部性强度 s 是可以验证时的激励强度相比是高是低难以确定。一方面，企业不会将外部性强度提高给社会福利带来的提升内部化，因此需要对外部性强度提高进行的投资给予补贴，也就是说，要降低激励方案的强度。另一方面，关于技术的不完全信息已经造成了低强度的激励，由于企业的投资受到补贴，企业就有激励在外部性强度方面进行过度投资。如果 S_1 很小，或者 δ 很大，并且企业得到未来租金的较高份额，第二种效应就会占据主导地位；如果信息不对称情况较轻，也就是说 F/f 较小，或者 β_1 接近于 $\underline{\beta_1}$，当外部性强度可验证时，企业的合约接近固定价格合约，并且至少对于一个较小的 λ，第一种效应会占据主导地位。

存在 $\delta_0 > 0$，使得对于所有的 $\delta \geqslant \delta_0$，在道德风险约束的影子成本 v 为正的意义上，在外部性强度上的投资必须要受到鼓励。对于 $\delta \geqslant \delta_0$，最优的成本补偿规则是线性的。当条件①贴现因子 δ 上升，②外部性强度的社会价值 S_1 下降满足时，第一期的合约就转向固定价格合约。如果贴现率较低，企业就可能在外部性强度上投资过度，这是因为投资补贴是由抽取租金的、低强度的激励方案提供的。道德风险约束 $\delta\pi'(s(\beta_1))\overline{U}_2 - \psi'(e_1(\beta_1)) = 0$ 的影子成本为负。

也就是说，当未来很重要，并且外部性强度非常重要时，低强度的激励方案能够诱发企业对外部性的重视程度。认真和努力的相互替代性，决定了提高外部性强度是以牺牲降低成本的活动为代价的。条件①的满足意味着贴现因子 δ 代表的声誉对于企业具有重要影响。因此，可以给予关心长远未来的企业高强度的激励方案。

企业可以从规制者提供的合约菜单中，先选择激励方案的固定费用 α 和斜率 b，再选择 e_1 和 s，以最大化：

$$a - b(\beta - e_1 + s) + \delta\pi(s)\overline{U}_2 - \psi(e_1) \tag{9-9}$$

低效率的企业选择低强度的激励方案和对外部性的较高重视，这是因为提高对外部性的重视程度可以得到高额的补贴。

因此，当不想诱导文化产品高强度的外部性时，实施高强度的激励补贴方案；在诱导高强度的外部性产品的前提下，如果 δ 上升，即未来声誉对企业当期有重要影响，则提高激励补贴强度不会明显冲击降低成本的努力；如果 δ 较小，强度较低的激励方案能使企业在效率较低时，通过实施额外的努力 s 提高产品高强度的外部性，此时，降低成本的努力所造成的外部性损失代价非常高，因此，最优结果是：由于不会诱导企业提供高强度的外部性，且 β_1 是共同知识，第一期的合约是固定价格合约。但是只要贴现因子足够高从而值得诱导高强度的外部性，降低成本的激励将会随着贴现因子的上升而增加。

2. 交叉补贴与激励性规制——企业应对成本病的自身努力。交叉补贴实质上是文化生产经营单位自身为解决"鲍莫尔成本病"问题实施的一大努力，能够有效缓解文化生产经营单位因成本高昂导致的财务困境问题。但基于激励性规制机制的分析框架，文化生产经营单位提高产品正外部性的努力和降低成本的努力往往存在内生性的冲突。因此，通过交叉补贴方式克服成本病的努力可能会对政府实施的基于外部性的补贴规制产生一定的冲击和影响。在文化管理体制改革中，对于交叉补贴现象，我们应基于对其充分了解的基础上，进行合理应对。

交叉补贴现象出现在多产品供给的文化生产经营单位中。文化生产经营单位一般很少凭借单一产品维持企业运营，因此交叉补贴现象会经常发生。一方面，文艺院团及电视、电影、娱乐等文化产品生产经营组织其依据不同的艺术形式，以及市场需求，在不同时期创造不同类型的文化产品，比如一个儿童剧团可以在提供儿童剧目创作与演出的同时，提供儿童艺术培训项目。另一方面，报纸、杂志、广播以及电视媒体等文化生产经营单位，其组织职能作为一个媒介，连接两种甚至多种形式的消费者，比如，电视媒体提供两种商品：电视节目和广告空间。通过给予观众（免费或低价）服务和商品来捕捉目标客户，而这种服务与商品往往受到广告商的资助。尽管内容提供商对文化产品内容的生产成本很高，但只要能够吸引观众对于内容产品的消费，便可以通过平台将成本转嫁给广告商，内容提供商将取自广告商的收入补贴内容生产商。同一时间内，两种产品之间存在交叉补贴的现象，属于典型的双边市场定义的范畴。

当企业从事多种业务活动时，每种活动的子成本的可观察性决定了规制者能够更加容易地对企业实施规制。但是，在激励方案中使用子成本设定激励方案的强度时，企业可以利用其在多种活动之间的会计核算（企业进行会计操纵，劳动、原材料和其他投入品归记入没有使用这些投入品的活动上，各部门之间中间品的转移价格定在不合理的水平上）以及资源配置（企业将它的精力放在面临着高强度的激励方案的活动中，而不是放在将其成本最小化上）中进行套利。假定企业在两个活动（活动 1 和活动 2）中承担子成本的边际份额 b_1，且 $b_1 > b_2$。那么，对企业内部而言，其就有激励将活动 2 的费用转移到活动 1 中，每转移一单位的价格，就能得到 $b_2 - b_1$ 单位的收益。尤其是在双边市场特性下，内生性的交叉补贴现象严重影响着对其成本的有效界定。

在对多产品企业进行激励机制设计时，需要考虑三方面的问题：一是用定价方案来提高企业激励，还是把提高激励的任务交给成本补偿方案；二是企业在不同产品中资源与成本是如何分配的；三是在面对总成本与子业务成本时，相应的激励性规制方案是否单一。

首先是多种产品交叉补贴企业的定价激励方案。

采用电视媒体的例子，借用阿姆斯特朗（Armstrong，2006)[①] 的模型说明文化产品提供过程中存在的交叉补贴问题。为简化分析，假定只有两个用

①　Armstrong M. Competition in Two-sided Markets [J]. *The RAND Journal of Economics*，2006，37（3）：668－691.

户组 $i = 1$，2，其中，$i = 1$ 表示观众，$i = 2$ 表示广告商。一方是否接入平台取决于平台另一方用户的多少。假定平台两边的用户接入的人数分别为 n_1，n_2。双方的效用函数用 u_i 表示：

$$u_1 = \alpha_1 n_2 - p_1, \quad u_2 = \alpha_2 n_1 - p_2 \qquad (9-10)$$

其中，α_1 表示每一广告商接入平台为观众带来的外部性，p_1 表示平台向观众提供服务收取的费用，α_2，p_2 同理。假定平台能够吸引的双边用户数取决于其获得的效用大小，则：

$$n_1 = \psi_1(u_1), \quad n_2 = \psi_2(u_2) \qquad (9-11)$$

则平台的利润可表示为：

$$\pi = n_1(p_1 - q_1) + n_2(p_2 - q_2) \qquad (9-12)$$

其中，q_1，q_2 表示平台为观众、广告商提供服务的成本。把式（9-10）、式（9-11）代入式（9-12）得：

$$\pi(u_1, u_2) = \psi_1(u_1)[\alpha_1\psi_2(u_2) - u_1 - q_1]$$
$$+ \psi_2(u_2)[\alpha_2\psi_1(u_1) - u_2 - q_2] \qquad (9-13)$$

假定总的用户组剩余用 $\zeta_i(u_i)$ 表示，其中，$\zeta_i'(u_i) = \psi_i(u_i)$。则由平台、观众、广告商构成的社会总福利为：

$$\omega = \pi(u_1, u_2) + \zeta_1(u_1) + \zeta_2(u_2) \qquad (9-14)$$

求解社会福利最大化问题得：

$$u_1 = (\alpha_1 + \alpha_2)n_2 - q_1, \quad u_2 = (\alpha_1 + \alpha_2)n_1 - q_2 \qquad (9-15)$$

将式（9-10）代入式（9-15）得：

$$p_1 = q_1 - \alpha_2 n_2, \quad p_2 = q_2 - \alpha_1 n_1 \qquad (9-16)$$

由式（9-16）可以看出，当观众为广告商带来的外部性很大，即 $\alpha_2 n_2$ 很大时，$p_1 < q_1$，也就是说，此时平台向观众收取的费用低于向其提供服务的成本。同理，当 $\alpha_1 n_1$ 较小时，$p_2 > q_2$，此时平台向广告商收取的费用高于向其提供服务的成本。

求解平台利润最大化问题得：

$$p_1 - (q_1 - \alpha_2 n_2)/p_1 = 1/\beta_1(p_1 \mid n_2)$$
$$p_2 - (q_2 - \alpha_1 n_1)/p_2 = 1/\beta_2(p_2 \mid n_1) \qquad (9-17)$$

其中，$\beta_1(p_1 \mid n_2)$，$\beta_2(p_2 \mid n_1)$ 分别表示用户组的需求价格弹性。

从式（9-17）可以看出，当观众的需求价格弹性很大，或者观众接入平台给广告商带来的外部性很大时，有 $p_1 < q_1$；当广告商的价格弹性很小，

或者广告商接入平台给观众带来的外部性较小时，有 $p_2 > q_2$。此时，平台通过向广告商多收费弥补向观众提供服务耗费的成本。

鉴于上述对交叉补贴现象的模式说明，如果单从电视媒体向广告商提供产品和服务的过程，或者电视媒体向收视观众提供产品和服务的过程来看，单纯基于固定成本或加成成本合约的机制设计难以对现实进行有效的描述，以此单独设计激励性规制方案的有效性也值得考虑。此时，基于成本的补偿激励方案应充分考虑子成本与总成本的可观察性和是否应针对不同产品生产给予不同的激励强度。

其次是多产品成本存在交叉补贴时的成本补偿激励方案。

借用拉丰和蒂罗尔（Laffont and Tirole）[1] 有关激励性规制机制设计的理论框架，假定厂商总成本为 $C = C(\beta, e, q)$，子成本为 $C_k = C(\beta, e, q)$。其中 β 为成本参数，q 为产量，$e_k = E^k(\beta, C_k, q_k)$ 表示努力水平。则 $C = C(\beta, E(\beta, C, q), q)$。则厂商总的努力为：

$$e_k = \sum_{k=0}^{n} E^k(\beta, C_k, q_k) = E(\beta, C, q) \tag{9-18}$$

假定 $V(q)$ 为消费该文化产品实现的社会价值，$U = t - \psi(e)$ 表示企业的目标函数，其中，t 为规制者对企业的转移支付，$\psi(e)$ 表示努力的负效用，则社会总福利表示为：

$$W = V(q) - (1+\lambda)(\psi(e) + C(\beta, e, q)) - \lambda U \tag{9-19}$$

企业因努力降低成本获取租金的增加速度为：

$$\dot{U} = -\psi'(e)\left[\sum_{k=0}^{n} \frac{\partial E^k}{\partial \beta}\right] \tag{9-20}$$

当子成本可观察时，规制者可以观察到子成本 C_k 和产量 q_k。将子成本当成特定的产出，求得社会福利最大化函数对 C_k 的一阶条件：

$$\left[(1+\lambda)\psi'f + \lambda F\psi''\frac{\partial E}{\partial \beta}\right]\left(-\frac{\partial E^k}{\partial C^k}\right) = (1+\lambda)f + \lambda F\psi'\frac{\partial^2 E^k}{\partial C^k \partial \beta} \tag{9-21}$$

产品 k 的高强度的激励方案对应于较高的 $-\frac{\partial E^k}{\partial C^k}$。如果 $\frac{\partial E^k}{\partial C^k}$ 的绝对值较高，那么用于生产产品的每单位努力的边际成本的降低较小，此时企业已经

① Laffont J. J. , Tirole J. Using Cost Observation to Regulate Firms [J]. The Journal of Political Economy，1986：614-641.

被规制者激励着在产品 k 的生产过程中付出较大努力。

当子成本不可观察时，对于任一目标成本，企业都有最小化它的努力，将选择 $\{e_k\}$，以使在 $\sum_{k=0}^{n} C_k = C$ 的约束下最小化 $e_k = \sum_{k=0}^{n} E^k(\beta, C_k, q_k)$。此时，降低各子成本的努力 $-\frac{\partial E^k}{\partial C^k}$ 趋于相等。

从式（9-21）可以看出，$-\frac{\partial E^k}{\partial C^k}$ 度量了产品 k 生产过程中效率参数如何影响因成本降低企业获取的租金大小，$\frac{\partial^2 E^k}{\partial C^k \partial \beta}$ 度量了目标子成本对企业租金的影响，规制者是否应针对企业不同的产品生产给予不同的激励强度取决于此交叉偏导数：

当 $\frac{\partial^2 E^k}{\partial C^k \partial \beta}$ 较大时，即较低的产品 k 的成本降低了企业的租金的生产活动中，企业面临着较高强度的激励；当 $\frac{\partial^2 E^k}{\partial C^k \partial \beta} = k$，即各产品的生产行为面临同样强度的激励时，对于有些 k 和所有的 $k \in \{0, \cdots, n\}$，企业面临同样强度的激励。此时，$\frac{\partial E^k}{\partial C^k}(\beta, C_k(\hat{\beta}), q_k(\hat{\beta})) = \alpha'$，$\{C_0(\hat{\beta}), \cdots, C_n(\hat{\beta})\}$ 是使努力最小化的唯一解，子成本是否可观察影响不大。

因此，不管在多产品供给中存在何种形式的交叉补贴现象，设计针对有关子成本的激励性规制是否有意义，应考虑企业的某些生产行为是否与其他活动面临更高或一致性强度的激励，如果目标子成本对企业租金影响较大，则企业面临较高强度的激励，如果没有影响，则子成本是否可观察对激励强度影响不大。

（三）政府激励社会文化自由创作的实现路径

从供给角度来看，激励社会文化自由创作是文化管理体制改革中政府重要的文化管理职能之一，这一职能的实现根本在于构建激励性的规制机制，通过对文化产品外部性的成本补偿，实现激励文化自由创作的目的。政府激励社会文化自由创作的实现路径主要有以下三点：

1. 政府是否对文化生产活动进行成本补贴，根本原因在于该种文化产品是否具有外部性，而文化产品生产过程中表现出的成本病特征绝非对其进行激励性补贴的原因。以此认识为基础，改革实践中基于外部性的补贴机制应区别对待：对具有较强外部性属性的文化产品的生产过程，采取政府直接供给或全部买单的方式，而对具有稍弱外部性属性的文化产品的生产过程，采取政府购买服务的方式，以此形成对生产的激励。

2. 文化生产经营单位提高产品正外部性的努力和降低成本的努力往往存在内生性的冲突。当这一冲突出现时，从社会福利最大化的角度出发，以提高文化产品的正外部性为优先考虑，通过对具有较强正外部性的文化产品生产提供补贴，使其将更多精力用于外部性的提升，而非降低成本的努力上。

3. 交叉补贴现象是多产品供给的文化生产经营单位基于自身努力克服成本病问题的有效解决方案，这一现象在文化领域应加以鼓励。基于总成本与子成本之间的不同关系，设计基于交叉补贴的政府激励性规制机制，实现社会整体文化产品的低成本供给。

二、政府文化管理职能定位之二：引导文化消费传播

通过实施政府规制，引导文化消费传播，缓解文化成长与发展中的不确定性，是政府重要的文化管理职能之一。文化的根本作用在于提供一种价值判断标准，价值判断标准的存在决定了社会个体的选择，解决"要干什么"的问题。同时，因价值判断而出现的文化认同具有对经济社会发展的促进作用，持同种文化认同态度的社会个体越多，形成的社会凝聚力和对社会发展的促进作用越强，文化发挥的社会效益越强。

（一）引导文化传播的必要性

政府应对文化传播过程进行有效引导主要基于以下两方面的原因：第一，文化提供价值判断功能，主流价值判断标准体现为价值观，社会主流价值观的争夺伴随国家、民族利益之争，是维护国家文化安全的有效手段，需要国家实施干预；第二，文化规制更重要的目的在于通过各项规制措施，强化对社会主流文化的认同，形成凝聚合力，从而实现对经济社会发展的促进。以上是文化规制的根本原因，也是传统规制经济学理论存在解释局限的

方面。

1. 政府有效引导文化传播有助于实现主流价值判断标准的统一。文化提供了一种价值判断标准，解决社会个体"应该做什么"的问题。一定时期社会的主流价值判断标准因政治体制、历史背景、社会环境乃至群众基础等因素的不同而普遍存在差异。[1]

文化的价值判断标准非常重要，有时甚至会决定一个民族或国家的成败兴衰。喀麦隆学者埃通加－曼盖拉（Daniel Etounga－Manguelle，2000）[2] 通过对非洲落后文化的描述，指出正是当地特殊的文化价值观、道德观以及教育等造成了非洲的困境；蒙塔内尔（Carlos Alberto Montaner，2000）[3] 通过对拉丁美洲的状况进行考察，发现拉丁美洲的政客、军人、企业家和教会人士忽视法律、不尊重民主，而正是这种落后的价值观成为拉丁美洲发展的巨大障碍；M. W. 派伊和 L. W. 派伊（Pye M. W. & Pye L. W.，2009）[4] 认为儒家文化和价值观是亚洲经济危机的主要原因，"任人唯亲"的企业管理方式对企业民主化进程造成障碍，各种"关系网""先苦后甜"以及"眼光长远"的文化价值观念使企业过分看重长期利益，而不注重短期企业盈利状况，这种观念导致的企业一味扩大市场份额的做法潜藏着巨大的预期灾难；而亨廷顿（Samuel P. Huntington，2006）[5] 则指出，正是韩国人节俭、投资、勤奋、教育、组织和纪律等文化价值观念，造成了 20 世纪 60 年代初经济水平相似的韩国和加纳在未来 30 年无论是经济建设还是民主体制建设方面均表现出巨大的差异。其他学者的研究也表明，积极、统一的文化价值观能对经济、社会发展形成巨大的推动。

但是，人是异质的，不同民族、群体因面临的主客观条件不同，对主流价值判断标准的理解、设定与选择不同，实现既定行为所采取的手段与方法不同，导致文化发展过程中出现了不同价值判断标准与主流价值观的偏离。

---

① 张国军，民主话语权：意识形态之争的新战场. http：//www. gmw. cn/xueshu/2013－09/03/content_8785532_4. html.

② Etounga－Manguelle D. *Does Africa Need a Cultural Adjustment Program?* ［M］. New York：Basic Books，2000.

③ Montaner C. A. Culture and the Behavior of Elites in Latin America ［J］. *Culture Matters：How Values Shape Human Progress*，2000：56－64.

④ Pye M. W.，Pye L. W. *Asian Power and Politics：The Cultural Dimensions of Authority* ［M］. Harvard University Press，2009.

⑤ Huntington S P. *Political Order in Changing Societies* ［M］. Yale University Press，2006.

因此，要达成一定时期内主流价值判断标准的统一，需要政府对文化消费与传播进行有效的引导。

2. 对文化传播过程的有效引导有助于强化文化认同，从而实现文化社会效益的发挥。文化的过程是伴随社会实践改造活动实现人的意义的过程，也是文化再生产的过程，新文化的形成需要建立在文化融合基础之上。基于上述特性，文化规制的过程并非仅是对主流价值判断标准的争夺，也并非仅是解决传统规制经济学理论定义的不完美市场引发的市场失灵问题。文化的作用是借助文化提供的价值判断标准，实现"人化自然""人化人"的过程。"人化自然"的过程可以概括为：一是以解释、言说的方式赋予自然物以意义，使自在的自然物向人显示出人可以理解和把握的意义；二是通过实践、劳动的形式改变自然物的面貌、性质、结构、存在方式等，把人的理想融进去，使之人化；三是创造人工自然或第二自然；四是人创造出信息化的存在、文化的存在、虚拟的存在。而"人化人"包括"文化播化"和"文化儒化"①。总体来看，"人化"的过程就是认同某种文化的社会个体，根据某种价值判断标准，赋予人、物特定的意义并实施社会改造的过程。同时，"人化"的过程也是文化再生产的过程，通过人的作用形成以具体化、客观化形式存在的文化资本，并作为下期文化再生产生产集的一部分，如果可投入文化再生产的积极性的文化资源越多，则未来正向文化的产出也将越多。

"人化"过程的实现首先需要实现个体的文化认同。认同某种文化，则意味着认可其承载的价值判断取向，认为采取某种行为是对的。认同某种文化的人越多，则实施某种所谓正确行为的凝聚力越大。在"人化"过程中进行的社会实践改造和文化再生产活动，能够促进经济社会的可持续发展，使该文化发挥更强的社会效益。

文化认同实现凝聚合力的过程体现出规模膨胀效应，主要表现为双向作用机制：一是新进入社会的个体具有模仿、追随特性，观察到前期进入个体对某种文化的认同行为，会使其认为该文化代表了人类的意义，是符合社会主流价值判断标准的，如果自身认同该文化并进入该群体，则能从群体收益中实现更多的个体效益，作为理性个体会选择认同该文化；二是先进入的个

---

① 从历时性的角度看，文化儒化是使人接受某种文化拟子从而型塑他的文化品格，并使其文化化的社会机制。一种文化体系的"拟子库"中包含的拟子或拟子簇通过各种媒体在其他地域的人群中共时地发散和传播，也就是人类学家所理解的文化播化。

体认为该文化符合主流价值判断标准，预期未来后进入个体会同样认同该文化，未来群体规模的扩张将为未来的自己带来更多的个体利益，作为理性个体会选择当期认同该文化。

文化认同具有的网络外部性特征，是凝聚合力形成的基础。文化规制的关键在于如何借助网络外部性特征，强化各时期社会个体对符合主流价值判断标准的文化认同，进而实现未来更多符合价值判断标准的文化产出，由此实现文化更强的社会效益。

（二）基于网络外部性理论的文化认同模型

对文化价值判断标准的争夺和强化文化认同能够实现对社会经济发展的促进是文化规制的根本原因，也是传统规制经济学理论解释局限的方面。我们试图将上述问题模型化，通过构建基于网络外部性理论的文化认同博弈分析模型，说明文化规制的必要性，同时提出有关文化规制问题的分析框架。

沿用卡茨和夏皮罗（Katz & Shapiro，1986）[①] 有关网络外部性模型的分析思路。假定有两期（或者两代人），$T = 1$，2，每期有 N_t 个个体。存在两种文化，α、β，社会个体必须认同其中的某一种文化，实现两种文化认同的成本分别是 P_t、Q_t，假定主流价值判断标准表示为 z_0，而两种文化 α、β 所提供的价值判断标准分别表示为 z_α、z_β，成本是两种文化的价值判断标准与主流价值判断标准偏离程度的函数，即：

$$P_t = P_t\left(\frac{(z_\alpha - z_0)}{z_0}\right)$$

$$Q_t = Q_t\left(\frac{(z_\beta - z_0)}{z_0}\right) \qquad (9-22)$$

假定两种文化一旦存在，其价值判断标准就是给定的，而此时与主流价值判断标准的偏离也是常数，两种文化之间的相对成本优势可表示为：

$$\delta_t = P\left(\frac{(z_\alpha - z_0)}{z_0}\right) - Q_t\left(\frac{(z_\beta - z_0)}{z_0}\right) \qquad (9-23)$$

由于存在网络外部性，假定个体选择认同某种文化的效用仅取决于其他个体认同相同文化的最终个体规模。假定两种文化是不兼容的，个体是同质

① Katz M. L. , Shapiro C. Technology Adoption in the Presence of Network Externalities ［J］. *The Journal of Political Economy*，1986：822－841.

的，从而表现出相同的效用函数 $\nu(\,\cdot\,)$。令 X_t 和 Y_t 分别表示 t 时期认同 α 文化和 β 文化的个体数，则 $Y_t = N_t - X_t$。

t 时期认同 α 文化的个体的净效用表示为：

$$\nu(X_1 + X_2) - P_t\left(\frac{(z_\alpha - z_0)}{z_0}\right) \qquad (9-24)$$

同理，t 时期认同 β 文化的个体净效用表示为：

$$\nu(Y_1 + Y_2) - Q_t\left(\frac{(z_\beta - z_0)}{z_0}\right) \qquad (9-25)$$

社会个体认同某种文化的过程，也就是逐渐接受某种价值判断标准，并以此为指引实现"人化"的意义实现过程，这一过程贯穿文化的再生产。第一期认同某种文化，则该种文化进入文化再生产的生产集，从而生产出新的文化，假定基于第一期文化投入生产出的新文化在价值判断标准问题上并没有发生本质性的改变，唯一发生改变的是文化的载体（布迪厄将文化资本分为具体化的文化资本、客观化的文化资本和体制化的文化资本，我们可以认为新的文化仍然以三种资本的形式继续存在）和下期文化认同需要付出的成本，而两种新的文化将在第二期重新被个体认同并被投入再生产。

（三）模型分析及主要结论

1. 模型求解。

首先是个体最优的文化认同均衡选择路径。

博弈第一期，个体根据对第二期文化认同人数的理性预期进行当期决策，而博弈第二期，是在给定前期认同人数规模的前提下进行的当期最优选择。因此，采用倒推法开始我们的博弈分析。

当 $T=2$ 时，个体效用取决于第一期和第二期认同某种文化的群体规模。对于 α 文化来说，能够至少增加一个正选择的均衡条件，是第一期认同该文化的个体不会出现文化认同的转移，即：

$$\nu(X_1 + X_2) - P_2(\,\cdot\,) \geqslant \nu(Y_1 + Y_2 + 1) - Q_2(\,\cdot\,)$$

或

$$\nu(X_1 + X_2) - \nu(Y_1 + Y_2 + 1) \geqslant \delta_2 \qquad (9-26)$$

同理，对 β 文化来说，均衡实现的条件是：

$$\nu(X_1 + X_2 + 1) - P_2(\,\cdot\,) \leqslant \nu(Y_1 + Y_2) - Q_2(\,\cdot\,)$$

或

$$\nu(X_1 + X_2 + 1) - \nu(Y_1 + Y_2) \leqslant \delta_2 \qquad (9-27)$$

假定效用函数是递增的，因而，式（9-26）和式（9-27）难以同时满足，也就是说，第二期必定出现一种文化占据主导地位的局面，即 $X_2 = 0$ 或者 $X_2 = N_2$。

当 $T = 1$ 时，同理，个体仅需比较 $\nu_B - P_1(\,\cdot\,)$ 和 $\nu_B - Q_1(\,\cdot\,)$ 的大小，当 $P_1(\,\cdot\,) \leqslant Q_1(\,\cdot\,)$，即 $\delta_1 = P_1 - Q_1 \leqslant 0$ 时，主体选择 α 文化，反之则认同 β 文化，其中，$\nu_B = \nu(N_1 + N_2)$，$\nu_T = \nu(N_t)$，$t = 1, 2$。

假定第二期所有个体都是同质的，选择的标准是追求消费者剩余最大化，如果存在多重均衡，则选择的标准是帕累托最优。假定 $T = 1$ 时，个体认同 α 文化，则 $T = 2$ 时的选择结果取决于前期 α 文化的网络群体规模优势（$\nu_B - \nu_2$）和认同 α 文化的成本劣势 δ_2。

对于 α 文化来说，第二期的选择结果将于第一期保持一致，当且仅当式（9-28）成立时：

$$\nu_B - \nu_2 \geqslant \delta_2 \qquad (9-28)$$

同理，对 β 文化来说，两期选择结果保持一致的均衡条件是：

$$\nu_B - \nu_2 \geqslant -\delta_2 \qquad (9-29)$$

综上所述，如果 $\nu_B - \nu_2 \geqslant |\delta_2|$，则不管第一期个体认同哪种文化，第二期个体的选择都将与前期保持一致。而当 $\delta_1 = P_1(\,\cdot\,) - Q_1(\,\cdot\,) \leqslant 0$ 时，第一期个体认同 α 文化，反之，认同文化 β。

当式（9-28）成立而式（9-29）不成立时，也就是说 $\nu_2 - \nu_B > \delta_2$ 时，不管第一期个体如何选择，第二期个体将始终对 α 文化持认同态度；当式（9-28）不成立而式（9-29）成立时，也就是说 $\nu_B - \nu_2 > \delta_2$ 时，不管第一期个体做何种选择，第二期的个体将始终对 β 文化持认同态度。此时，第一期个体的选择取决于对 $\nu_1 - \nu_B$ 和 δ_1 的权衡。具体结果如图 9-3 所示。

其次是社会最优的文化认同均衡选择路径。

假定 C_t 和 D_t 分别表示 t 时期 α 文化和 β 文化的社会供给成本，而 $\lambda_t = C_t - D_t$ 表示两种文化供给的相对成本优势，不同文化认同情况下社会总剩余分别表示为：

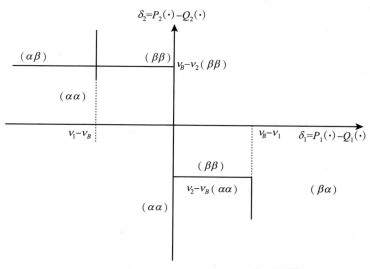

图 9 - 3　个体文化认同均衡解与成本优势分布

注：$\alpha\alpha$ 表示个体在两期均对 α 文化持认同态度，$\alpha\beta$ 表示个体在第一期选择认同 α 文化，而在第二期出现对 α 文化的认同危机，转向认同 β 文化。

$$\omega_{\alpha\alpha} = (N_1 + N_2)\ \nu_B - C_1 N_1 - C_2 N_2 \qquad (9-30)$$

$$\omega_{\beta\beta} = (N_1 + N_2)\ \nu_B - D_1 N_1 - D_2 N_2 \qquad (9-31)$$

$$\omega_{\alpha\beta} = N_1 \nu_1 + N_2 \nu_2 - C_1 N_1 - D_2 N_2 \qquad (9-32)$$

$$\omega_{\beta\alpha} = N_1 \nu_1 + N_2 \nu_2 - D_1 N_1 - C_2 N_2 \qquad (9-33)$$

其中，$\omega_{\alpha\beta}$ 表示第一期选择 α 文化、第二期选择 β 文化时的社会总剩余，其他含义相似。

式（9-31）-式（9-30）得：$\omega_{\beta\beta} - \omega_{\alpha\alpha} = \lambda_1 N_1 + \lambda_2 N_2$。因而，在两期选择保持一致的前提下，社会最优时到底哪种文化认同占主导，取决于 α 文化和 β 文化的认同成本差异。

$$(\nu_B - \nu_2) + \frac{N_1}{N_2}(\nu_B - \nu_1) > \lambda_2 \qquad (9-34)$$

当且仅当式（9-34）成立，有 $\omega_{\alpha\alpha} - \omega_{\beta\beta} > 0$。

$$(\nu_B - \nu_1) + \frac{N_2}{N_1}(\nu_B - \nu_2) > -\lambda_1 \qquad (9-35)$$

同理，当且仅当式（9-35）成立，有 $\omega_{\beta\beta} - \omega_{\alpha\alpha} > 0$。不同文化成本优势（劣势）情况下，社会最优的文化认同结果如图 9-4 所示。

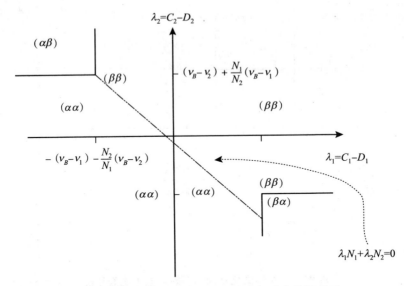

图9-4　社会最优条件下文化认同与成本差异关系

如果所有社会个体都认同某种符合价值判断标准的文化，那么社会最优的情况就是所有个体效用最大的情况，这一均衡结果是很容易实现的。但是，如果两种文化之间的转换成本很大，或者某种文化的接触成本很高时（如对某些低收入群体而言，接触高雅文化的成本明显过高），或者认同某种文化需要承担的机会成本太高（人的时间是有限的，而对某种文化形成认同的过程是高度时间耗费的，此时，行为个体可能就会放弃对其接触），社会个体的每期选择必须权衡相对成本与网络外部性收益，此时的个体最优未必意味着社会最优。个体最优与社会最优条件下，文化认同情况分布如图9-5所示。

区域1、2、3为个体最优选择和社会最优选择不一致的区域。此时，网络外部性的存在使个体行使最优决策时并未纳入其他个体的影响，因而导致群体呈现出不及社会预期的结果。只有通过政府实施必要的规制，才能实现个体效益与社会效益的统一。

但是，即便相应的政府规制措施实现了个体效益与社会效益的统一，社会最优情况下，最终占主导地位的群体普遍认同的文化选择结果并不相同（如图9-5左下角区域最终占主导地位的是 α 文化，而右上角最终占主导地位的是 β 文化），因为文化涉及价值判断标准，因此，如不加合理规制，

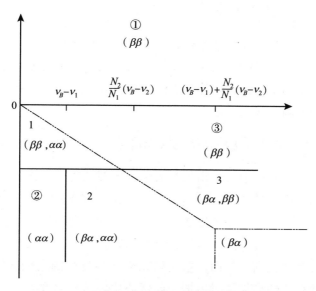

图 9-5　个体最优和社会最优解与成本差异关系

注：由于一三、二四象限是完全对称的，故本图只考察 x 轴为正的两个象限。实线分割区域表示个体最优情形，虚线分割区域表示社会最优情形。括号内的两项，第一项表示个体最优情况下的效率解，第二项为社会福利最大化下的均衡解。只有一项时表示两期选择结果一致。

最终群体内占据主导地位的极有可能是不符合主流价值判断标准的文化。

2. 主要结论。通过对纳入网络外部性的个体文化认同博弈模型的构建，考察不同成本条件下文化认同主体的理性选择，可以得出以下结论：

第一，文化认同与文化再生产过程具有极强的网络外部性，"对何种文化认同"的决策取决于对认同成本优势和网络外部性大小的权衡，对某种文化认同的人数越多，社会凝聚作用越强，因此形成的对经济社会发展的促进作用越强，该种文化发挥的社会效益也就越大。同时，还得出不同成本条件下，各期个体最优的均衡选择和社会最优的均衡选择的分布。

第二，在某些成本区间内，文化认同过程中表现出的网络外部性特征降低了单纯的成本因素对个体行为决策的影响，个体最优与社会最优的文化认同均衡选择结果存在差异。

第三，在成本优势相对网络外部性的影响较小时，最终将会有一种文化占据主导地位，而另一种文化优势会逐渐丧失，但是因为并未涉及主流价值判断标准问题，社会最优情况下占据认同优势地位的文化有可能是不符合主流价值判断标准的文化。

第四，如果社会个体认同某种文化的成本是价值判断标准偏离程度的增函数，则文化认同博弈的最终结果将是：与主流价值判断标准偏离越小的文化因成本优势和网络外部性优势越容易占据主导地位，而对偏离程度较大文化的认同优势逐渐衰减甚至最终消失。

（四）政府引导文化消费传播的实现路径

文化消费传播过程中表现出的交叉网络外部性实质上并非单纯意义上的某一文化产品本身的外部性，而是文化产品外部性特征的进一步放大。网络外部性的存在，使一种文化传播次数越多，因此产生的外部性作用越强。因此，政府应对文化消费传播过程进行合理引导，有效利用文化的网络外部性特征增进社会整体福利。然而，基于网络外部性特征的文化认同模型表明：正负外部性的存在使得均衡时占据认同优势地位的文化可能会与政府想要实现的文化发生偏离，随着文化传播范围的扩大，网络外部性的存在将这种偏离无限放大，未来文化成长面临极高的不确定性。因此，为解决文化传播过程中的不确定性，政府引导文化消费传播的实现路径有两个方面：一是对文化传播平台进行管理；二是传播平台的网络化建设。

1. 对文化传播平台的管理。当前，对于传统文化传播平台，如报纸、电视、电视台等，政府文化管理部门正在加强文化传播管理，在一定程度上发挥了传播平台对外部性的筛选功能，保证在形成较大程度的网络外部性之前，自觉屏蔽负外部性的"文化垃圾"。然而，随着网络和信息技术的迅速发展，各种新媒体平台纷纷涌现，它们凭借网络信息量大、传播迅速及时以及传播范围广泛的特点而迅速成长，如不对该类文化传播平台实施有效管理，稍有不慎，便会导致某种文化的迅速蔓延，导致文化成长中极大的不确定性。政府对文化传播平台的管理，应充分发挥引导、扶持和筛选机制构建功能，尽可能降低文化消费传播中的不确定性。

首先，强化政府对文化传播平台的引导和扶持。积极引导文化传播平台对正外部性文化的传播，始终坚持正确的舆论导向，弘扬社会主义先进文化和核心价值观，宣扬积极向上的生活理念和人生信仰；通过政策扶持、补贴激励等方式建立一批文化信息资源及时丰富、外部性强度大的优秀的文化传播平台，以弘扬中国丰富的传统文化，抵御外来不良文化的侵蚀。

其次，通过构建相关法律制度，实现对文化传播平台的规制。当前，有关文化传播管理的法律法规较少，《互联网信息服务管理办法》和《电信管理条例》自发布起就一直对文化传播过程实施原则性的规范管理，但至今尚未形成可操作性较强、体系较为完善的文化传播平台法律规制框架。因此，应针对文化传播的特殊性，完善文化传播领域内的立法，建立可操作性较强的法律制度框架。

最后，强化技术研究，屏蔽负外部性的"文化垃圾"。对负外部性文化的屏蔽并不等同于内容管制，而是坚持正确舆论导向和尊重先进文化的结果。纵观世界各个国家都在强化技术对色情、暴力以及反社会倾向的消极文化的筛选，应借鉴新加坡《联合早报》相关网络论坛管理办法，完善筛选机制和规制措施。

2. 传播平台的网络化建设。通过加强文化传播平台的网络化建设，扩大文化传播范围，增强网络外部性功能的发挥。主要有两种实现方式：一是发挥政府对传播平台网络化建设的扶持力度。香港地区先进的文化传播经验表明，某些文化产品传播渠道不畅，可能与政府在传播平台网络化建设上的支撑不足密切相关。政府文化管理机构可以通过鼓励、扶持一批剧场、院线等传播平台采取联盟等方式，通过低票价策略直接给予观众补贴，使所有院团都能通过政府控制的这个平台提供正外部性的文化产品。二是强化传播平台自身对网络化建设的重视程度。只有提高传播平台自身网络化建设的意愿，形成其对弘扬、宣传正外部性文化的内生动力，才能自觉进行文化传播，以网络化传播渠道的畅通实现对外部性的放大和对文化成长不确定性的克服。

第十章　中国文化管理体制机制改革创新发展路径

　　文化管理体制改革创新发展路径要以改革发展历程为基础，充分总结文化自身发展规律，密切联系政府文化管理职能定位，以此创新文化管理体制机制，重构富有效率的文化供给体系，保障人民基本的文化权益，实现文化的发展与繁荣。

　　首先，文化具有其自身内在发展规律。一是文化发展具有自主性。文化产品承载着人类自发形成而未加干预的思想、社会价值观以及典型的生活、行为模式，自主性特点决定了国家对任何文化生产经营以及消费传播活动均应保持充分的敬畏，以中立原则谨慎采取有关促进文化发展的干预行为。二是文化发展具有开放性。文化的消费与传播伴随着文化的互相交融与融合，这一交互过程是开放的。三是文化发展具有多元性。文化形式、结果、表现形态各异，决定了政府文化管理职能之一即是保持文化创作的自由性和多元性。文化自发发展规律决定了文化管理体制改革应采取不同以往的发展路径。

　　其次，过去文化管理体制改革的历史表明文化的供需矛盾尚未得到有效解决。尽管过去的改革实践在某种程度上解决了这一矛盾，基于外部性的文化事业和文化产业分类管理思路逐渐清晰，针对成本弊病的政府购买服务和补贴体系积极推进，政策、资金以及多元化的文化投融资体系通过扶持、引导克服不确定性成果显著，但就目前而言，供需矛盾仍是制约文化发展的关键要素。因此，对供需矛盾的解决是未来改革创新的切入点。

　　最后，文化管理体制改革创新发展路径的提出，应密切联系政府文化管理职能的定位。政府文化管理职能定位，一方面应在充分尊重文化自发发展规律的基础上，激励社会文化自由创造，另一方面应形成以引导文化消费传播为根本的文化管理方式，通过资助、奖励、促进等方式推动文化消费传播，而不应通过审查或控制等手段进行过度干预，在多元并包的基础上，以宏观管理引导文化事业、产业共同发展。

文化管理体制机制改革创新，实质上是要解决文化管理中最根本的问题——"谁来管理""管理原则""如何管"以及"管理工具"。以此为出发点，探求中国文化管理体制机制改革创新发展路径。首先，从外部性管理的角度出发，改变过去政府主导的"单一管理"模式，改为通过加强文化宏观管理，实现"文化共治"；改变政府推动下的行政管理模式，通过加强文化法治化建设保障公民基本文化权利，保证正确价值导向下的文化创作与消费自由。其次，从外部性管理、"鲍莫尔成本病"和克服不确定性的角度出发，强化政府政策、资金以及多元化投融资体系的引导、扶持作用；改变过去统一管理模式，针对文化自发发展规律和市场价值规律，对具有不同外部性特征的文化生产经营单位实施差别化管理。最后，通过完善文化市场综合执法体系建设，有效提升文化管理效能，营造良好的文化发展环境，形成对改革创新发展路径的支撑保障。具体如图 10 - 1 所示。

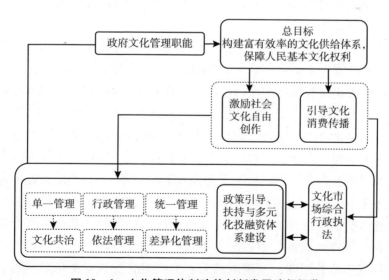

图 10 - 1　文化管理体制改革创新发展路径概览

一、以社会效益为改革核心，创新文化管理体制机制

文化产品强大的外部性特征使政府行使文化管理职能成为一种必然。培育和践行社会主义核心价值观，充分发挥文化更强的社会效益，一直是我们积极进行文化正外部性管理的根本目标。中共中央总书记习近平在主持十八届中央政治局第十三次集体学习时也曾强调："把培育和弘扬社会主义核心价值观作为凝魂聚气、强基固本的基础工程，继承和发扬中华优秀传统文化和传统美德，广泛开展社会主义核心价值观宣传教育，积极引导人们讲道德、尊道德、守道德，追求高尚的道德理想，不断夯实中国特色社会主义的思想道德基础。"因此，为使文化充分发挥更强的社会效益，需要积极探索管理体制机制上的创新，以推动社会主义核心价值体系的构建。

（一）着力完善文化管理体制

当前，文化一直处于党委宣传部门和政府文化管理部门的双重监管下，体制不清一直是阻碍文化长足发展的较大障碍。文化管理体制改革应进一步完善宣传部门和政府文化管理部门的分工，突出宣传部门的领导作用，强化政府文化管理部门的执法职能，以更好地实现文化的社会效益为目标，共同推动文化健康发展。

党的十八届三中全会提出了"建立党委和政府监管国有文化资产的管理机构，实行管人管事管资产管导向相统一"的要求。山东省探索出了一条创新省属文化国有资产管理的新模式，这一模式为文化管理改革中面临的导向、资产等问题提供了一种可借鉴的有效路径。具体操作方式可以概括如下：为行使文化资产监督管理的领导决策以及综合协调，组建了省国有文化资产管理理事会。理事会由省委常委、宣传部长任理事长，省政府分管副省长任常务副理事长，省委宣传部常务副部长、省财政厅厅长和省国资委主任任副理事长，省委宣传部等有关部门、单位分管领导任成员。省委宣传部负责理事会日常工作，省政府授权省财政厅和省社保基金理事会履行国有文化资产出资人职责，由省国资委履行基础管理职责。这一模式明确了国有文化资产监管原则，理清了相关各方权责，实现了文化导向与资产的有效管理。

（二）创新文化管理机制

结合前文对文化运行规律和固有特征的分析可以看出，文化管理机制的创新关键在于：一是借鉴非营利组织模式改革国有文化事业单位，建立健全理事会制度；二是在国有文化企业单位推进特殊管理股制度；三是政府直接财政投入转变为以社会效益为评价标准的购买服务；四是加大公共文化服务投入，提高教育中文化艺术教育的比重；五是创新文化人力资源管理，加大人才支持力度。

1. 借鉴非营利组织模式改革国有文化事业单位。以非营利组织形式成立艺术机构是发达国家的普遍做法，这种特殊的企业组织制度安排是与表演艺术发展规律和市场经济规律相适应的结果，能有效解决表演艺术组织中存在的各种问题，确立合理的组织存在性，实现对外向型演出的激励和内在的监督激励，构建组织与演员之间的现代契约关系。有关国有文艺院团财务困境问题的分析表明，无论是事业单位体制还是纯粹的营利性企业体制都不能适应表演艺术的发展需要。借鉴非营利组织，增加制度供给，建立健全内外部发展支撑体系，不失为改革创新的一个可取方向。一是充分借鉴国外非营利机构在法律、税收、补贴发放等方面的特殊制度安排，积极探索有利于我国文艺院团发展的中国化的非营利机构模式，为非市场领域社会产品的生产提供基本的制度基础，以其独有的激励机制吸引物质资本、人力资本聚集到社会价值大而经济价值不确定的产品生产领域，完成非营利产品的市场化供给。二是建立健全理事会制度，在制度层面确立以理事会制度为核心的治理模式，以理事会和执行层的权力分立为基础，理事会处于权力的中心，对执行层起支配作用，执行层受理事会委托负责组织的日常运作，在组织内部实行民主的集体决策机制，着力建立监事会以强化组织内部的监督机制。

健全和有效实施理事会制度是事关国内文化生产经营单位采取非营利组织模式实现健康发展的核心问题，为有效解决当前理事会制度运作中存在的诸多问题，如双重管理体制直接影响到理事会作用的发挥，理事会虚设和个人化控制的情况较为普遍，理事会与执行层的权力关系缺乏有效协调，监事会未能起到应有的监督作用等，关键在于准确定位政府的角色，确立政府监管与非营利组织自治之间的合理边界，把政府的双重管理体制转向适度监管，为非营利组织理事会制度的有效运作创造更为有利的制度条件。而非营利组织之间的适度竞争和组织对绩效的追求、管理者相关运作经验的积累，也将进一步推动理事会制度运作的成熟化和规范化。

2. 探索建立国家特殊管理股制度。党的十八届三中全会通过的《中共中央关于全面深化改革若干重大问题的决定》在"推进文化体制机制创新"部分（第39条）提出："继续推进国有经营性文化单位转企改制，加快公司制、股份制改造。对按规定转制的重要国有传媒企业探索实行特殊管理股制度。""特殊管理股"是针对已经转制的重要国有传媒集团设置的。"特殊管理股"的特殊性在于传媒企业自身既有经济属性，又有意识形态属性。随着国内文化产业市场作用的进一步发挥，上市的传媒企业将会日渐增多，如何保证与意识形态高度相关的传媒企业在不丧失主导话语权的前提下取得最大的经济效益，是一个需要重点解决好的问题。设置"特殊管理股"，无疑是为解决这一问题提供的一个值得探索的途径。

通过在国有文化单位中设置特殊管理股制度，完善我国文化类企业股权结构。一方面，解决当前我国文化类企业股权结构中存在的国有股"一股独占"或"一股独大"等问题，构建起科学合理的公司治理机制，从而有效吸引外部战略投资者和资金，建立起有效的职业经理人制度，充分利用市场化资源来实现自身发展。另一方面，有效建立党委和政府监管国有文化资产的管理机构，实行管人管事管资产管导向相统一，改变当前国家对文化导向的管理采取直接行政干预的微观管理方式，转变"办文化"的理念和思路，以"特殊管理股"这一市场化的方式和手段，充分发挥市场机制的决定性作用，真正实现"办文化"向"管文化"的转变。

3. 政府直接财政投入转变为以社会效益为评价标准的购买服务。受制于计划经济体制要求，过去很长一段时间，我国的文化供给投入往往采取政府直接财政投入方式，这种模式往往造成财政投资效率低下，文化运行机制不完善，以社会效益为核心的文化管理机制改革，实质上是解决文化运行中表现出的外部性特征和"鲍莫尔成本病"问题。

一方面，鉴于文化产品较强的外部性特征，从文化管理体制改革确立之初，文化管理部门就非常重视对文化外部性所表现出的社会效益施加管理。过去进行的文化管理体制改革的探索本质上是对文化事业与文化产业二者划分的有效探索。对文化产业、文化事业二分法的理论认识，实质上是基于文化外部性特征的判断。未来，在对文化事业和产业的划分与管理中，应继续坚持社会效益为核心的原则，具有强大的外部性和公共产品属性的文化生产经营单位应采取国有或者国营的运作方式；对有部分具有较强外部性和公共产品属性，或者根本不具有公共产品属性的文化生产经营单位而言，营运上则采取国有资本入股或者民营两种方式，通过政府作为投资人以购买服务的方式对文化产业单位进行扶持、引导；产业属性较强的文化产业，则直接推向市场，发挥市场在资源配置中的决定性力量。

另一方面，"鲍莫尔成本病"是指具有劳动密集型行业特征的文化供给过程的成本不断上升，成本上升会导致文化需求降低，同时也会带来文化生产经营单位财务困境问题，影响产品供给。供给需求的双向降低形成恶性循环，导致文化供给体系无效率。文化管理体制改革创新应着力克服"鲍莫尔成本病"问题，基于文化事业与文化产业二分法的分析框架，着力构建针对成本弊病的有效的补贴体系。

一是在构建补贴体系的过程中，受制于文化事业与文化产业的划分标准，对文化事业而言，以文化的公共产品属性和正外部性为依据，采取政府全部买单的方式，完全补贴文化供给过程中的成本。而对文化产业而言，并非所有的文化产品都具有外部性，对于生产的文化产品具有正外部性，而又进行产业化生产的文化产业，采取政府购买服务的方式，对其部分成本给予补偿，建立激励性规制机制；弱外部性文化产品的生产应推向市场，充分发挥市场在资源配置中的决定性力量。

二是在构建合理的补贴体系应对"鲍莫尔成本病"问题的过程中，应着力构建基于文化外部性特征和文化生产供给特性的补贴机制。调研发现，当前，即便是已进行先行试点采取购买服务方式的补贴机制也尚未形成健全的体系，补贴行为和目标之间严重不匹配。比如当前普遍采用的项目制的补贴方式，补贴资金依旧流向了国有性质的大型院团，对于中小型艺术院团的成本补贴严重不足，同时在补贴方式上，依然采用优秀剧目补贴等方式，补贴方式单一、项目评比困难等现实问题制约着以补贴方式克服"鲍莫尔成本病"的改革路径的有效推进。因此，补贴机制的建立应以社会效益为核心，坚持目标导向原则。

三是着力解决当前在应对"鲍莫尔成本病"问题上的认知偏差，避免补贴不当行为的发生。当前我国文化生产经营单位成本居高不下的原因来自两方面：第一是文化生产过程与生俱来的根本属性，即我们所定义的"鲍莫尔成本病";第二是计划经济体制遗留下的文化生产经营单位内部普遍存在的管理体制机制不顺、运行效率低下、竞争能力不强、生产能力较弱等因素造成的高成本问题,这一问题实质上是市场化不足的表现。然而,在文化管理体制改革的实践进程中,两种因素交织在一起,共同表现为提供的文化产品和服务成本较高,文化生产经营单位入不敷出。全面认清"鲍莫尔成本病"问题,是有效解决上述问题的关键。

4. 加大公共文化服务投入,提高教育中文化艺术教育的比重。以社会效益为改革核心,重点应加强对公共文化服务体系建设的投入,关键在于解决资金投入的问题。要抓紧制定支持和保障公共文化服务体系建设的投入办法,使公共文化基础设施和公益性文化事业单位所需的资金有稳定的来源和保障。一方面,通过加大投入与改进投入方式的结合,采取政府采购、项目补贴、定向资助、贷款贴息、税收减免等政策措施鼓励各类文化企业参与公共文化服务。另一方面,拓宽投入渠道,引导和鼓励社会力量通过兴办实体、资助项目、赞助活动、提供设施等形式参与公共文化服务,努力促进公共文化服务的多元化和社会化。

5. 创新文化人力资源管理,加大人才支持力度。文化人才队伍是文化建设事业的主体,在整个文化建设中居于支配地位,是社会主义先进文化的生产者、传播者,是党的宣传文化事业的主力军。文化发展面临的三大核心问题中,"鲍莫尔成本病"本身就是人的因素造成的生产力滞后,而不确定性的存在也在很大程度上来自人才创作和传播过程中表现出的不确定性。有关文化产品及服务外部性属性的判断,也更多地体现为思想意识、道德观念、风俗习惯等人为因素。因此,为有效解决文化发展中面临的文化人才总量缺乏、结构错位和阶段性失衡等多重问题,进一步繁荣发展我国文化事业和文化产业,推动社会主义文化大发展大繁荣,需要积极创新文化人力资源管理,加大人才支持力度,加强以文化行政人才、文化经营管理人才和文化艺术专业人才为主体的文化人才队伍建设。一是积极转变观念,确立文化人才队伍建设的新思路。随着市场化、信息化、国际化进程的不断加快,以及文化体制改革的深入推进,文化人才队伍建设发生了深刻变化,当下,发展文化要站在时代的高度,牢固树立人才资源是第一资源的观念,准确把握新形势下人才工作的重点和规律,增强开放意识,创新文化人才培养的思路和途径,走出一条符合中国特色社会主义的文化人才队伍建设的新路。二是创新文化人才培养模式，探索文化人才队伍建设的有效途径。应着力提高对文化艺术教育投入占教育投入的比重，以资金支持专用性人力资本积累，着力加强对紧缺型文化人才的培养，优化人才结构；充分认识到实践对专业人才成长的重要性，有意识地为人才提供大项目、大事业的平台，强化实践锻炼；积极拥抱互联网，应用信息化手段对文化人才培养提供有力支撑，提高文化人才队伍建设在培养、管理和使用等方面的科学性、合理性和有效性。三是深化改革，建立富有活力的人力资源管理体制机制。围绕培养、选拔和使用这三个关键环节，从培养方式、竞争机制、倾斜政策、重奖突出成果、改革分配制度、搭建工作平台以及加强人事管理等方面建立规范系统的管理措施，通过健全完善的人力资源管理体制提高人才使用效率，提高社会文化创作、供给和传播的自由文化氛围。

二、以"宏观管理"和"依法管理"为突破，强化文化管理职能

文化产品外部性特征的存在，使其单纯依靠市场机制难以形成有效供给，造成文化产品自发供给不足问题；正负文化外部性的存在，使正外部性的文化产品供给不足。为有效应对文化供给体系失灵状况，文化管理体制改革应以以下两个方面为着力点，实现对外部性方面的有效管理。

（一）加强文化宏观管理，从"单一管理"转向"文化共治"

经济学视角下的文化宏观管理，实质上是解决文化生产、传播与消费过程中普遍存在的外部性和"鲍莫尔成本病"问题。从实践来看，文化宏观职能在于通过理顺文化管理各主体，如党政、政企以及文化管理单位与下属单位之间的关系，明确界定各主体职责，实现政府文化管理职能的转变，通过完善的文化管理体制，建立起适应社会主义市场经济体制、政治体制的文化行政管理体制，更好地服务文化单位创作、生产的自主权，营造良好、自由的文化发展环境，满足人民日益增长的文化需求，促进社会主义文化大发展、大繁荣。

实现"激励社会自由创作、引导文化消费传播"目的，实现社会效益与经济效益的统一。因此，文化管理体制改革的创新，首先需要转变政府文化管理职能，实施文化宏观管理。长期以来，中国文化管理部门"政企不

分""管办合一"，过度依赖行政管理而忽视法治，过分强调政府对直属文化部门的直接管理而忽视社会共治，严重制约着公共文化服务能力的提升和文化产业效率的提高。未来，政府应积极转变文化管理职能，明确管理目标，以实现文化外部性的提升和"鲍莫尔成本病"的克服为依据，实行文化宏观管理。

文化宏观管理职能的实现，需要把政府从办文化的具体事务和微观管理中解放出来，从原来以行政力量推动文化建设与发展，转变为以"管人、管事、管资产"相结合的间接管理模式上来，通过制定合理、有针对性的政策和推动富有效率的文化监管，实现宏观调控与严格监管的协调一致。

文化宏观管理职能的转变，需要转变政府监管主体和手段。改变过去政府单一行政管理的状况，借鉴现代国家实施的"多元共治"思路，调动文化生产、经营、消费、传播以及监管等各层面参与主体的积极性，综合运用自我规制、政府规制和共同规制手段，以文化生产经营单位自我监管、行业协会自律、政府宏观调控为原则，构建多层次的文化管理体系。

文化宏观管理职能的实现，首先，关键环节在于完善部门组织架构，探索进行"大部制"改革。统一文化、新闻出版、广电、体育等文化管理部门，建立"大文化"管理体制。其次，整合文化管理部门资源，协调整合部门性政策、条例、法规、特许权以及公共财政经费等，对明显存在成本病问题、饱受财务困境影响的文化生产经营单位，制定持续、稳定的财政补贴机制，以党政协调、政府调控为手段，实现文化统管。最后，肃清文化经营、传播环境，优化文化市场综合执法体系，对文化产品和服务各环节进行实时监督与管理，建立健全完善的文化市场监管网络。

（二）加强文化法治建设，从"行政管理"为主导转变为"依法管理"

政府行使文化管理职能的根本目的在于保障公民基本的文化权利，保证公民文化创作自由、思想自由表达和符合价值判断标准的文化消费自由。政府采取的任何措施都不能对公民的文化基本权利造成侵犯，即使出于维护公共利益、保护国家文化安全以及保护未成年人的目的，文化管理也应时刻坚持依法管理原则。

文化依法管理应改变过去文化行政管理部门在文化"管""办"问题上大包大揽的局面，规范文化行政管理行为。任何政策的出台与发布、管理措施的实施以及行政处罚的开立，都应以宪法规定的保护公民基本文化权利为前提，坚持法律框架下"目的正当、手段适当、侵害最小，法益均衡"的规则，加强文化法治建设，使文化管理有法可依、有法必依。

文化依法管理对政府行使文化管理职责进行了明确的界定，即一切文化行政管理行为的推行，都要以保护公民基本的文化权利为出发点，任何有损公民文化自由的干预行为，都是不适当的文化管理。当然，政府文化管理部门的职责并非仅在于遵守法律，依法管理仅是提供了管理行为的底线，底线之上，政府仍应以外部性管理、成本病以及不确定性的克服为目的，积极推动文化管理效能的提升。政府依法实施文化管理职能，重点在于加强文化法治建设。

1. 文化法治建设的必要性。文化是制度之母，是社会最重要的黏合剂，是民族凝聚和国民精神的根基。

文化繁荣与发展在国家发展和社会进步中占有举足轻重的地位。完善的文化领域的立法是构建中国法律体系、建设法治国家的重要基础。尤其在党的十八届四中全会提出依法治国基本方略的现实背景下，文化领域立法的相对滞后和不完善引起了高层的广泛关注，文化法治化建设被列入重点立法领域。因此，未来在文化领域建立健全法律法规体系，以法治思维和方法推动文化事业和文化产业的发展，是实现建设社会主义法治体系的总目标、充分保障文化基本权利、尊重文化发展规律、实现文化可持续发展的重要保障。

2. 文化法治建设的发展路径。文化法治建设的根本目的在于明确政府文化管理职能边界，以便在法律框架下充分发挥自身职能，更好地以外部性管理、成本病以及不确定性的克服为目的，积极推动文化管理效能的提升。文化立法体系的完善是文化法治建设的基础，文化立法应坚持以下原则：

首先，以共识性重点领域撬动文化立法进程。当前，中国文化领域法律建设存在行业立法缺失、立法盲点多、立法层级低、权威性和稳定性较弱以及基本法律制度缺失等问题。因此，在尚未形成完整的文化法治建设共识条件下，整体性的文化立法建设难以有效推进。应紧密结合当前在文化领域立法问题上存在的一些共识，比如从文化产业和文化事业两分法的文化管理思路出发，制定旨在保障公共文化服务的"公共文化保障法"和促进文化产业发展的"文化产业促进法"。像此种共识性的重点领域，应作为文化立法的出发点和着力点，以此为起点撬动整个文化法律法规体系框架的建立和完善。

其次，基于先易后难原则，逐步推进文化立法工作。文化立法缺失、立法盲点较多的现实决定了完善的文化法律法规体系建设应逐步推进。立法实践中，应以文化基本法的制定为基础，首先搭建文化法治建设的整体框架，形成纲领性的法律指引，比如上面提到的有关公共文化服务和文化产业的两部法律和《文化基金管理法》等，然后基于服务具体部门法的角度，结合文化生产、消费与传播过程的发展趋势，制定部门行业法。

再次，顺应文化领域发展趋势，对新兴领域优先立法。市场经济的发展和互联网等新技术的普遍应用，颠覆了传统文化管理方式，也对新兴领域的文化立法提出了迫切需求。手机等移动通信终端带来了文化消费与传播中的诸多问题，而当前在信息领域只有一部《电信管理条例》将文化消费作为电信增值服务进行管理，尚未出现更多系统的管理法规，文化法治建设应顺应文化领域的发展趋势，时刻关注政府文化管理需求，通过纲领性的文化立法为政府文化管理职能提供指引。

最后，文化立法的根本在于保障文化基本权益。无论是文化基本法还是部门行业法的制定，除了为政府行使文化管理职能提供法律依据之外，更重要的在于通过法律体系的构建，实现对文化供给和消费过程中的权益保护。当前公共文化服务供给大多停留在通过充分发挥政府文化管理职能，满足人民对于公共文化服务的需求层次之上，而较少关注文化权利的实现和未来文化的可持续发展，据统计，在 64 部有关文化的行政法规中，只有 8 部与保障文化权益、促进文化发展相关。文化立法体系的建立和完善应改变"重管理轻权利"的现状，以此实现对激励社会文化自由创作和社会文化繁荣发展的促进。

三、强化政策扶持与多元化投融资体系建设，构建新型文化投融资管理体制

文化生产经营中的"鲍莫尔成本病"问题以及文化发展的不确定性，决定了资金在文化发展中的重要性。文化管理部门应改进政府对文化产业和事业的投资结构与扶持方式，通过制定有针对性的激励性政策，通过行政给付方式给予饱受成本病问题困扰又极具正外部性的文化生产经营单位持续、

稳定的文化补贴，构建多元化的投融资体系缓解文化生产经营单位在发展各阶段面临的不确定性，将能够有效起到"激励文化自由创作、引导文化消费传播"的核心政府文化管理职能。

尤其在金融市场迅速发展、金融工具加速创新的时代背景下，充分利用资本市场和各类金融工具，构建完善的文化投融资体系，将能有效发挥政府政策、资金的扶持、引导作用。一方面，通过发挥资金在优化资源合理配置中的作用，满足文化生产经营过程对资金的需求，降低生产经营成本，引导、支持文化事业和产业的发展，缓解文化成长过程中的不确定性，形成良好的文化生态，促进其可持续发展；另一方面，通过政府政策、资金倾向性投放，引导文化发展和前进的方向。

任何产业的发展都需要持续的资金支持，文化产业高度不确定性的特点，决定了对多层次、多渠道、多元化的文化产业投融资体系的迫切需求，而政府一项非常重要的管理职能就在于构建完善的文化投融资体系。一方面，通过资金引导文化发展和前进的方向，需要建立健全完善的文化投融资体系；另一方面，通过发挥资金在资源配置中的作用，引导、支持文化事业和产业的发展，避免文化成长中的不确定性，形成良好的文化生态，促进其可持续发展。

（一）投融资体系建设对文化发展的必要性

1. 多元化的文化投融资体系建设，是深化文化体制改革、实现文化领域可持续发展的重点。传统文化管理模式下，政府通过行政手段干预、配置文化资源，造成资源在体制内循环，市场经营机制并未完全建立，造成行业壁垒严重、体制机制不顺以及产业事业结构不合理等问题，深刻影响未来文化行业的发展。尽管为应对文化领域存在的外部性、成本病和不确定性，当前政府积极通过政策支持、引导文化发展以及通过构建文化投融资体系畅通社会资本进入通道等方面取得了一些进展，极大地激发了社会办文化以及大众创新的热情，但是受制于原有文化管理体制机制，仍然存在一些阻碍其纵深发展的痼疾。因此，针对改革实践中存在的行业壁垒严重、结构不合理以及行政干预过度等问题，一方面，应发挥市场在资源配置中的决定性力量，弥补过去行政垄断在文化管理中的低效率；另一方面，转变文化发展方式，以人力资本累积、技术进步和创意提升替代过去单靠行政撮合、政府投入以及资本资源投入为主的发展模式。这就需要通过多元化文化投融资体系建设，通过发挥资金的引导、支持作用，以资金杠杆挑战文化纵深发展的痼疾，形成内涵式发展的持久动力。

2. 多元化的文化投融资体系建设，有助于实现文化与金融的互动式繁荣与发展。文化生产的过程，实质上是以非物质文化资源为基础，通过资本、劳动以及技术投入，融入人类思想、社会价值观等，进行社会化生产的过程。文化生产"重创意、轻资产"的特性以及资源和能源依赖度低、行业附加值高等特性，符合当前中国建设节约型社会、低碳环保等绿色经济的发展要求，加之中国自然文化资源丰富，文化发展具有先天优势。然而，一方面，过去单一国家财政支持的方式造成资源在体制内流通，影响社会资本和金融资本进入，丰富的文化资源难以得到有效开发；另一方面，从文化自发发展规律来看，文化普遍存在外部性特征，而文化生产经营与消费传播过程中存在生产力滞后以及成长面临极大不确定性等问题，使得市场机制缺乏和盈利动力不足，导致社会文化自发供给不足和社会创造缺乏活力等问题。

因此，应基于中国文化发展的历史和发展规律，通过多元化的文化投融资体系建设，解决文化发展过程中存在的成本问题和供给不足问题，为重点产业提供政策支持，通过投资推动创意人才培养和文化资源开发，以资金撬动文化发展的内生动力。同时，作为新型行业的文化领域的快速发展，也将促进金融业务创新和盈利能力提高，实现金融与文化的互动共赢。

（二）文化投融资体系建设中存在的问题

金融在支持文化产业发展探索方面已经取得了积极的进展。文化管理部门连同金融、财税、保险等部门从政策上为国家支持文化企业、拓宽融资模式、解决发展的资金问题提供了有效的指引，在一定程度上克服了文化产业发展成长各阶段面临的各种不确定性。文化管理体制改革不断深化，极大地解放了文化生产力。文化产业飞速发展，文化资源配置效率明显提高。2013年，全国文化产业实现增加值2.1万亿元，相对2012年增长15%，占当年GDP比重的3.77%。通过文化市场募集的资金规模迅速增长，截至2013年年末，各类文化产业股权投资基金共57只，募集资金规模超过1350亿元。总体而言，当前依托资本市场、社会资本以及财税政策的文化投融资体系建设成效明显，正逐步发挥资本对文化的撬动作用。

当前来看，金融领域与文化领域的深入融合尚未形成，完善的投融资体系尚未完全建立，受制于文化领域"轻资产、重创意"的行业特征，以及发展规模较小的现实，金融支持难以有效满足文化生产经营单位对资金的需求，具体存在如下问题：

1. 融资渠道不畅，金融产品创新不足、针对性不强。文化生产经营单位的特殊性，使间接融资渠道受阻。"轻资产、重创意"是文化产业典型的资产特征，创意、版权、设计等无形资产难以准确评估且变现能力较弱。同时，当前中国文化产业信用担保法规体系不完善，信用担保制度尚未确立，担保制度缺失问题严重，在固定资产缺失的情况下，难以通过提供第三方担保的方式应对资产抵押不足问题，这种特殊性决定了文化生产经营单位难以在传统抵押信贷模式下获得充足资金。

直接融资要求融资方通过出让部分股权获取资金，主要依赖上市融资、风险投资以及股权众筹等模式，现行投融资体制之下，文化生产经营单位一般规模较小、持续盈利能力较弱、管理结构不完善、不确定性较多，主板上市几乎不可能，甚至创业板都难以通过监管部门审核。直接融资和间接融资渠道不畅严重制约了文化生产经营单位的融资需求，加剧了不确定性问题的严重性。加之文化原本属于事业单位，过去资金需求过度依赖财政投入而与金融机构的关联性较弱的现实，使金融机构对其发展关注度不够，对其特殊性了解不足，从而造成针对文化领域的文化产品创新不足，针对文化领域的信贷产品支持和多层次的投融资服务体系缺失，资本市场在文化企业兼并、重组以及增资、扩容等方面的金融服务缺乏等问题。

2. 文化产业的特殊性影响投资者决策，造成金融资本和行业外资金进入障碍。文化产业"高投入、高风险、高回报"以及产品生产周期长、制作成本高、资金回收慢、抵押担保不充分、企业规模小、管理制度不完善等行业特殊性，使直接融资和间接融资进入文化领域的通道受阻。同时，如前所述，因文化生产经营单位项目管理经验和优秀的文化创意缺乏，政府管理政策以及有关知识产权保护的法律体系建设不足、文化发展环境保护不力等问题引发的行业投资不确定性特征，使行业外资金进入文化产业的障碍也较大。

3. 当前投融资体系难以形成对不确定性的有效规避。完善的投融资机制一方面能够满足文化生产经营单位多样化的资金需求、发挥资金的资源配置作用；另一方面能够以法律保护投资者权利，给予投资者有关未来文化收益的合理、稳定预期，从而吸引各类资本进入。但当前投融资体系难以形成对不确定性的有效规避，主要原因在于：第一，当前投融资体系难以为投资者进行项目未来收益的合理预判提供充分的信息，资金供给者往往基于个人信誉评判项目投资风险，难以形成规模化的资金供给和对文化生产经营的广泛支持；第二，有关产权保护的法律法规难以有效遏制盗版、剽窃问题，文化发展不确定性的外部环境使投资者难以形成对行业长久、稳定的收益预期，投融资体系作用的发挥大打折扣。因此，通过完善的文化产业投融资体系构建，形成投资者稳定的收益预期，通过法律法规对投资者实施保护，从而吸引各类资本进入，是克服文化产业发展中普遍存在的不确定性问题的关键。

4. 文化生产经营单位和金融机构之间缺乏完善的业务人才对接。中国文化生产经营单位是在传统文化事业体制下逐步形成的，内部人才结构以专业性的艺术、演艺人才为主，缺乏具备一定经济学、金融学、财务管理方面知识的管理者，在内部存在资金需求时，往往将目光投向传统性的信贷抵押融资模式，对直接融资，如上市、风投、众筹等了解不多，影响其资金募集渠道；对银行等金融机构而言，从业者具备较强的金融学素养，却对文化生产的自发运行规律了解不多，难以结合文化企业自身制定完善的资金扶持计划。文化生产经营单位和金融机构之间的人才断层、严重的信息不对称问题成为二者之间有效对接的障碍，有些金融机构甚至直接放弃了文化领域。

（三）强化政策扶持、引导，建设多元化文化投融资体系

中国文化产业投融资体系创新发展路径的实现，应主要围绕金融资本、社会资本和财税政策三方面展开。通过三方面的联动，满足各种类型文化产业和公共文化服务在各阶段对资金的多样化需求，从而实现资金对行业的引导、支持作用。金融资本、社会资本和财税政策对文化的作用机制如图 10 – 2 所示。

1. 政府对文化发展的扶持、引导。政府对文化发展持续、稳定的投入是文化获取长足发展的持续动力，政府对文化发展的支持、引导，重点在于：一方面，对文化产业实施政策性支持，加大资金支持力度；另一方面，转变政府投资对象和扶持方式。

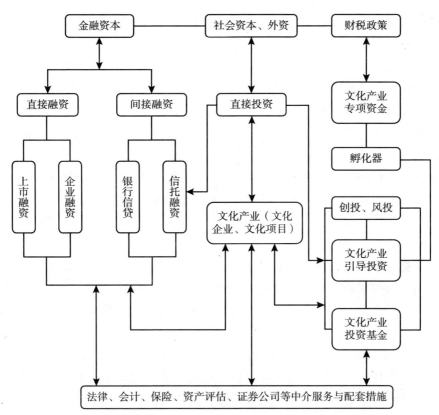

图 10 - 2　金融资本、社会资本和财税政策对文化的作用机制

（1）对文化产业实施政策性支持，加大资金支持力度。

从具体的政府扶持文化领域来说，主要存在两种方式：一是政策性支持，主要通过税收减免、减免土地租金、削减企业购地成本等形式的政策优惠；二是资金直接支持，主要通过项目补贴、贷款贴息、投资补助以及借贷担保等方式。

政策支持方面，应强化税收扶持政策的有效性。当前，中国已经形成涉及增值税、营业税、企业所得税和印花税等多个税种门类的文化产业税收扶持政策体系，税收扶持政策在文化产业发展，尤其是民营文化企业的成长过程中，发挥了巨大的推动作用。但在当前文化快速发展的时期，现行税收扶持政策与文化产业发展的形势存在脱节、滞后和矛盾之处。强化税收扶持政策的有效性是指：一方面，强化税收扶持政策的针对性。税收优惠政策应体现政府的文化导向，针对不同文化产业和具有不同社会效益的文化产品及服务，依据不同的文化产品层次如高雅严肃性文化项目和通俗文化项目、不同的文化消费对象以及不同的盈利能力，分别实施差别化的税率和不同程度的优惠政策，以此调节文化资源配置，引导其向符合国家利益的方向发展。另一方面，强化税收扶持政策的实效性。税收政策的实施应以效率为基本原则，从经济运行的角度而言，税收应有利于提高企业的经济效益，促进社会资源的有效配置，当前中国文化产业普遍税赋较重，现行增值税在一定程度上存在对文化创意产品重复征税现象，同时没有对无形资产实施进项抵扣，而部分优惠政策仅限企业初创期的 1~3 年，与文化产业成长的长周期不相适应，税收扶持政策的有效性需要以较强的实效性为依托，符合文化产业自身的发展规律。

资金支持方面，政府应通过直接支持和间接支持两种方式发挥支持、引导文化发展的职能。直接支持主要通过项目补贴、贷款贴息、投资补助以及借贷担保等方式，间接支持主要通过构建多元化的文化投融资体系，构建政府投入、社会资本参与相结合的综合模式。

（2）转变政府投资对象和扶持方式。政府需要通过转变扶持方式，充分发挥市场在资源配置中的主导地位，以此促进文化事业发展和产业效率提高。具体包括政府投资对象转变和扶持方式转变。

首先，政府投资对象的转变。过去政府财政支持大多集中在以国有文艺院团为代表的国有文化单位，在通过银行等间接融资手段筹集资金时，政府广泛提供信贷担保，一定程度上造成资金向国有单位的倾斜。未来，政府应合理界定投资对象，加大政府对存在较强正外部性，又具有明显生产力滞后特征的文化生产经营单位的投入，通过政策、资金引导，鼓励社会各主体尤其中小型文化企业加大文化创新力度。

其次，政府扶持方式的转变。中国政府对文化生产经营单位的扶持普遍采用财政拨款、直接注资等方式，对产业项目实施普遍资助，不分等级，不分档次，不加甄选，造成资金使用效率不高、资金用途难以有效控制、提供的产品和服务外部性不高等问题，本应得到政府资助的兼具社会效益和经济效益的文化项目失去了资助机会，本应被淘汰的项目仍然存在，违背了市场自发运行规律。

未来，政府应积极转变扶持方式。一方面，应采用市场化路径，以激励性的资金支持为手段，通过与文化生产经营单位签订契约、购买服务等方式，从文化产品与服务合同的签订，到创作与生产过程，直至最终的消费完结，实施效果评估与成果预判，给予达到最终要求的企业以资金划拨或额外奖励。具体可以参考国外模式，采用项目补贴、贴息贷款、担保以及引入扶持非公有资本等模式，形成以政府扶持为主导、非公有资本有效参与的新模式，实现对文化自由创作的激励。另一方面，建立政府主导的文化产业投资基金。文化产业投资基金在国外发展十分成熟，可以分为证券市场主导型、银行主导型和政府主导型。文化产业投资基金作为一种为未上市企业提供股权投资和经营管理服务的集合投资制度，十分契合当前中国文化企业资金需求旺盛、上市企业较少、经营管理制度不完善的现实。应充分利用其市场化的运作模式，以资金和对经营管理活动的监督，实现文化技术创新水平的提高，撬动文化产品和服务供给能力的提升。

2. 间接融资模式下，创新金融担保制度。当前，文化生产经营单位获得资金的方式为以银行信贷为主的间接融资模式，但鉴于中国文化产业刚刚起步，企业生产规模较小，注册资本不足，以及文化产业"轻资产、重创意"的特殊情况，文化产业通过传统抵押贷款等间接融资模型难以筹集足够资金，尽管某些文化企业具有较高价值的商标、专利等无形资产，但目前仍难以有效解决融资不足问题。间接融资制度框架下，创新担保制度、推动政策性信用担保机构建设以及健全文化企业信用评级制度，是解决问题的关键。

（1）创新担保物权制度，扩大抵押、质押财产范围。文化企业"重创意、轻资产"的特殊性，决定了传统担保物权制度难以有效发挥应有的效果。创新担保物权制度，扩大抵押、质押财产范围有助于提高文化产业筹融资能力。

就资产抵押而言，文化企业缺乏机器设备、厂房、原材料等固定资产，难以进行有效抵押；就质押而言，文化生产经营单位可用于质押的资产包括商标、专利、产品设计等无形资产，但资产价值往往难以有效评估，即使能够进行质押，在具体的操作实践中，版权客观存在是质押进行的基础，这就要求文化产品必须是完成创作与生产后的最终结果，但往往文化企业在创作与生产过程中对资金的渴求最为强烈，资金需求与供给的不匹配，极有可能在成长之初就面临困境。

因此，应创新担保物权制度，扩大文化企业可用于抵押、质押的财产范围。国外"完片担保"机制可以畅通文化产品制作企业获得间接融资的渠道。"完片担保"（completion guarantee）机制最早出现在 20 世纪 50 年代初的好莱坞片场，目前已在全球运作，非常成熟。国外一些大型电影项目通常会采用完片担保模式向银行贷款，利用杠杆效应，放大资金效力。其路径一般是制片人与发行人签订预售发行协议，发行人将保证金转付给银行，制片人与完片担保公司签署担保协议、支付保费，完片担保公司向银行发出保函，银行提供融资给制片人。其作用在于通过融资性担保机制，规避文化产品尤其影视作品在创作与生产过程中的制作风险，保证投资对象能够按照事先约定的内容、形式和时间期限完成。

然而，受制于国内影片审查制度的约束，国内实行完片担保机制面临致命障碍。虽然目前剧本审查改为大纲审查，但其实对制片方的潜在威胁更大，项目拍摄完成后送审，广电总局不予通过，一剪再剪，需要修改或补拍，成本和时间增加。制片方如无法获得最终电影公映许可，前期所有投入都将成为机会成本。

因此，如果在国内推行完片担保，成片审批是必须解决的问题。同时，完片担保机制在整部影片的制作过程中必须具有高度的专业性，不仅要熟悉文化作品生产流程，还需对影片完成后的各环节收益进行准确评估。完片担保机制的顺利实施，需要在改变现实约束的基础上，充分借鉴国外经验，以更好地实现间接融资渠道的畅通。

（2）推动政策性信用担保机构建设。企业获取资金的途径除抵押、质押外，还有保证。不同于其他行业，文化生产经营单位大多资本实力较弱，规模较小，难以凭借良好的声誉和偿债能力以保证方式申请银行贷款。基于此，推动政策性信用担保机构建设，以其作为文化生产经营单位的担保人，助力符合政策支持条件的文化生产经营单位获得间接融资，同时，鼓励银行、证券、信托、保险等金融机构参与风险担保与补偿机制，实现政策与资金支持的协同作用。

（3）完善文化企业信用评级制度。建立健全文化企业信用评级制度，有助于缓解信息不对称对文化企业投融资的制约。建立文化企业信用征信系统和结合文化发展规律的信用评级机制，有助于金融机构和社会投资者对其信用状况做出及时、客观的评价。有关文化企业信用评级的考核指标，可以借鉴被评估机构的财务报表、经营者素质、经营产品类别、资产状况以及资本实力、发展前景等，充分结合文化生产经营单位在各发展时期的特点，实现文化生产经营单位创业阶段的低起点与银行信贷的高标准要求相对接。

3. 创新金融产品，大力发展直接融资。应着力发展直接融资，通过设计创新性的金融产品，更好地契合文化企业的生产经营特点，满足不同阶段文化企业多样性的投融资需求。

（1）创新文化金融产品供给，密切结合上下游产业协同效应，提高直接融资份额。遵循文化产业自发成长规律与市场价值规律，打通文化产业金融服务的全链条，畅通金融支持文化的通道，通过创新文化金融产品供给，实现银行、证券、私募、保险等对文化生产经营与消费传播的支持、带动。相比银行信贷等间接融资模式，通过股票、债券、信托等资本市场进行直接融资具有简便、快捷等特点，能够结合产业自身特点，通过创新性的金融产品实现融资需求。文化产业具有较强的上下游产业协同效应，充分利用这一行业特点，构建基于行业链条的供应链金融模式。比如金融机构介入影视行业，从产品的策划、生产以及出品等各环节，利用产业链之间风险共担、利益共享的产业协同机制，降低融资成本、扩大融资规模。

（2）推动知识产权领域融资模式的创新。无形资产在总资产中的比重较高是文化企业的典型特征。文化企业中的无形资产主要有版权和知识产权等，无形资产的特殊性决定了借此抵押获得银行贷款的难度较大。当前中国文化企业大量进行转企改制以及兼并、重组，以此为契机通过集合产权、统一授信等方式，建立行业、地区以及集团内部的"共同担保机制"，可以提高资产偿付能力，畅通融资渠道。

（3）加速推进以知识产权为标的的资产证券化进程。以知识产权为标的的资产证券化进程，实质是以未来收益为保证发行证券融资的过程。资产证券化的过程，实质上并未发生知识产权所有权的转移，而是通过质押，以其未来收益为保证。该模式能够有效解决知识产权难以估值、转让困难以及变现较难的问题，提高资产流动性，同时在不发生所有权转移的情况下，保证文化生产经营单位运营的稳定性。

知识产权证券化在实业界已经有了不少成功的运作案例，尤其在当前中国对资产证券化空前支持的时代背景下，知识产权领域内的资产证券化过程也将成为中国文化生产经营单位获得融资的渠道。当前国际上通行的资产证券化的模式主要有两种：一是凭借信托著作权实现融资，实质是借助信托机构，将著作权未来收益证券化的过程，日本在电影和动漫制作中普遍采用这种模式；二是以公募和私募资金形式实现融资，通过向个人、机构投资者募资，用于募集文化创作与生产中的相关费用，日本数字内容信托公司（JDC）即是采用此种方式筹集"新人明星写真基金"。当然，公募和私募资金筹资方式需要完善有关产业投资基金、知识产权保护等方面的法律法规。

4. 畅通社会资本和外资投资文化的渠道，鼓励非营利组织和社会捐赠。

（1）改善民资进入渠道。近年来，国家相继出台了一系列鼓励民营资本进入文化产业的政策，包括2002年的《关于贯彻落实〈关于深化新闻出版广播影视业改革的若干意见〉的实施细则》、2005年颁布的《关于非公有资本进入文化产业的若干决定》、2009年的《文化产业振兴规划》、2010年的《关于鼓励和引导民间投资健康发展的若干意见》、2011年的《国家"十二五"发展规划》有关推动民间社会资本进入文化产业的详细说明，特别是2012年文化部出台的《关于鼓励和引导民间资本进入文化领域的实施意见》，首次明确将文化部管理的文化领域全面向民资放开，明确民营文化企业与国有文化单位一视同仁，享受同等优惠条件，减少审批事项，简化办事流程，信息公开等，一系列政策的出台为引导、支持非公有资本进入文化产业提供了良好的发展环境。

未来投融资渠道的畅通将是文化产业投资机制创新的关键，尽管国家一系列政策的出台为非公有资本进入文化产业畅通了渠道，但长期以来，文化建设以国家为主，民资仍然遭受不公平待遇，企业内部尚未形成现代化的公司治理体系，产权不明晰等问题制约政策的有效发挥。因此，应坚持权利与义务相对等的原则。鼓励民间资本与国有资本以联合控股的形式建立混合所有制下的文化生产经营单位，实现优势互补，从而逐步形成多元化的投资机制。

首先，文化产业具有较强的外部性属性，文化发展关系到社会秩序的安全与稳定，国家鼓励民间社会资本的进入，但需要针对不同行业领域设置不同的权限。根据2004年国家统计局制定的《文化及相关产业分类》标准，对文化产业的核心层、外围层、相关层设置不同的民间资本进入权限，从而避免民资进入对社会政治取向的潜在风险。具体如图10-3所示。

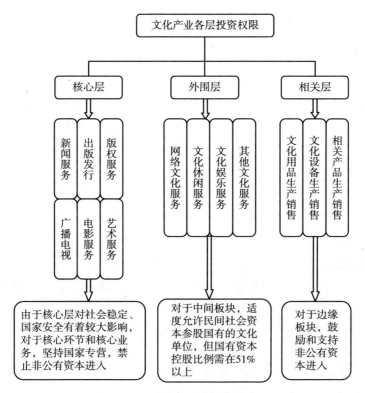

图 10 – 3　文化产业各层投资权限

　　社会资本投资文化领域，应基于文化特殊性，充分考虑政治、法律法规、投融资体系等现实因素。同时，慎重选择投资对象，充分了解投资项目的详细情况，设置严格的风险评估程序。具体来看，对于关乎国家秩序安全稳定的核心层来说，因为涉及外部性和价值标准问题，应坚持国家专营，禁止非公有资本的进入，而对外围层和相关层等，采取国家控股、民资参与等形式，对于完全社会化的产业层面，如文化用品、设备及相关文化产品的生产和销售等，则可完全放开经营权限。多层次的文化投资权限将有助于完善投融资机制，提高社会资本的积极性。

　　其次，充分借鉴多种融资模式，实现社会资本有效参与文化产业与事业建设。根据文化项目的不同特点，针对不同类型的社会资本，提供有效进入文化产业和文化事业的有效渠道。可以综合运用如 BOT 融资方式（建设—经营—转让）、TOT 融资模式（转让—经营—转让）、BTO 融资方式（建设—

转让—运营)、ABS 融资方式、PPP 模式以及众筹模式①等。

上述融资模式可以根据项目的不同特点，针对不同类型的社会资本，提供进入文化产业和文化事业的有效渠道。其中，BOT、TOT、BTO 以及 PPP 模式广泛应用于文化基础设施的建设中，而在当前快速发展的文化产业中，ABS 融资和众筹模式等借助日益强大的资本市场和互联网迅速发展，较好地满足了文化产业的融资需求。当然，随着文化产业与事业的迅速融合发展，各种融合与创新发展模式也为社会资本的有效进入提供了良好的渠道。

（2）合理引入外资。外资是发展中国文化产业必不可少的资金来源之一。当前，中国外资利用率不高，资金投入总量较少。文化产业的法治环境和知识产权保护不力、专业人才稀缺等制约了外资的有效进入。外资在促进文化产业发展中具有十分重要的作用：一是外资进入能够对产业生产能力和产业消费能力起到推动作用；二是外资进入有助于提高文化产业的核心竞争力，带来资金支持的同时带来对技术的支持（如动漫、数字类技术产品中的电脑绘画工具等关键技术），激励国内企业自主创新；三是外资为国内文化产业的品牌建设带来了先进的经验和管理模式。

然而，鉴于文化生产与传播的特殊性，外资进入文化生产经营过程，需以三方面为基本原则：一是引入外资不可影响国家文化安全；二是谨防国外文化产业投资背后的文化霸权；三是提升本国文化产品和服务在国际上的竞争力。

政府在管理上应做到：第一，对于外资企业，即使是对国家安全稳定影响较小的领域也要严格控制，采取合资的方式并保证内资的充分话语权，这样既能充分利用外资优势，又能不丧失控制权。第二，合理引入外资需要以完善的法律法规和合理的政策，营造良好的外资投资环境，充分发挥外资在促进文化产业发展中的作用。放宽政策，健全法规，在不影响国家安全的前提下，适当降低外资进入文化产业的门槛。对于外部性属性较弱的领域，如电影制作发售、印刷排版、艺术品投资、艺术品鉴定等，采取与国有资本、非公有资本合作、合资的方式。但需严格限制外资进入新闻广播等涉及国家战略安全的领域。同时，在现行《外商投资电影院暂行规定》《电影制片、发行、放映经营资格准入暂行规定》以及《中外合作摄制电影片管理规定》

---

① 众筹是指利用互联网和 SNS 传播的特性，采用团购 + 预购的形式，向社会个体募集项目资金的模式。根据购买方式和投资模式的不同，众筹可以划分为捐赠模式、奖励模式、股权模式、债券模式等。通过采用不同的模式，让小企业、艺术家展示其创意而获得资金支持。

的基础上，建立健全外资进入的相关法律法规，规范外资进入行为。

（3）鼓励非营利性组织和社会捐助。非营利性的公共文化项目一般以国有资本投资为主，但国有资本的有效进入并不意味着对社会资本进入的排除，从国际经验和中国改革开放近40年的实践来看，非营利性的公共文化项目往往是非公有资本捐助感兴趣并有所作为的领域。通过捐助各类公益性的文化项目，捐助者一方面可以回馈社会，体现自身价值，另一方面可以扩大社会影响力，增加企业知名度。

国家先后出台了一系列的税收减免政策（如1996年国务院第37号文、2006年国办发第43号文等），鼓励来自社会各方面的捐赠行为。为鼓励社会各界参与非营利性公共文化项目建设的积极性，需进一步规范并确定对捐赠者应纳税所得额的抵扣比例，逐渐建立以国家投资为主体、引导社会资金广泛参与的多元资金筹措机制。同时，通过给予捐助者一定的社会荣誉、对协助捐赠的中介机构给予奖励等方式，在全社会形成社会捐助的舆论氛围。

四、实施差异化管理，激活文化微观运行机制

以激活微观文化运行机制实现文化管理体制机制改革创新的根本在于构建充分尊重文化自发发展规律、适应社会主义市场价值规律的文化管理体制。以改革过程中的突出问题为切入点，实施区别对待、分类指导的管理策略。过去的改革历史实践已经证明，基于文化外部性特征的判断形成了管理者对文化产业和文化事业二分法的理论认识，根据不同外部性强度，对具有强大外部性属性的文化事业单位采取国有或者国营的运作方式，对于部分具有较强外部性特征的文化生产经营单位采取国有资本入股或者民营两种方式，以政府购买服务对其进行成本补贴，而对产业属性较强的文化产业，则面向市场安排生产。

未来文化管理体制机制改革创新，应充分借鉴过去二分法改革的成功经验，针对文化生产经营与传播环节表现出的不同特点，改变原来"统一管理"的模式，向"差异化"管理模式转变。通过差异化管理，采取有针对性的扶持、引导政策，激活文化微观运行机制，克服成本病和文化成长与发展中的不确定性，形成支持文化可持续发展的持久动力。

通过实施差异化文化管理激活微观文化运行机制的目标在于明确界定文

化生产经营主体在行使有关权利、责任和义务过程中的规则，促进对主体利益关系的调整，形成对主体行为人的激励和约束，努力解决成长与发展中面临的三大核心问题，从而构建富有效率的文化供给体系。

差异化文化管理模式的有效实施，首要环节在于对文化生产经营单位进行合理分类，而文化分类管理实施的重点在于：一方面，对公益性的文化事业单位而言，重点在与如何在保证其产品外部性的基础上，通过降低成本的努力提高组织绩效，充分发挥公益性文化事业单位在促进社会发展、满足公共文化需求和促进人的全面发展方面的作用；另一方面，对经营性文化生产企业而言，通过市场机制提高文化资源配置效率，在明确界定行为主体权利、义务的基础上，实现对其行为的激励和约束。

（一）以外部性为依据，对文化生产经营单位进行合理分类

对文化生产经营单位进行合理分类具有重大的实践和理论意义，《国务院关于深化文化体制改革的若干意见》明确了文化事业、企业单位两分法的改革思路，提出了顺应不同单位性质和特点，实施分类改革的要求，具有重要的指导意义。然而，鉴于事业和产业属性在具体实践操作中存在难以有效界定和合理划分等问题，文化单位改革中仍然存在"一刀切"等问题，影响改革的推进和文化生产过程中微观运行效率的提高。因此，在文化管理改革实践中，应充分考虑其外部性特征，同时结合文化产品的公共品属性，实现对文化生产经营单位的合理分类。

所有文化产品的消费与传播都具有外部性，但并非全部的文化产品都属于公共产品，对文化生产经营单位进行分类实质上依照的是其所提供的产品的外部性和公共产品属性。而当前文化体制改革实践中对文化产业、事业的划分也是基于此理论。

很多学者都对公共产品理论进行了深入研究（萨缪尔森，1954[①]；德姆塞茨，1970[②]；戈尔丁，1979[③]），对公共产品的划分主要基于是否具有非竞

---

① 保罗·萨缪尔森. 公共支出理论 [J]. 经济学与统计学评论, 1954 (11).

② Demsetz H. The Private Production of Public Goods [J]. *The Journal of Law and Economics*, 1970, 13 (2): 293 – 306.

③ Goldin – Meadow S. Structure in a Manual Communication System Developed without a Conventional Language Model: Language without a Helping Hand [J]. *Studies in Neurolinguistics*, 1979 (4): 125 – 209.

争性和非排他性特征。根据相关理论，可以将文化产品划分为以下几类：一是私人文化产品，即产品或服务的消费具有排他性和竞争性特征。对于这种文化产品，一个消费者的消费会排除其他个体对该产品的消费，比如个人购买的某种文化产品，如公开售卖的图书、CD、PSP 游戏机等。二是纯公共物品，即产品或服务的消费同时具有非排他性和非竞争性特征。对于这类文化产品，多增加任何一个消费者的消费都不会对其他个体的消费造成影响，比如公共电台、公共广播、公共文化服务等。三是准公共物品，即文化产品或服务的消费具有非竞争性或非排他性二者之一，大多数的文化产品或服务属于该类产品范畴。如果消费的非排他性与纯公共产品相当，而消费上具有竞争性，则为拥挤型准公共产品，如历史文化名胜、不收费但拥挤的公园、博物馆、图书馆；如果消费的非竞争性与纯公共产品相当，而消费上具有排他性，则为俱乐部型准公共产品，如有线电视、收费的话剧演出、剧院电影等。

对于私人文化产品，消费的排他性意味着产权的明确界定能够保障文化产品所有者的所有权，从而享有排除他人的权利，而消费的竞争性意味着随着消费者人数的增多，再增加一个文化产品消费者所需要付出的边际成本相应增加，产品的消费量反映了一定市场价格下不同消费者的支付意愿。此时，通过市场机制中价格调节作用，能够实现资源的有效配置。

对于纯公共文化产品来说，消费上的非排他性意味着对于某种文化产品的消费，任何一个消费者都难以被排除在外，任何个体都具有平等消费该文化产品的权利。而消费上的非竞争性意味着每多增加一个消费者，供给者所需要付出的边际成本都为零，同时，边际拥挤成本为零，即每增加一个消费者都不会对其他消费个体消费该文化产品的高强度的外部性和数量产生影响。此时，任何个体都可以不付费而享受该种文化产品的消费，基于个体利益最大化的"搭便车"者的普遍存在使公共产品的供给者难以弥补生产成本，长期来看，利润最大化条件下的厂商将退出该类文化产品的提供。此时，通过市场机制交换以获得文化产品的机制失灵，"搭便车"行为严重影响公共产品的供给效率和高强度的外部性，甚至造成该类产品的供给停止，文化产品和服务的供给不足，需要政府干预以弥补市场失灵。

对于准公共文化产品来说，拥挤型准公共文化产品存在一个临界的"拥挤点"，拥挤点之内，文化产品的消费是非竞争性的，即增加额外一个消费者不会减少其他消费者的消费，同时消费的边际成本为零。但是一旦超过了临界的"拥挤点"，增加的消费者就会对后进入者产生影响，因此，拥挤型准公共文化产品的非竞争性是有限度的。俱乐部型准公共文化产品具有非竞争性和排他性，单个成员对俱乐部产品的消费不会影响他人消费，这类产品的供给可以通过收费而将不愿付费的"搭便车"者排除在外，同时，只要使该种文化产品的消费者人数位于拥挤点之内，多增加一单位产品供给的边际成本是很小的，比如在网络覆盖范围内提供服务的有线电视广播以及其他具有自然垄断特性的文化设施等。

对于任何产品的供给，主要存在三种方式：市场机制、政府机制和社会机制。就公共产品而言，纯公共产品的供给，主要采取政府主导的方式，可以避免市场机制难以实现公共产品资源有效配置的弊端；私人产品的供给，可以采取市场机制和政府供给方式，但众多学者通过研究发现，市场机制在产品供给中的效率明显高于政府供给方式，因此，私人产品的供给往往采用市场机制有效解决生产经营过程中的信息不对称和激励问题；准公共产品的供给，主要采用政府机制和社会机制的混合模式。

文化分类管理实施的重点在于：一方面，对公益性的文化事业单位而言，重点在于如何在保证其产品外部性的基础上，通过降低成本的努力提高组织绩效，充分发挥公益性文化事业单位在促进社会发展、满足公共文化需求和促进人的全面发展方面的作用；另一方面，对经营性文化生产企业而言，通过市场机制提高文化资源配置效率，在明确界定行为主体权利、义务的基础上，实现对其行为的激励和约束。

（二）公益性文化生产经营单位创新发展路径

公益性文化生产经营单位一般属于事业体制，主要包括国家兴办的图书馆、博物馆、文化馆、科技馆、群众艺术馆、美术馆等为群众提供公共文化服务的单位。其创新发展路径应主要从内部管理制度、外部管理制度和保障制度改革方向展开。基本路径包括：事业单位法人制度创新，深化内部运行机制改革，深化人事、薪酬以及分配制度改革，政府文化行政管理方式转变，机构编制制度改革以及社保、投入与政策保障等配套制度改革。

1. 内部管理制度改革。

首先是事业单位法人制度创新。独立的法人主体地位是构建社会主义市场经济体系的基础。上级管理部门对下属文化事业单位的过度干预以及事业体制下人事、社保、劳动关系等对其他部门的依赖，表明虽然事业单位已完成法人资格注册，但并未成为完整意义上的独立法人，中国传统的行政管理模式逐渐成为制约文化管理体制改革的最大阻力。

法人制度是民法中最为重要的制度之一，公益性文化生产经营单位法人制度的确立，一方面可以使其逐渐成为公共文化产品和服务的主要提供者，在产品和服务的供给过程中，按照供求规律合理配置资源，提高资源的配置效率，从而实现公益性目标；另一方面，可以进一步明确公益性文化生产经营单位的权利和责任，从而依法对其行使保护，防止国有文化资产的流失①。因此，事业单位法人制度创新的关键在于：一是遵循"党委领导、政府管理、行业自律、文化组织自主运行"原则，赋予其更大自主性，成为完成意义上的法人；二是逐步取消文化事业单位的行政级别，理顺政企关系，在政府宏观管理框架下，以独立法人身份，自主为社会公众提供公益性文化产品和服务。

其次是内部管理方式创新。公益性文化事业单位内部管理制度的创新，应以要素、业务创新为着力点，形成创新性的要素管理制度和业务管理制度。就要素管理制度而言，主要在于构建有关人、财、物三方面的管理体系，而业务管理制度的建立，在于通过优化内部运行机制，改变以往"体制僵化、活力不足、管理不善"的问题，形成良性公益性文化产品和服务供给机制。具体如下：

（1）深化人事制度改革。公益性文化事业单位管理制度是一个复杂而综合的系统，其中起主导作用的是人，因此，人事制度改革是公益性文化事业单位管理制度改革的核心。根据公益性文化生产经营单位的性质、特点以及功能，理顺党政、政企、政事关系，简政放权，引入竞争机制，实行分类管理，做到"因事定岗、因岗定责、因责定人、因人定酬"。

传统公益性文化事业单位人员管理机制是计划经济体制下的产物，实施人员高度集中的计划管理体制，单位没有人事自主权，高层干部由上级任命，中层干部需经层层报批，一般工作人员的聘用也由主管部门和人事决

① 因为中国公益性文化事业单位的经费大多是由政府财政拨付的，属于国有资产，在法人制度缺失的情况下，公益性文化生产经营单位需要以其全部资产承担民事责任，不利于国有资产的保护。

定，人员只进不出的状况导致事业编制人员过多，财政负担沉重。在深化人事制度改革的具体实践中，应积极打破传统人事管理理念，逐步建立包括高管层在内的全员聘任制。

聘任制的引入实际上就是引入竞争机制和优胜劣汰机制，以此增加人员危机感、紧迫感和责任感，提高人员素质和单位的整体工作绩效。公益性文化事业单位全员聘任制的建立和有效实施，应结合公益性文化事业单位的自身实际，根据本单位岗位需求、任职条件以及薪酬标准等，科学设立单位岗位；以公开、公平、公正的原则，面向海内外公开招聘；以合同形式明确岗位职责、义务、工资、福利待遇以及违约责任等内容，通过与雇用人员签订劳动合同，实现由固定用人向合同用人的转变；按照合同要求对员工以及高层管理人员进行定期、严格考核，形成良好的晋升与淘汰机制。

（2）完善薪酬制度和分配制度。建立绩效优先、兼顾公平的薪酬制度和分配制度。传统计划体制下，公益性文化事业单位实行平均分配机制，人员工资福利由人事部门统管、财政直发，缺少自主权，工资制度一直遵循自1993年以来实施的事业单位工资制度，即按专业技术职称设定等级工资的制度。薪酬分配制度改革的重点在于打破传统"大锅饭"的平均分配方式，实行以岗位、绩效为主的激励性分配机制，即"按需设岗、竞争上岗、按岗定薪、按绩付酬、奖优汰劣"。具体来看，扩大公益性文化事业单位在收入分配上的自主权，在科学设定岗位的基础上，实行工资与绩效挂钩、按岗、按任务、按业绩定薪，多种分配方式并存的"基本工资＋岗位津贴＋绩效"的工资制度。

（3）深化内部运行机制改革。内部运行机制改革的重点在于调整人、财、物三者之间的布局结构，优化资源配置方式，从而实现公益性文化事业单位内部活力和运营效率的提升，不断提高文化产品和服务供给水平。首先，精简部门机构，克服机构臃肿、人浮于事的弊端，逐步取消事业单位套用行政级别、工资分配套用职称的现象；其次，以目标管理责任制为核心，面向群众和市场自主开展生产经营活动，探索实行理事会决策制、事业法人负责制、专家委员会咨询制和职工代表大会监督制等；再次，兼顾社会效益和经济效益，提高文化产品和服务供给能力，以健全服务规范和服务指标评价体系、畅通社会公众监督和媒体监督机制为抓手，形成对文化事业单位的激励与约束；最后，以有利于发展文化事业为目标，利用先进的组织形式、管理制度、运作方式和人员选拔机制，建立高效的文化生产经营机制和筹融资机制，提高文化事业单位的管理效益和经营高强度的外部性。

2. 外部管理制度改革。首先是转变政府文化行政管理方式。建立与社会主义市场经济相适应的政府文化行政管理体制，对不同文化事业单位区别对待，分类管理。政府行政管理职能从"办文化"向"管文化"转变，主抓文化事业的"投入—产出"绩效，而具体的生产经营过程由公益性文化事业单位处理；简政放权，包括经营管理权、用人自主权和分配自主权等，同时政府部门应通过法律、法规规范自身文化管理行为，提高管理效能。转变政府文化行政管理方式已在第六章相应部分进行了较为详细的阐述。

其次是机构编制制度改革。公益性文化事业单位仍将沿用事业编制，传统机构编制管理过程中，机构的设立、编制的确定、人员的管理、经费的核拨关系甚为密切——机构设置和人员编制的确定严重依赖经费来源和财政负担能力，人员录用与调配依据人员编制数量，经费核拨依据机构设立和编制情况，僵化的编制体制制约着公益性文化事业单位人、财、物等资源的配置。机构编制管理制度改革重点在于：第一，鉴于机构设立、编制确定、人员管理与经费核拨之间密切的关系，切实根据工作需要管理机构编制；第二，简政放权，通过下放人事权和财权，赋予文化事业单位自主决定人员编制，独立行使录用与辞退员工的权力；第三，实行机构编制动态管理模式，通过年度报告制度，对公益性文化事业单位的编制情况进行跟踪管理，以切实反映经济社会发展环境的变化。

3. 保障制度改革。公益性文化事业单位改革的成功还需依赖多方面的保障措施，关键因素包含法律保障、政策保障和投入保障三个方面。法律保障通过法律、法规方式规范公益性文化事业单位改革，关键在于构建一个涵盖操作、管理和监督的完整的法规体系，协调改革过程中的各种利益关系，使各项改革有法可依、有章可循，以保证改革的顺利进行。其中法律保障是根本，为改革提供基本性的保障框架，但在实践中法律未涉及的地方，则需要通过政策来补充，法律和政策二者共同推动公益性文化事业单位管理体制的优化。

同时，充足的资金投入是公益性文化事业单位改革成功的关键。公众日益增长的对公共文化产品和服务的需求，要求提高对公益性文化事业的投入：一方面，作为投入主体的政府要不断加大对公益性文化事业的投入，对重点领域进行重点投资；另一方面，鼓励社会多元化投入，拓宽投资途径，调动一切社会力量发展公益性文化事业。

（三）政府扶持类文化生产经营单位创新发展路径

国家扶持类文化事业单位主要包括党报、党刊、电台、电视台、通讯社、重点新闻网站和时政类报刊，少数承担政治性、公益性出版任务的出版单位，体现民族特色和国家水准的艺术院团等。改革的基本思路包括：在维护国家文化安全的前提下，以政府扶持为基础，充分参与市场竞争；创新经营模式，推动文化资源整合，提高公共文化服务能力和市场竞争力；改进政府扶持方式，深化内部体制改革；探索新型管理体制，实现宣传与经营业务"两分开"。

一是在维护国家文化安全的前提下，以政府扶持为基础，充分参与市场竞争。非完全公益性文化事业单位大多带有较强的产业属性，一方面，这些单位承担着部分公益性、政治性的职能，政府在财政、政策方面需要给予足够的支持；另一方面，这些单位同时具备一定的盈利能力和市场竞争力，在国家文化产业体系中占据举足轻重的地位，因此对非完全公益性的文化事业改革来说，需要大胆创新，在不改变其主体事业性质的前提下，就其中的部分环节、部分领域进行体制改革，剥离出其中的经营性部分改制为企业，参与市场竞争，使之在市场经济的大潮中不断发展壮大。

二是创新经营模式，推动文化资源整合，提高公共文化服务能力和市场竞争力。非完全公益性文化事业单位通过宣传与经营业务相分离，通过市场在国内、国际两个方向上的延伸，实现跨地区、跨行业的企业兼并重组和并购，通过文化资源整合，提升市场竞争力、增强公共文化服务效能。新闻出版、广播影视传媒以及文艺院团等领域是非完全公益性文化事业单位改革的主阵地。对于传媒行业而言，重点在于以宣传内容、形式、技术创新来提升舆论掌控能力和宣传教育能力，同时，通过频道专业化改革，实现宣传与经营性频道建设；对于文艺院团而言，重点在于创新组织方式和经营模式，整合各类文化资源，通过文化、资本以及市场化建设，激发文化生产经营单位的自由创作热情，激活文化微观运行机制。

三是改进政府扶持方式，深化内部体制改革。改变以往资金过度聚集于国有文化单位的状况，通过政策引导和资金扶持两种方式，激活微观文化运行机制。就政策引导而言，政府通过给予某些体现国家文化安全、文化利益和表现主流价值取向的文化事业政策优惠，鼓励文化事业单位在非物质文化遗产保护、文化创新以及文化"走出去"等方面加大工作力度。政府对文化的扶持、引导更多地采用资金支持等方式，未来应转变扶持方式，改变过去按人头补贴、养人不养事的局面，转为在保障基本事业发展经费的条件下，采取项目补贴、创新资助以及评优激励等方式，激发微观文化运行效率，提高资金使用效率。

四是探索新型管理体制，实现宣传与经营业务"两分开"。应严格按照外部性属性强弱，继续推进宣传业务与经营业务的分离，对党报、党刊、通讯社、电台、电视台、时政类报刊等宣传功能较强的事业单位，建立党委领导下具备独立法人治理结构的管理体制，一方面，党管重大事项决策、主要人事任命以及价值导向；另一方面，以政策、资金支持、引导文化资源配置，扩大宣传媒介的影响力。

新闻出版和广播影视行业一直是舆论宣传的主阵地，行使宣传、教育以及娱乐等职能，表现为强大的外部性特征。这一领域一直是政府实施严格管理的对象，长期表现出宣传与经营业务统一管理模式，束缚着传媒行业生产力的解放和未来发展。应在保持正确的舆论导向、确保价值取向不偏离的前提下，通过资源整合和组织结构优化，分离宣传与经营业务，扩大主流传媒行业的影响力，提高经营性传媒行业的运行效率。对政治性图书、报刊、影视剧目制作与发行、广告、印刷、网络通信等行业，应继续剥离宣传与经营业务，明确划分为事业单位和转企改制两种模式，并据此采取不同的分类扶持引导措施。

（四）经营性文化生产经营单位创新发展路径

经营性文化生产经营单位主要由两部分构成：一是原有的文化事业单位转企改制后形成的新的市场经营主体，即其他艺术院团，一般出版单位和文化、艺术、生活、科普类报刊社，以及新华书店、电影制片厂、影剧院、电视剧制作单位和文化经营中介机构、党政部门、人民团体、行业组织所属事业编制的影视制作和销售单位等；二是市场经济体制下形成的经营性的文化生产经营组织。两者共同构成了一般意义上的文化产业。

然而，受制于中国特殊的文化管理体制机制、文化生产经营方式以及具体国情，当前文化产业的快速发展过度依赖政府行政力量推动和公共资源投入，外推式的文化产业成长方式难以形成文化发展的持续动力。经营性文化生产经营单位的改革创新，应在充分发挥政府引导、支持作用的前提下，积极探索内驱式的发展模式，以产业规模的快速提升形成规模经济效应，提升内部运行效率。

一是文化产业管理体制改革的创新，要以解放思想、更新观念为基本前提。20 世纪 80 年代中国首次提出"文化产业"概念，2009 年文化产业正式上升为国家战略性产业，表明政府对文化属性的认识发生了转变，对文化自发发展规律以及市场价值规律的观念不断更新。文化产业管理体制的建构和完善，除了理顺关系、澄清误区、扫除体制性障碍之外，更应在更高起点上与发达国家的文化产业进行对话与交流，实现跨地区、跨行业和跨媒体经营。

二是文化产业管理体制机制改革的创新，应基于文化产业的全产业链意识，充分发挥产业关联带动作用。文化产业渗透性强、交融性强，并且极易产生关联带动效应，在政策制定和实际管理中只有认清这种特性，才能契合文化产业发展中的此种带动效应。因此，只有建立健全知识产权和版权贸易体系，实现产权的可转让，才能有效激发文化产业关联带动作用的发挥，推动文化产业走上规模化、集约化、专业化的道路。

三是文化产业改革的创新，必须同时加强中央、地方各级政府层面上的制度创新，理顺党政、政企、文化管理部门与直属单位之间的关系，转变过去资产所有权、"管"、"办"多重职能于一身的局面，形成激励约束与互相制衡的管理体制。同时，完善文化产业管理体制，积极构建产业管理的大部制体制。文化产业链间的高度协同作用，决定了部门统管体制建立的必然性，因此应不断协调部门间（如教育部、体育总局、国家旅游局、工信部、商务部等）的利益和职权，构建统一、高效的国家"大文化"管理体制。

四是文化产业管理体制改革创新的根本在于创造宽松自由的文化生产经营空间。以营造良好文化生产环境为目的的市场监管行为，不能以牺牲文化自由为代价。文化产业运行效率的提升，需要充分发挥社会各主体的创造性，以创意提升文化产品和服务的产业附加值，对创作自由的尊重即是对文化自发发展规律的尊重。发达国家的历史经验表明，文化活动空间的大小与文化发展规模、程度和水平成正比。空间越大，文化发展的规模也将越大，程度、水平也会越高。

总体而言，文化管理体制改革的创新，并非仅是政府文化管理职能的转变，而是在充分尊重文化自发发展规律和市场价值规律的前提下，通过政府文化管理部门与市场的良性互动，有效解决外部性、"鲍默尔成本病"以及不确定性三大问题的过程。完善的文化管理体制的建立，应以外部性为依据，以差异化管理为指导思想，分类改革，有针对性地进行指导，实现政府有效的宏观调控、引导、扶持功能和微观生产经营主体内部运行效率的提高，引导文化事业和产业向更加理性、繁荣的方向发展。

五、完善文化市场综合行政执法体系，形成强力支撑

作为外部性管理的重要方面，文化综合行政执法在政府的文化管理职能中占据重要地位，有助于肃清文化生产与传播环境，优化社会文化氛围，无论是对"文化共治"，还是"依法管理"，抑或政策引导、扶持与完善的投融资体系建设，都具有强大的配套支撑作用。本节通过构建基于威慑效应的声誉机制模型，说明有效提升政府文化管理效能的创新发展路径。

在对文化体制改革的历史进程梳理中，总结过去文化综合行政执法历程，我们发现，尽管改革成效十分显著，文化综合行政执法体制已经理顺，各地文化市场监管能力大幅提升，有力地促进了文化市场的健康有序发展，但文化市场执法活动仍然面临诸多挑战：文化执法负荷日益繁重、文化执法资源相对稀缺、文化管理体制机制僵化，使文化执法效能低下，选择性执法、查而不处、以罚代管以及滥用自由裁量权等现象时有发生，执法威慑效能不足，严重阻碍了文化市场的持续健康发展。那么，如何强化法律法规对文化市场违法经营活动的威慑以及通过何种途径提升执法效能，实现文化市场执法的优化？

当前中国文化市场执法中存在的多重约束是威慑不足产生的主要原因，我们以威慑理论为切入点，运用博弈工具分析了困境产生的根本原因，然后通过纳入声誉机制，使用动态博弈模型探求了困境的突破方向。最后，以声誉的形成和文化市场执法的优化为目标，提出了形成声誉机制、连锁经营机

制以及社会治理机制等政策建议。

（一）威慑理论框架下文化市场执法的博弈分析

"威慑"一词来源于对法律的经济学分析。法律的威慑作用最早由意大利学者贝卡里亚（Beccaria，1764）[①] 提出，他就刑罚的威慑目的、确定性、及时性以及刑罚与犯罪的对等性问题进行了论述，之后贝瑟姆（Bentham，1789）[②] 就惩罚与犯罪问题进行了考察，给出了关于刑罚威慑的一个简单构想，贝克尔（Becker，1968）[③] 在偏好稳定、市场均衡以及效用最大化的假设前提下，用数理模型表述了威慑理论，指出罚金数额和查出概率的不同组合可以实现特定程度的威慑。此后的学者如波斯纳（Posner，1973）[④]、沙维尔（Xavier，1979）[⑤]、利维特（Levitt，1998）[⑥] 等都对威慑理论进行了扩展，但基本都建立在贝克尔的分析框架之下。有代表性的是波斯纳（Posner，1973）提出的威慑理论，他认为威慑力等于查处概率与惩罚严厉程度的乘积，两者之间存在此消彼长的关系。本节基于威慑理论和博弈分析框架说明面临多重约束时执法机构与文化生产经营单位双方的选择策略，以揭示文化市场执法威慑不足困境产生的根本原因。

1. 文化市场执法的博弈分析：执法机构与文化生产经营单位。假设博弈参与者都是理性个体，执法机构追求执法活动成本最小化，文化生产经营单位追求利润最大化。法律政策法规等信息对参与者而言属于共同知识，即不存在因对法律的无知而违法经营的情况，决策过程是静态的。执法机构的策略选择为（全面检查，抽查），文化生产经营单位的策略选择为（守法经营，违法经营）。每一参与者的收益都是双方选择策略共同作用的结果，博弈双方的收益矩阵如表 10 - 1 所示。

① Beccaria C. 1986 ［J］. *On Crimes and Punishments*，1764.
② Bentham J. *Of Laws in General* （1782）［M］. na，1789.
③ Becker G. S. Crime and Punishment：An Economic Approach ［J］. *Journal of Political Economy*，1968：169 - 217.
④ Posner R. A. An Economic Approach to Legal Procedure and Judicial Administration ［J］. *Journal of Legal Studies*，1973：399.
⑤ Hubert J.，Xavier F. Cristallisation Ribosomique et Hibernation Chez le Lezard Vivipara ［J］. Lacerta Vivipare J. C. R. Acad，1979 （288）：635 - 637.
⑥ Levitt J. R. The Numbers Game ［J］. *The CPA Journal.* 1998 （68）：14 - 19.

表 10-1　　　　　　　　　　　　博弈双方的收益矩阵

执法机构 ＼ 文化生产经营单位	守法经营	违法经营
全面检查	$(a_1,\ \underline{b_1})$	$(\underline{a_3},\ b_3)$
抽查	$(\underline{a_2},\ b_2)$	$(a_4,\ \underline{b_4})$

注：一方策略选择既定的条件下，另一方的最优反映策略用下划线标示。

表 10-1 中，a_1、a_2、a_3、a_4 分别表示执法机构在不同策略下的收益；b_1、b_2、b_3、b_4 分别表示文化生产经营单位在不同策略下的收益。

首先是对执法机构最优选择策略的考察。

当文化生产经营单位选择守法经营策略时，无论执法机构选择全面检查还是抽查，整个社会收益始终为 R。但全面检查策略下，执法机构需要付出更大的检查成本，因而 $a_1 < a_2$，此时抽查是执法机构的最优选择策略。

当文化生产经营单位选择违法经营策略时，此时社会收益遭受损失为 R'，其中，$R' < R$。执法机构选择抽查策略时，此时付出的执法成本较小，但也可能面临因执法不力而使违法者免遭法律惩罚的风险，此时 $a_4 < a_3$。执法机构选择全面检查，假定能够发现全部违法经营者，则国家免受损失，社会收益为 R，但现实情况并非如此，总有违法经营者逍遥法外，因而 $a_3 < a_1$。

其次是对文化生产经营单位最优选择策略的考察。

当执法机构选择全面检查，文化生产经营单位选择守法经营时，其不会遭受处罚，$b_1 = b_2$。当其违法经营时，其违法经营行为一旦被发现，收益将为零甚至为负，因而 $b_3 < b_1$。

当执法机构选择抽查，文化生产经营单位选择守法经营策略时，其获得基准收益 b_2。文化生产经营单位选择违法经营策略时，将获得超额收益。此时，违法经营者有一个期望收益，它的大小取决于被抽查到的概率。限于多重约束和信息不对称，抽查策略下，文化生产经营单位被查处的概率较小，此时的期望收益 $b_4 > b_2$。

通过以上分析发现，执法机构与文化生产经营单位之间的博弈不存在稳定的纳什均衡，博弈的结果是混合策略组合，一方的最优反应策略取决于其对不同策略的偏好及其对收益的预期。这种执法机构与文化生产经营单位之间不稳定的策略选择状态会引发过多的机会型生产经营行为，降低执法效率，导致威慑不足困境的产生。

2. 威慑不足困境的产生原因。波斯纳（Posner，1973）指出，查处概率与惩罚力度共同构成威慑效应的衡量标准，其中一方保持不变，另一方的降低会直接削弱威慑效应。

（1）查处概率与困境的产生。日渐繁重的执法负荷和相对稀缺的执法资源构成文化市场执法的双重约束，文化市场执法中普遍存在一般执法与特定执法两种模式和以抽查代替全面检查的现象。

文化市场执法中存在一般执法与特定执法两种模式（Steven Shavell，1991）①。在文化市场执法活动中，一般执法主要是指日常检查，特定执法主要是重大案件的专案调查以及重大节日（如扫黄打非专项整治活动、知识产权保护日等）期间的专项检查。两种模式的出现是双重约束下执法机构的相机抉择行为。在既定经费和人员约束下，执法资源向一方的倾斜势必减少对另一方的投入，执法资源用途的竞争性特性极易造成资源在两种模式之间的投入失衡，造成特定执法时期威慑过度，一般执法时期威慑不足。

文化市场执法机构对查处策略的择机选择意味着机会型惩罚的增加，诱发市场主体的机会型违法行为，极易造成威慑效应的不稳定状态。文化市场执法机构出于执法成本的考虑，对抽查具有很强的偏好，抽查普遍存在于一般执法活动中。抽查代替全面检查，风险偏好的生产经营者会为短期利益铤而走险，选择违法经营策略。机会型惩罚将使市场主体形成执法查处概率低、威慑不足的预期，带来后续违法经营行为的增加、政府威信和市场经营环境逐步恶化的不良后果。因而，执法机构必须保持策略选择的随机性，才能防止对方预见到自己的策略并加以利用，威慑效能才能得以保证。

（2）惩罚力度与困境的产生。对违法生产经营单位惩罚力度的提高能够加大其违法行为选择的机会成本，实现威慑效能的提升。但目前受制于文

---

① 斯蒂芬·沙维尔（Steven Shavell）对两种模式做出了解释：一般执法是指执法者的努力致力于处理任何个人所犯的一系列的有害行为（如巡逻的警察，或更进一步地说，能够发现多种类型的违反法律的行为）；特定执法是指执法者的努力致力于个人所犯的某一特定类型的有害行为。

化管理体制机制的不完善、执法机构基于现行资金管理制度的特殊偏好以及对自由裁量权的滥用，使惩罚力度被削弱，导致执法威慑效能不足。

一是文化管理体制机制的不完善影响对违法生产经营行为的惩罚，多头管理、管理职能交叉使文化生产经营单位处于多部门管理之下，分散执法、职责交叉、设备购置和人员建设重复等造成统筹乏力、效率低下、相互推诿等问题严重，影响了惩罚力度，降低了执法威慑。

二是现行资金管理模式下执法机构形成对惩罚方式的特殊偏好。目前财政部对行政事业性收费、罚没收入等财政非税收入实施"收支两条线"管理，但以收定支，按比例返还或超过基数返还的现象普遍存在。经费不足使执法者出于维护自身利益尤其在解决因执法部门机构膨胀、增员不增编以及职工福利引起的基层执法部门财务"入不敷出"问题时，不可避免地出现了带有趋利性动机的执法行为。导致出现为罚款而检查、以罚代管（郑春勇，2010)[①]、以罚款金额测度执法力度等现象，严重制约了执法效能的发挥，同时有损社会福利和政府威信。

三是对自由裁量权的滥用导致选择性执法[②]。行政自由裁量权是提高行政主体效率所必需的权限，但行政执法过程中执法者出于一己私利对自由裁量权的不当使用，限制了权力作用的发挥（如执法机构在对违法行为危害程度、罚款金额、行政处罚方式进行界定时，自由裁量权的存在创造了寻租空间）。同时，政府立场和政策法规与民间的现实需求不协调，尤其是转轨期的政府在追求规则的同时还要兼顾相关的政治、经济目标，选择性执法现象尤为突出。具体表现在执法过程中，使用间歇性、运动化的方式，对不同的管辖客体刻意采取区别对待、有违执法公正的行为。长远来看，选择性执法不仅不利于形成执法者稳定有效的威慑力，更对文化的可持续发展有害。

（二）纳入声誉机制的动态博弈分析：文化市场执法困境的突破

经济学通常把声誉机制看作保证契约履行的重要因素，是信息不对称环境下一方对另一方的承诺。声誉理论的研究始于 20 世纪 80 年代。莱泽尔

---

① 郑春勇. 行政执法"以罚代管"的博弈论制度分析 [J]. 中共青岛市委党校青岛行政学院学报，2010（2）：25–28.
② 参见王锡锌"中国行政执法困境的个案解读"。

（Lazear，1979）[1] 最早对声誉效应进行了研究，提出在长期雇佣关系中，声誉是一种惩罚和激励机制；法马（Fama，1980）[2] 和霍姆斯特罗姆（Holmstrom，1982）[3] 研究认为，声誉是一种隐性的激励制度，能使经济主体放弃短期利益来维持长期交易；克雷普斯等（Kreps et al.，1982）[4] 对声誉问题进行了较为深入的研究，证明了声誉机制在不完全信息重复博弈过程中，对合作均衡有促进作用；布特和塔克尔（Boot and Thakor，1993）[5] 将声誉机制纳入银行监管机构的监管行为，认为声誉的维持能够协调个人利益与社会福利，规范监管者行为。

根据波斯纳（Posner，1973）[6] 的威慑理论，市场执法的威慑力取决于违法行为被查处的概率与惩罚的严厉程度。任何一方的增加都可以强化威慑效能，声誉机制的引入可以有效解决威慑不足的困境。下文将通过构造一个纳入声誉机制的动态博弈模型来说明执法困境的突破方向和良性均衡的产生。

延续前文的博弈分析，进一步考察执法机构与文化生产经营单位之间的互动过程。假定文化生产经营单位存在两种类型，用 θ 表示，其中，$\theta = 0$ 表示合法经营，$\theta = 1$ 表示违法经营。两种行为的先验概率分别为 p_0、p_1，其中 $p_0 = 1 - p_1$。当文化生产经营单位违法经营时，其有隐藏违法行为信息（以下简称"隐藏"）和不隐藏违法信息（以下简称"不隐藏"）两种选择，用 μ 表示文化生产经营单位因隐藏行为而获得的效用水平，其中 $\mu \in [0, 1]$。

执法机构不了解文化生产经营单位的类型，根据执法检查信息加以推断。一旦发现文化生产经营单位的隐藏行为，即认定其为违法经营型，则文化生产经营单位未来的隐藏效用水平 $\mu = 0$，若违法信息隐藏不被发现，

① Edward P. Lazear. Why is There Mandatory Retirement? [J]. *The Journal of Political Economy*, 1979: 1261 – 1284.

② Fama E. F. Agency Problems and the Theory of the Firm [J]. *The Journal of Political Economy*, 1980.

③ Holmstrom B. Moral Hazard in Teams [J]. *The Bell Journal of Economics*, 1982 (13): 324 – 340.

④ Kreps D. M., Wilson R. Reputation and Imperfect Information [J]. *Journal of Economic Theory*, 1982 (27): 253 – 279.

⑤ Boot A. W. A., Thakor A. V. Self-interested Bank Regulation [J]. *The American Economic Review*, 1993: 206 – 212.

⑥ Posner R. A. An Economic Approach to Legal Procedure and Judicial Administration [J]. *Journal of Legal Studies*, 1973: 399.

则 $\mu=1$。执法机构选择严格执法和不严格执法，用 γ 表示执法机构的声誉（既包括对文化生产经营单位违法行为的查获概率，也包括之后对违法行为施加的惩罚是否合理），其中 $\gamma\in[0,1]$。各博弈阶段，假定 γ 为常数，γ 的强弱程度反映了执法机构的声誉，即 $\gamma_{strong}>\gamma_{weak}$。$\mu^e$ 表示执法机构预期文化生产经营单位选择隐藏行为的预期效用。

文化生产经营单位实施隐藏行为的单阶段期望效用函数可表示为：

$$\upsilon=\theta[(1-\gamma)\mu-\mu^e] \qquad (10-1)$$

单阶段博弈过程中，文化生产经营单位违法经营的最优选择为：$\max\upsilon(\mu)=\upsilon(1)=1-\mu^e=0$；多阶段博弈过程中，文化生产经营单位根据 $(1-\gamma)\mu_t^e$ 确定各期 μ_t，进而根据式（10-1）使隐藏行为的各期效用最大。一旦 μ_t 确定之后，执法机构可根据 γ、μ_t、μ_t^e 得出预期的关于文化生产经营单位隐藏行为的后验概率 μ_{t+1}^e，从而影响文化生产经营单位的下期选择。

假设重复博弈阶段，α_t 表示违法经营单位选择不隐藏的概率，β_t 表示执法机构认为违法经营单位选择不隐藏的概率。在均衡情况下，将有 $\alpha_t=\beta_t$，即执法机构对于伪装合法经营的文化生产经营单位的选择具有完全预期。

首先是执法机构的声誉影响对文化生产经营单位违规行为的查获概率和处罚。

假定重复博弈过程进行 T 时期，在已知文化生产经营单位某一时期（t）是否选择隐藏行为的情况下，根据贝叶斯法则[①]，求得下一时期（$t+1$）执法机构认为文化生产经营单位为合法经营者的后验概率。

（1）如果文化生产经营单位在 t 时期选择不隐藏行为，则 $t+1$ 时期，执法机构认为文化生产经营单位为合法经营者的概率为：

$$p_{t+1}=p_t(\theta=0\mid\mu_t=0)=\frac{p_t\times1}{p_t\times1+(1-p_t)\beta_t}>p_t \qquad (10-2)$$

其中，p_t 是文化生产经营单位在 t 时期选择规范经营的概率，1 是文化生产经营单位选择不隐藏行为的概率。式（10-2）表明，若文化生产经营

---

① 贝叶斯法则是关于随机事件 A 和 B 的条件概率和边缘概率的。$pr(A\mid B)=\dfrac{pr(B\mid A)pr(A)}{pr(B)}=L(A\mid B)pr(A)$，其中 $L(A\mid B)$ 是在 B 发生的情况下 A 发生的可能性，$pr(A)$ 是 A 的先验概率或边缘概率，$pr(A\mid B)$ 是已知 B 发生后 A 的条件概率或后验概率，$pr(B\mid A)$ 是已知 A 发生后 B 的条件概率，$pr(B)$ 是 B 的先验概率或边缘概率。

单位无隐藏行为，则执法机构认为其合法经营的概率将提高，即声誉提高。

（2）如果文化生产经营单位在 t 时期选择选择隐藏行为并以一定的查获概率 γ 被执法机构查获，则在 $t+1$ 时期，执法机构认为文化生产经营单位为合法经营者的概率为：

$$p_{t+1} = \gamma \times p_t(\theta = 0 \mid \mu_t = 1) = \frac{\gamma \times p_t \times 0}{p_t \times 0 + (1-p_t)\beta_t} = 0 \qquad (10-3)$$

式（10-3）表明，若执法机构观测到文化生产经营单位隐藏，则认为其为违法经营者。

（3）如果文化生产经营单位在 t 时期选择选择隐藏行为但并未被执法机构查获，则在 $t+1$ 时期，执法机构认为文化生产经营单位为合法经营者的概率为：

$$p_{t+1} = (1-\gamma) \times p_{t+1}(\theta = 0 \mid \mu_t = 0) = \frac{(1-\gamma) \times p_t}{p_t + (1-p_t)\beta_t} \qquad (10-4)$$

对于式（10-4），文化生产经营单位隐藏违法经营行为存在一个被查处的概率，我们分两种情况 $\gamma = 0$、$\gamma = 1$ 来看，当 $\gamma = 0$ 时，$p_{t+1} = p_{t+1}$（$\theta = 0 \mid \mu_t = 0$）；当 $\gamma = 1$ 时，$p_{t+1} = 0$，即执法机构的声誉提高，隐藏行为被查获概率提高；执法机构根据上期执法信息推断文化生产经营单位的类型，进而确定下一期的执法力度和惩罚，使文化市场执法的有效性得以提升。

其次是文化生产经营单位的声誉使其形成自我约束，减少违法信息隐藏和违法行为。

考察重复博弈过程中，互动双方在博弈终止时期（T 时期）及其前一期（$T-1$ 期）的最优选择。

博弈终止时期（T 时期）：博弈过程的终止使违法经营单位失去维持声誉的激励，此时，$\theta = 1$、$\mu_t = 1$ 为最优选择。执法机构预期文化生产经营单位隐藏行为的期望效用为 $\mu_T^e = 1 - p_T$。文化生产经营单位的期望效用为 $\upsilon_T = (1-\gamma)\mu_T - \mu_T^e = p_T - \gamma$。可得 $\frac{\partial \upsilon_T}{\partial p_T} = 1 > 0$，表明违法经营企业总效用是其声誉的增函数，同时也对违法经营企业通过隐藏违法信息努力构建声誉的原因做出了解释。

博弈终止的前一时期（$T-1$ 时期）：假定违法经营文化生产经营单位在 $T-1$ 时期之前无隐藏行为，即 $p_{t-1} > 0$。执法机构对其隐藏行为的期望效用

为 $\mu_{T-1}^e = 1 \times (1 - p_{T-1})(1 - \beta_T)$，其中，1 表示违法经营企业隐藏行为的最优效用。假设贴现率 $\rho = 1$。只考察纯策略 $\mu_t = 0$，1 两种情况。

违法经营企业在 $T-1$ 时期选择隐藏行为 $(\alpha_{T-1} = 0, \mu_{T-1} = 1)$，其总效用为：

$$v_{T-1}(1) + v_T(1) = \left[(1 - \gamma) \times 1 - \mu_{T-1}^e\right] + p_t - \gamma$$

$$= 1 - 2\gamma - \mu_{T-1}^e + \frac{(1-r)p_{T-1}}{P_{T-1} + (1 - P_{T-1})\beta_{T-1}} \qquad (10-5)$$

违法经营企业在 $T-1$ 时期选择不隐藏 $(\alpha_{T-1} = 1, \mu_{T-1} = 0)$，其总效用为：

$$v_{T-1}(0) + v_T(1) = -\mu_{T-1}^e + p_t - \gamma$$

$$= -\gamma - \mu_{T-1}^e + \frac{p_{T-1}}{P_{T-1} + (1 - P_{T-1})\beta_{T-1}} \qquad (10-6)$$

当式（10-6）大于式（10-5）时，得出：

$$\gamma \geq \frac{p_{T-1} + (1 - p_{T-1})\beta_{T-1}}{2p_{T-1} + (1 - p_{T-1})\beta_{T-1}} \qquad (10-7)$$

式（10-7）成立时，$\mu_{T-1} = 0$ 优于 $\mu_{T-1} = 1$，此时，文化生产经营单位选择不隐藏是最优的。

根据上面的假定，均衡实现时需满足 $\alpha_{T-1} = \beta_{T-1}$，即执法机构对于伪装合法经营的文化生产经营单位的选择具有完全预期。若 $\alpha_{T-1} = 1$ 是违法文化经营单位的均衡策略选择，即只要有违法行为存在，必然会选择隐藏违法信息，则 $\beta_{T-1} = 1$。因而式（10-4）变为 $p_T = (1 - \gamma)p_{T-1}$，代入式（10-7）并整理得 $p_{T-1} \geq \frac{1-\gamma}{\gamma}$，表明在 $T-1$ 时期，若执法机构认为文化生产经营单位合法经营的概率大于 $\frac{1-\gamma}{\gamma}$，此时，文化生产经营单位选择合法经营优于违法经营，甚至为了获得更高声誉，违法经营者隐藏违法信息伪装成合法经营者。也就是说，文化生产经营单位的声誉越高，其维持声誉的动力越强。

只要在 $T-1$ 时期文化生产经营单位选择不隐藏违法信息，则在所有的 $t < T-1$ 时期，不隐藏将是其最优策略。精炼的贝叶斯均衡如下：

合法经营的文化生产经营单位的期望效用：$\mu_0 = \mu_1 = \cdots = \mu_{T-1} = \mu_T = 0$

违法经营的文化生产经营单位的期望效用：$\mu_0 = \mu_1 = \cdots = \mu_{T-1} = 0$，$\mu_T = 1$。

执法机构预期违法经营单位隐藏信息的期望效用：$\mu_0^e = \mu_1^e = \cdots = \mu_{T-1}^e = 0$。

执法机构预期违法经营单位隐藏信息的后验概率：$\mu_T = 1 - p_T = 1 - p_0$。最后，对模型进行进一步解释。

通过对模型的进一步分析，可以得出如下结论：

（1）声誉机制对执法机构和文化生产经营单位具有重要影响。对执法机构而言，其声誉提高影响对文化生产经营单位的违法行为的被查处概率和惩罚的严厉程度，强化对违法行为的威慑，因为$\dfrac{1 - \gamma_{weak}}{\gamma_{weak}} > \dfrac{1 - \gamma_{strong}}{\gamma_{strong}}$，即强声誉作用下威慑效应更强；对文化生产经营单位而言，其声誉提高有助于形成自我约束，减少违规行为的发生。整体而言，互动双方对声誉的追逐，也是自身效用最大化的体现。

（2）在执法机构对文化生产经营单位的长期监管过程中，文化生产经营单位的初始声誉p_0、执法机构的声誉γ都会对文化生产经营单位选择隐藏行为构成威慑，且两者均对威慑效应的大小具有正向影响。

（3）声誉机制良好运行的基础在于信息完全。对执法机构声誉信息的评价与扩散，有助于市场形成"强政府"预期，强化对违法者的威慑。文化生产经营单位声誉信息的流通，一方面使执法机构据此推断文化生产经营单位类型来确定下期文化生产经营单位选择隐藏行为的后验概率μ_{T+1}^e，从而了解文化生产经营单位的下期选择；另一方面消费者能够利用相关声誉信息，"用脚投票"，驱逐违法经营者，对违法者施惩罚。

（4）声誉机制的纳入主要体现了隐性激励的作用，如果博弈过程不是足够长，即使存在声誉机制的约束，文化生产经营单位也会在博弈结束的最后一期放弃声誉的累积，实施隐藏行为。此时，相关的显性激励机制能够更好地对文化生产经营单位进行约束。

（三）声誉机制的形成与文化市场执法的优化

声誉机制的引入，有助于形成文化生产经营单位的自我约束，减少违法经营行为，强化执法威慑，提升执法效能。声誉形成机制、连锁经营机制以及社会治理机制对文化市场执法的优化具有重要作用。声誉机制的形成需要满足时间要素、信息要素和权力要素。

1. 时间要素是声誉机制发挥威慑效能的条件。声誉机制的形成和效果发挥是一个长期过程。行为人基于长远利益的考虑，具有努力维持自身声誉的激励。只要行为人有关重复博弈的预期不会终止，意识到任何违法行为都将在未来互动过程中遭到惩罚，其为短期利益而进行的有损声誉的"机会主义"行为就将得到遏制。因此，声誉机制的重点在于形成行为主体（包括执法者与文化生产经营单位）的长远预期。

首先是行政执法人员的长远预期有助于声誉机制的维持。行政执法人员60岁退休制度的存在，使其59岁成为参与博弈的最后时期，行为人丧失了维持声誉的激励，这就形成了中国特有的"59岁现象"。针对长远预期失效导致博弈终止的状况，需要完善现行公务人员人事管理制度，建立退休人员终生行为负责制（如退休金制度），完善退休前人员内部制约机制，严控离退休人员的"机会主义"倾向。同时，建立退休人员激励制度（如荣誉激励、物质激励等），以弥补因退休带来的物质和心理落差，形成执法从业人员工作的长远预期，保证重复博弈的正常运行。

其次是企业生产经营的长远预期有助于声誉机制的维持。企业对生产经营的长远预期取决于对良好宏微观环境的预期和文化消费者对文化生产经营单位的持续经营的预期。良好的宏微观环境需要放宽文化市场准入、完善行政审批制度、简化审批流程，形成充分的产业竞争，实现对文化生产经营单位的声誉补偿激励。培育和引导文化消费者对文化产品的持续性需求，有助于实现市场经济下注重声誉维护的文化生产经营单位获取正常甚至超额收益。

2. 信息要素是声誉机制发挥威慑效能的基础。完善的信息畅通机制有助于将损害声誉的行为信息纳入行为人的信息结构，并成为下阶段决策的公共信息，信息的通畅流动和均匀分布，能够保证行为人在获取违法信息后采取惩罚措施。如果文化执法机构对历史违法信息的处理没能及时与消费者的信息结构形成有效对接，信息的传播失败将影响消费者的决策。此时，降低的声誉处罚将削弱执法机构对文化生产经营单位的威慑。完善的信息畅通机制有以下几种实施路径：

首先是实施均一化的声誉评级标准。均一化的声誉评级标准有助于形成稳定、统一的声誉市场。评价标准越多、差异化越大的领域，统一稳定的声誉市场越难形成（周雪光，2003）[①]。文化市场门类众多，各行业之间具有

---

① 周雪光. 组织社会学十讲 [M]. 北京：社会科学文献出版社，2003：272-274.

不同的评价标准，即使同一行业内部，执行标准也存在差异，这些因素都在一定程度上阻碍了稳定声誉市场的建立。实施均一化的声誉评级标准，通过汇集地方执法机构的违法信息，建立面向所在辖区的声誉评级系统，上传全国文化生产经营单位声誉档案系统，能够提高执法机构对文化生产经营单位违法经营概率的推断，从而合理分配执法资源。同时，文化市场生产经营的统一的标准信息的发布，也能为文化消费者基于声誉的选择提供可靠的指引。

其次是声誉信息的及时、准确披露和信息反馈机制。信息工具的有效使用能够保障声誉信息的有效流动，主要表现在声誉信息的及时发布、多渠道传播和良好的反馈机制等方面。文化市场执法的信息工具包括两种：一是自上而下的信息工具。依靠可靠的信息传播工具，如新闻媒体、大众传媒，保障有损声誉的行为信息进入文化消费者的信息结构，避免"信息独白"造成的信息闲置和执法资源浪费。同时配套设立相关保障机制，如违法信息公开的识别、信息的有效传递路径以及信息传递的纠偏机制等。二是自下而上的信息工具。建立文化消费者悬赏举报等信息交易制度，有助于实现违法信息在发出者与接收者之间的有效流动，降低执法者的信息获取成本。同时悬赏举报制度能够有效降低各活动主体之间的信任度，使包庇、收买等合作犯罪行为实施难度加大，防御成本增加，提高违法经营者的机会成本。

最后是建立文化市场分级执法制度，有效提高执法机构声誉。文化市场分级执法制度的建立，能使稀缺的执法资源得到有效利用，提升执法效能。同时，执法机构执法效能的提升能实现声誉累积，有助于强化威慑，促进文化市场的可持续发展。建立健全文化市场公共信息系统，完善信息流动平台，实现文化供给与消费信息的及时上传与共享。提高执法人员的信息识别能力和数据处理能力，基于公共信息系统的执法数据分析，能够强化执法者对文化生产经营单位类型的判断，从而实现市场分级执法制度，合理分配执法资源，提高行政执法效率。

3. 权力要素是声誉机制发挥威慑效能的保障。权力要素体现在执法机构和文化消费者对违法文化生产经营单位的市场驱逐上。只有执法机构和文化生产经营单位的行为受到约束，才能实现执法效能的优化，形成良好的文化市场环境。声誉机制正是这种约束作用得以实施的有效保障。

首先是强化对执法机构行政执法权的监管，形成有效的退出机制，提升执法机构维持声誉的动力。摒弃"纯个体理性"的假设，假定执法机构的组成个体是"比较利益人"①，除追求经济利益外，"声誉"也是利益的重要组成部分，且随时间的延续声誉价值逐渐累积。在执法机构与文化生产经营单位的长期博弈过程中，有效的执法权退出机制能够在不严格执法行为发生之时对该执法者进行惩罚。吊销执法者的执法执照并给予相应的罚款或行政处罚，迫使不严格的执法者"退出"行政执法活动。市场上最终留下的都是严格执法的"比较利益人"，他们能够平衡自身利益和社会利益，在存在外部执法约束的情况下，能够维护自身声誉，实现严格执法。

其次是文化市场执法对文化生产经营单位的威慑作用体现在声誉受损后引起的市场驱逐上。文化生产经营单位违法经营面临的处罚主要有警告、责令改正、停业整顿、吊销许可证、取缔、罚款等。惩罚力度的大小由以下几个因素决定：直接的罚款数额；因遭受处罚而丧失的当期交易机会；因声誉受损而丧失的未来交易机会；声誉作为一种无形资产的损失。

文化市场的特殊性决定了声誉机制在市场驱逐中的重要作用。文化市场中同质化的生产经营单位众多，一家企业声誉受损，消费者极易找到替代品。尤其是在中国文化消费需求相对不足、文化消费需要进行引导和培育的情况下，消费者利益一旦受到侵害，极有可能永久抵制某一类型文化产品的消费。并且绝大多数的文化生产经营单位规模较小，微小的市场驱逐极有可能带来企业破产，声誉损失的机会成本十分高昂。因此，声誉对于文化企业来讲至关重要，一旦受损无可挽回。

4. 连锁经营是文化生产经营单位声誉培育的有效途径。大多数文化生产经营单位规模较小、经营分散、依法经营意识薄弱、声誉累积意识不强。以金融支持和网络服务等信息技术为支撑的连锁经营机制，能够分担部分执法负荷，有助于促进文化生产经营实现规模扩大化、运营品牌化、资金来源便捷化、声誉培育积极化以及市场管理高效化。

以当前文化市场执法主要对象之一的网吧为例。截至 2012 年 3 月，山东省共有互联网上网营业场所 12698 家次，网吧发展态势蓬勃。但是网吧经营中出现的违法行为具有极大的破坏性，对消费群体尤其是青少年造成极大

---

① 从人的自然性、社会性和文化性来看，人性介于绝对自利与绝对他利两个极点之间，是一定条件下的"非此即彼"和"亦此亦彼"相统一的"线段式人性"。按照"线段式人性论"，公共管理中的人应是对多种利益进行权衡的"比较利益人"。

的负面影响。并且网吧发展越快的地方，经济条件越是相对落后，用于市场执法的资源更是相对稀缺。推动实施连锁经营机制，能够强化网吧的声誉维护意识，形成自我约束，也有助于文化市场执法效能的提升。一是连锁经营终结了以往的单体网吧经营模式，连锁店将更加重视整体企业声誉的维护，加大违法的机会成本，强化执法的威慑效能；二是规模化的连锁经营管理将提升规范运营程度，降低违法案件数量、违规经营举报数量以及负面报道，实现网吧有序经营和网吧行业形象的提升；三是连锁网吧、金融机构与电信网络服务商的合作，将形成三方制约、协同运营的局面；四是文化市场执法者通过消费刷卡纪录、网通流量监测等信息技术可以有效提升市场监管效率；五是社会治理机制是声誉机制形成与文化执法优化的有效补充。

声誉机制作用有效发挥的前提是博弈过程持续进行。与一般的物质激励不同，声誉机制属于精神激励的范畴，这种非物质性的激励需要行为人具有较强的社会道德，能够实施自我约束。完善的法律法规可以起到惩恶扬善的作用，在一定程度上阻止违法行为的发生，但运行成本高昂且作用范围较窄。相比较而言，价值观以及社会伦理道德的教化作用形成的外部性影响范围更广、作用时间更长，能够影响行为人的思想，使其自觉抵制机会主义行为，重视自身声誉维持，维持声誉机制的有效运行。

因此，社会应强化公众教育，提高社会力量识别违法生产经营行为、明辨文化商品高强度的外部性、积极行使逆转不当文化商品消费权力的能力，通过众多消费者的"用脚投票"机制，实现对不良文化生产经营单位的市场驱逐，提高文化市场执法对违法生产经营单位的长期威慑效应①。

---

① 这种长期威慑效应对违法行为的惩罚明显大于一次性的罚款或行政处罚所带来的威慑。

参 考 文 献

[1] 安应民，高新才．论建立文化经济学的几个问题 [J]．兰州大学学报（社会科学版），1995 (1).

[2] 布鲁诺·弗雷．欧美文化经济学研究日渐繁荣 [N]．张斌编译．2007 - 03 - 22.

[3] 保罗·麦克唐纳，好莱坞明星制 [M]．王平译．北京：世界图书出版公司，2015 - 02 - 01.

[4] 曹峰旗，傅明，章瑶．文化体制改革困境的政治学思考 [J]．黑龙江社会科学，2008 (2)：34.

[5] 曹普．20 世纪 70 年代末以来的中国文化体制改革 [J]．当代中国史研究，2007 (5)：99 - 107.

[6] 陈庚．艺术表演团体改革与发展的路径研究 [M]．武汉：湖北人民出版社，2013.

[7] 陈华文．文化学概论 [M]．上海：上海文艺出版社，2001：7.

[8] 陈立旭．论文化产品的社会效益和经济效益 [J]．中国社会科学，1998 (5).

[9] 陈庆德．文化经济学的基点与内涵 [J]．湖南师范大学社会科学学报，2006 (2).

[10] 陈秋华．体制转换、结构变迁与就业 [M]．北京：中国财政经济出版社，2000：2 - 8.

[11] 陈庆云，增军荣，鄞益奋．比较利益人：公共管理研究的一种人性假设——兼评“经济人”假设的适用性 [J]．中国行政管理，2005 (6).

[12] 陈实．浅析《云南印象》演出市场运营模式 [J]．商情，2012 (4).

[13] 陈文博，郑师渠．2003～2004 年北京文化发展报告 [M]．北京：北京出版社，2005.

[14] 陈郁．企业制度与市场组织：交易费用经济学文选 [M]．上海：

格致出版社，2009.

［15］陈和，隋广军．合伙制人力资本密集型企业研究：一种古老治理模式的复兴［J］．南京社会科学，2011（6）.

［16］陈晶，余玉苗．IPO 股权激励与高管团队稳定性——基于回天新材诉案的分析［J］．财务与会计，2015（22）.

［17］程恩富．文化经济学［M］．北京：中国经济出版社，1993.

［18］程恩富．文化经济学通论［M］．上海：上海财经大学出版社，1999.

［19］成思行．改革开放 30 年我国文化发展和体制变迁之路［J］．中国发展观察，2008：10.

［20］辞海［M］．上海：上海辞书出版社，1989：257.

［21］大卫·赫斯蒙德夫．文化产业［M］．张菲娜译．北京：中国人民大学出版社，2007.

［22］戴维·M. 纽伯里．网络性产业的重组与规制［M］．北京：人民邮电出版社，2002（9）：31.

［23］戴维·思罗斯比．经济学与文化［M］．张峥嵘译．北京：中国人民大学出版社，2011.

［24］丹尼尔，贝尔．资本主义文化矛盾［M］．北京：三联书店，1989.

［25］丁世发，刘玉祯．思想建设与文化体制改革［M］．沈阳：沈阳出版社，1990.

［26］董世明，漆国生．行政管理学［M］．湖南：湖南人民出版社，2003：105.

［27］董霞．关于文化体制改革的理性分析［J］．山东省青年管理干部学院学报，2006（1）：10－12.

［28］樊非．入世后中国政府文化职能面临的挑战及对策［J］．行政与法，2004（8）：21－23.

［29］樊小林．对国有文艺院团转制"后改革"现象的思考［J］．中国行政管理，2010（10）.

［30］樊勇．文化建设与全面小康［M］．北京：社会科学文献出版社，2005.

［31］范红亚．多元文化背景下对我国戏剧发展的思考［J］．大舞台，

2013（12）.

　　［32］范玉刚.在发展中建构和完善文化创意产业管理体制［J］.湖南社会科学，2012（1）：1-5.

　　［33］范玉刚.完善文化产业管理体制探究［J］.长春市委党校学报，2013（1）：33-37.

　　［34］方竹兰.人力资本所有者拥有企业所有权是一个趋势——兼与张维迎博士商榷［J］.经济研究，1997（6）.

　　［35］费方域.企业的产权分析［M］.上海：格致出版社，2009.

　　［36］傅才武.政府艺术管理职能"错位论"的源流及认识局限［J］.江汉大学学报（人文科学版），2003a（2）.

　　［37］傅才武.试论艺术表演团体体制调整和制度创新［J］.武汉大学学报（社会科学版），2003b（2）.

　　［38］傅才武.论中国艺术表演团体改革的实现途径——兼论中国文化体制改革的特殊性［J］.江汉大学学报，2004a，23（1）.

　　［39］傅才武，宋丹娜.我国文化体制的缘起、演进和改革对策［J］.江汉大学学报（社会科学版），2004b.

　　［40］傅才武.艺术表演行业的反市场形态及原因分析［J］.湖北大学学报（哲学社会科学版），2004c，31（3）：309-314.

　　［41］傅才武.建国以来中国事业单位组织模式的变迁——一种以艺术表演团体为主体的历史透视［J］.江汉论坛，2005（4）.

　　［42］傅才武.当代公共文化服务体系建设与传统文化事业体系的转型［J］.江汉论坛，2012（1）.

　　［43］傅才武.中国文化管理体制：性质变迁与政策意义［J］.武汉大学学报，2013（1）.

　　［44］傅才武，陈庚.三十年来的中国文化体制改革进程：一个宏观分析框架［J］.福建论坛（人文社会科学版），2009（2）.

　　［45］傅才武，陈庚.当代中国艺术表演行业的市场适应性问题及其对国家政策环境的特殊要求［J］.艺术百家，2011（1）.

　　［46］傅才武，陈庚.艺术表演团体管理学［M］.武汉：湖北人民出版社，2013.

　　［47］傅才武，邹荣.数字技术时代传统文化行业的加速边缘化趋势

及其因应策略 [C]. 长江文化创意设计与相关产业融合发展学术研讨会，2014 - 07 - 04.

[48] 弗兰克，奈特. 风险、不确定性与利润 [J]. 北京：商务印书馆，2006.

[49] 傅谨. 二十世纪中国戏剧导论 [M]. 北京：中国社会科学出版社，2004.

[50] 傅谨. 工业时代的戏剧命运——对魏明伦的四点质疑 [J]. 中国戏剧，2003（1）.

[51] 傅谨. 戏曲院团体制改革的隐忧与解困 [J]. 南阳师范学院学报（社会科学版），2012（1）.

[52] 高燕. 新时期政府文化管理职能的拓展 [J]. 中国商界，2008（1）.

[53] 顾建民. 美国大学终身教职制度改革 [J]. 清华大学教育研究，2006（1）.

[54] 顾兆贵. 艺术经济学 [M]. 北京：生活·读书·新知三联书店，2013.

[55] 哈特著. 企业、合同与财务结构 [M]. 费方域译. 上海：上海人民出版社，2006.

[56] 韩海军，韩金坤. 谈一线城市文艺演出团体的现状与未来 [J]. 人力资源管理（学术版），2010（10）.

[57] 韩雪风. 论公共文化服务体系构建中的政府职责 [J]. 探索，2009（5）：50.

[58] 韩永进. 中国文化体制改革32年历史叙事 [D]. 中国艺术研究院，2010.

[59] 韩永进. 我国文化体制改革历程的回顾与启示 [J]. 社会科学文献出版社：中国文化产业发展报告，2005.

[60] 何敏. 文化产业政策激励与法治保障 [M]. 北京：法律出版社，2011.

[61] 胡惠林，李康化. 文化经济学 [M]. 上海：上海文艺出版社，2003.

[62] 胡惠林. 文化产业概论 [M]. 昆明：云南大学出版社，2005：53.

[63] 胡惠林. 关于我国文化产业发展战略研究的思考 [J]. 东岳论丛, 2009 (2).

[64] 胡惠林. 关于当前文化体制改革的两点思考 [J]. 学术月刊, 2004, (6): 60 - 64.

[65] 黄飚. 文化行政学 [M]. 上海: 上海文艺出版社, 2003.

[66] 黄达强, 徐文蕙. 行政管理学 [J]. 中国行政管理, 1990 (008): 41 - 42.

[67] 黄风. 贝卡利亚及其刑法思想 [M]. 北京: 中国政法大学出版社, 1987.

[68] 黄南珊. 深化文化体制改革中"二个三"重要问题探析 [J]. 江汉大学学报 (人文科学版), 2011: 6.

[69] 黄永兴, 徐鹏. 经济地理、新经济地理、产业政策与文化产业集聚: 基于省级空间面板模型的分析 [J]. 经济经纬, 2011 (6): 47 - 51.

[70] 黄河清. 美国百老汇运作模式及其启示 [D]. 中南大学, 2011.

[71] 加里·贝克尔. 口味的经济学分析 [M]. 李杰, 王晓刚译. 北京: 首都经济贸易大学出版社, 2000.

[72] 贾媛. 文化体制改革面临的体制性障碍与对策 [J]. 中国特色社会主义研究, 2009 (5).

[73] 江超庸. 行政管理机制和行政管理学简析 [J]. 探求, 1991 (1): 013.

[74] 蒋莉. 地方政府改善公共文化服务的对策研究 [D]. 北京邮电大学, 2014.

[75] 金锦萍. 论我国非营利组织所得税优惠政策及其法理基础 [J]. 求是学刊, 2009 (1).

[76] 靳柯. 文化体制改革反思: 分离与融合 [J]. 经济问题探索, 2010: 7.

[77] 金太军, 赵晖, 高红等. 政府职能梳理与重构 [M]. 广州: 广东人民出版社, 2002.

[78] 景刚. 我国文化体制改革法律问题初探 [D]. 山东大学, 2014.

[79] 蒯大申, 饶先来. 新中国文化管理体制研究 [M]. 上海: 上海人民出版社, 2010.

［80］康至军. 事业合伙人：知识时代的企业经营之道［M］. 北京：机械工业出版社，2016.

［81］拉丰，梯若尔. 政府采购与规制中的激励理论［M］. 上海：三联书店上海分店，2004.

［82］雷华. 政府规制理论与实证研究［D］. 西北工业大学，2007.

［83］雷雯. 发挥政府文化职能推进先进文化建设［J］. 广东行政学院学报，2002，14（1）：26 - 29.

［84］李津京. 权力视角下的公企业与国有经济治理研究［M］. 北京：经济科学出版社，2011.

［85］李静. 我国当前文化体制改革探析［D］. 华中师范大学，2008.

［86］李培林，徐崇温，李林. 当代西方社会的非营利组织——美国、加拿大非营利组织考察报告［J］. 河北学刊，2006（2）.

［87］李少惠. 民族传统文化与公共文化建设的互动机理——基于甘南藏区的分析［J］. 西南民族大学学报（人文社科版），2013（9）.

［88］李书亮. 论社会主义艺术经济学的马克思主义理论基础［J］. 社会科学辑刊，1982（6）.

［89］李书亮. 艺术经济学概说［M］. 北京：文化艺术出版社，1983.

［90］李向民，韩顺法. 我国深化文化体制改革的理论探析及政策选择［J］. 东岳论丛，2010：4.

［91］李子江. 美国大学终身聘任制的历史与变革［J］. 清华大学教育研究，2006（3）.

［92］李永刚. 文化经济学的分析方法［J］. 学术月刊，2013.

［93］刘文. 企业隐性人力资本形成和作用机理研究［M］. 北京：中国经济出版社，2011.

［94］连志梅. 转企改制面向市场——文艺院团体制改革的流变和基本思路［J］. 杂技与魔术，2011（2）：33 - 36.

［95］梁碧波. 文化经济学：两种不同的演进路径［J］. 学术交流，2010.

［96］林国良，周克平. 当代文化行政学［M］. 上海：上海大学出版社，2002.

［97］林京. 关于推动国有文化企业加快发展的研究［J］. 河南社会科

学，2014（12）：111－114.

［98］林日葵．论艺术和经济的融合与创新［J］．中国文化产业评论，2008.

［99］凌金铸．论文化行政转型［J］．安徽大学学报（哲学社会科学版），2007（7）.

［100］刘长文．国家职能新说［J］．首都师范大学学报（社会科学版），1999（3）：49－53.

［101］刘辉．理解公共文化服务：内涵、主体与发展中的问题［J］．河南社会科学，2012（5）.

［102］刘俊杰．关于文化体制改革的几个问题——访中共中央宣传部常务副部长吉炳轩［J］．科学社会主义，2006（4）：4－7.

［103］柳汩．文化竞争力提升背景下政府文化管理职能创新研究［D］．湖南大学，2011.

［104］刘礼国．文化体制改革浅议［N］．海南日报，2007（3）.

［105］刘爽．文化体制改革与政策创新——我国文化体制改革政策研究（2000～2010年）［D］．上海交通大学，2011.

［106］刘文．企业隐性人力资本形成和作用机理研究［M］．北京：中国经济出版社，2011.

［107］刘小斌．演艺产业需要成熟的演出市场［J］．剧作家，2011.

［108］刘学民．深化文化体制改革的思考［J］．红旗文稿，2010：17.

［109］陆炜．"三起三落"的新中国戏剧——从戏剧剧本出版情况看新中国戏剧发展［J］．文艺争鸣，2009（5）.

［110］路易斯·普特曼，兰德尔·克罗茨纳．企业的经济性质［M］//奥利佛·威廉姆森．企业的约束：激励和行政特征．孙经纬译．上海：上海财经大学出版社，2009.

［111］罗伯特·基欧汉，约瑟夫·奈．权力与相互依赖［M］．北京：北京大学出版社，2004.

［112］罗文东．深入推进文化体制改革的科学指南［J］．光明日报，2010：8.

［113］马丁·利克特．企业经济学：企业理论与经济组织导论［M］．范黎波，宋志红译．北京：人民出版社，2006.

[114] 马洪，刘国光等．中国改革全书（1978～1991）：文化体制改革卷 [M]．大连：大连出版社，1992．

[115] 马克思恩格斯全集（第42卷）[M]．北京：人民出版社，1979：96．

[116] 马克思恩格斯选集（第1卷）[M]．北京：人民出版社，1972：30．

[117] 马林诺斯基．文化论 [M]．北京：商务印书馆，1940：25－26．

[118] 马龙闪．苏联文化体制沿革史 [M]．北京：中国社会科学出版社，1996：6．

[119] 马敏，傅才武．新时期深化文化体制改革中的文化政策问题 [J]．中国地质大学学报（社会科学版），2009.3．

[120] 马仲良，谢启辉．深化文化体制改革解放和发展文化生产力 [N]．人民日报，2005－02－16．

[121] 马雪松．回应需求与有效供给：基本公共文化服务体系建设的制度分析 [J]．湖北社会科学，2013（10）．

[122] 孟倩，许晓东，林静．美国大学终身教职制度改革的路径 [J]．比较教育研究，2013（6）．

[123] 毛少莹．发达国家的公共文化管理与服务 [J]．特区实践与理论，2007（2）．

[124] 欧翠珍．文化消费研究述评 [J]．经济学家，2010（3）．

[125] 欧阳坚，于平，雷喜宁．文化部组团赴日考察演艺产业报告 [J]．艺术百家，2010（1）．

[126] 潘晓曦．行走在春天里——从山西省话剧院《立秋》的成功谈国有艺术院团体制改革 [J]．剑南文学，2012（9）．

[127] 庞建刚，周彬，刘志迎．文化创意产品的定价策略研究 [J]．软科学，2012，26（8）：40－43．

[128] 庞彦强．艺术经济通论 [M]．北京：文化艺术出版社，2008．

[129] 强双龙．甘肃文化体制改革的难点分析与对策建议——以国有文艺院团改革为例 [J]．开发研究，2013（2）．

[130] 邱仁富．改革开放三十年我国文化体制改革论纲 [J]．甘肃理论学刊，2008.4．

［131］瞿孝军. 关于文化体制改革的几个问题 ［J］. 沧桑, 2007 (5): 128 – 130.

［132］让－雅克·拉丰, 大卫·马赫蒂摩. 激励理论: 委托—代理模型 ［M］. 北京: 中国人民大学出版社, 2002: 19.

［133］让－雅克·拉丰, 让·梯若尔. 政府采购与规制中的激励理论 ［M］. 上海: 上海人民出版社, 2004 (3): 336 – 338.

［134］塞缪尔, 亨廷顿, 劳伦斯等. 文化的重要作用——价值观如何影响人类进步 ［M］. 北京: 新华出版社, 2002: 57.

［135］沈荣华. 关于转变政府职能的若干思考 ［J］. 政治学研究, 1999 (4): 54 – 60.

［136］史际春, 张扬. 非营利组织的法学概念与法治化规范 ［J］. 学术月刊, 2006 (9).

［137］十六大以来重要文献选编 (上) ［M］. 北京: 中央文献出版社, 2005: 32.

［138］十七大以来重要文献选编 (上) ［M］. 北京: 中央文献出版社, 2009: 28.

［139］司马云杰. 文化社会学 ［M］. 北京: 中国社会科学出版社, 2001: 272.

［140］孙亮. 国有文艺院团体制改革的阶段、问题与未来路径 ［J］. 经营与管理, 2013 (12).

［141］孙萍. 文化管理学 ［M］. 北京: 中国人民大学出版社, 2006.

［142］孙永生, 陈维政. 人力资本产权理论: 前沿述评与研究展望 ［J］. 科技进步与对策, 2012, 29 (9).

［143］泰勒. 原始文化 ［M］. 杭州: 浙江人民出版社, 1998: 1.

［144］覃光广. 文化学词典 ［M］. 北京: 中央民族学院出版社, 1988: 753.

［145］谭华杰. 万科的事业合伙人制度 ［J］. 清华管理评论, 2015 (10).

［146］唐坤. 以人为本解析文化体制改革的难点——基于宏观制度视阈的分析 ［J］. 学术论坛, 2010 (5).

［147］陶彦霓. 文化体制改革与文化创新 ［J］. 云南社会科学, 2004 (4): 119.

［148］田川流，何群．文化管理学概论［M］．昆明：云南大学出版社，2006：110．

［149］田国强．激励、信息与经济机制［M］．北京：北京大学出版社，2000（10）：19．

［150］汪杰贵．论政府在文化部门中的角色［J］．内蒙古社会科学，2004，25（3）：36－38．

［151］汪杰贵．政府文化职能概念新论［J］．社会科学论坛，2006（1）．

［152］汪扬．演出市场喧嚣与无奈［J］．上海经济，2007（8）．

［153］王晨，李向民．转企改制后国有文艺院团深化改革的动因和对策研究［J］．广西经济管理干部学院学报，2013（1）．

［154］王晨．李向民教授精神经济学研究综述［J］．中国文化产业评论，2010．

［155］王春林．公共文化服务运行机制构建探析［J］．广西社会科学，2013（5）．

［156］王冬晓．我国公益性文化建设事业存在的问题与对策［J］．前沿，2011（12）．

［157］王红霞，刘建刚．试论现代企业中人力资本所有权问题——兼与周其仁、张维迎商榷［J］．经济科学，1998（6）．

［158］王家新，傅才武．艺术文化经济学［M］．北京：高等教育出版社，2013．

［159］王建辉．文化体制改革中如何改进政府管理职能［J］．中国出版，2010（10）：15．

［160］王娟娟，张四海．创意产业管理中不确定性来源表现及应对策略［J］．改革与战略，2008，24（7）：105－108．

［161］王立．我国文化体制改革历程的回顾与启示［J］．长春工业大学学报（社会科学版），2010.1．

［162］王列生．论构建公共文化服务体系的意识形态前置［J］．文艺理论与批评，2007（2）．

［163］王列生．论文化产业政策的边际内谱系拟置［J］．江汉大学学报（人文科学版），2010，29（6）．

［164］王钦鸿. 论转型期文化产业发展中的政府职能［J］. 山东理工大学学报（社会科学版），2006（5）.

［165］王箐，魏建. 非营利组织性质和绩效的研究进展［J］. 广东商学院学报，2010（6）.

［166］王天玺. 何为"文化经济学"［J］. 当代贵州，2012（2）.

［167］王天玺. 文化经济学［M］. 昆明：云南人民出版社，2010.

［168］王文章. 遵循艺术规律繁荣舞台创作——关于国家艺术院团艺术生产问题的思考［J］. 艺术评论，2010（4）.

［169］王锡锌. 中国行政执法困境的个案解读［J］. 法学研究，2005（3）.

［170］王晓刚. 文化体制改革研究［D］. 中共中央党校，2007.

［171］王晓鹰. 美国戏剧的"商业"与"非赢利".［EB/OL］，http：//blog. voc. com. cn/blog_showone_type_blog_id_281939_p_1. html，2014 – 11 –09.

［172］王彦林. 我国文化体制改革和创新的公共经济学思考［J］. 财政研究，2013（8）：10 – 14.

［173］王永浩. 关于加强我国文化立法工作的思考［J］. 社会科学家，2006（6）：86.

［174］王哲平. 我国文化体制改革面临的挑战［J］. 新闻界，2004（2）：8.

［175］维克多·埃尔. 文化概念［M］. 晓文译. 上海：上海人民出版社，1988：5.

［176］魏建，辛纳（2015）. 专用性人力资本、市场需求与表演艺术非营利组织的发展［J］. 东岳论丛，2015（7）.

［177］魏明伦. 当代戏剧之命运——在岳麓书院演讲的要点［J］. 中国戏剧，2002（12）.

［178］魏鹏举. 构建文化产业理论研究的基础——评王家新、傅才武先生的新著《艺术经济学》［J］. 出版发行研究，2013（11）.

［179］文斌. 改革开放以来党领导文化体制改革的历史考察［J］. 实事求是，2009：4.

［180］闻滨. 国有文艺院团转企改制过程中存在的问题及对策研究［J］. 艺术科技，2013（2）.

［181］文友华. 文化建设法治化研究［D］. 武汉大学，2013：75.

［182］翁君奕．支薪制与分享制：现代公司组织形式的比较［J］．经济社会体制比较，1996（5）．

［183］吴泓，张震．法国借鉴及中国公共文化服务体系构建路径——从法国音乐节和巴黎沙滩节说起［J］．现代经济探讨，2012（9）．

［184］吴理财．公共文化服务的运作逻辑及后果［J］．江淮论坛，2011（4）．

［185］吴乾浩．当代戏曲发展学［M］．北京：文化艺术出版社，2007：33.

［186］夏书章．行政学新论［M］．北京：中国政法大学出版社，1986.

［187］向勇．文化体制改革中公平与效率的关系探讨［J］．中国行政管理，2011（1）．

［188］肖川．论政府对文化产业的制度支撑［J］．中国经贸导刊，2011（5）．

［189］谢大京．艺术管理［M］．北京：法律出版社，2012.

［190］谢伦灿．阵痛与重生：国有文艺演出院团改革路径之抉择［J］．湖南科技大学学报（社会科学版），2010（2）．

［191］解学芳．文化体制改革：文化产业的一项制度安排［J］．学术论坛，2007（8）：138－141.

［192］解学芳．文化体制改革的困境溯源［J］．理论与改革，2008：2.

［193］谢武军．文化体制改革的历程和面临的问题［J］．理论视野，2009：11.

［194］辛纳．财务困境、成瘾消费与国有文艺院团改革［J］．东岳论丛，2014：35（8）．

［195］辛纳，魏建．我国表演艺术非营利组织制度发展探究［J］．法学论坛，2015：30（3）．

［196］辛纳．经济压力与中国国有艺术表演团体的市场化道路［J］．理论学刊，2015：6.

［197］魏建，辛纳．专用性人力资本、市场需求与表演艺术非营利组织的发展［J］．东岳论丛，2015：36（7）．

［198］徐孟洲，侯作前．论非营利组织的税法地位［J］．江西财经大学学报，2004（3）．

［199］徐宁. 中国电影亟需"反盗版"一年损失超过 140 亿［N］. 新华日报，2010-10-13（7）.

［200］徐世丕. 历史、现状、战略与趋势——论基层国有剧团的改革与发展［J］. 四川戏剧，2010（6）.

［201］徐嵩龄. 中国文化与自然遗产的管理体制改革［J］. 管理世界，2003（6）：63-73.

［202］许亚群. 文化消费"3 万亿缺口"的背后［N］. 中国文化报，2012-12-12.

［203］许尧. 公共文化服务体系建设中的问题与出路［J］. 唯实，201（7）.

［204］薛晓金. 新世纪以来的北京戏剧演出市场［J］. 四川戏剧，2010（4）.

［205］严行方. 文化经济学［M］. 北京：北京经济学院出版社，1992.

［206］严家明. 惯性管理：企业持续发展之道［M］. 北京：经济科学出版社，2005.

［207］杨佳露. 国有文化事业单位管理体制改革研究——以上海市文艺院团为例［D］. 上海交通大学，2012.

［208］杨琳，傅才武. 二十年来文化体制改革进程评估［J］. 江汉大学学报，2006（2）：86-91.

［209］杨谦. 国有院团的体制创新和机制转换——以广元市艺术剧院为例［J］. 四川戏剧，2011（3）.

［210］杨瑞龙，刘刚. 不确定性和企业理论的演化［J］. 江苏社会科学，2001（3）：1-9.

［211］杨瑞龙，周业安. 一个关于企业所有权安排的规范性分析框架及其理论含义——兼评张维迎、周其仁及崔之元的一些观点［J］. 经济研究，1997（1）.

［212］杨绍林. 国有表演艺术院团改革与发展求索［J］. 艺海，2010（1）.

［213］杨泽喜. 构建公共文化服务体系的逻辑原点与路径选择［J］. 江汉论坛，2012（5）.

［214］伊格尔顿. 文化的观念［M］. 南京：南京大学出版社，2006.

[215] 尹伯成. 评介程恩富教授主编的文化经济学 [J]. 经济学动态, 1994.

[216] 因内斯·马可—斯达德勒, 大卫·佩雷斯—卡斯特里罗. 信息经济学引论: 激励合约 [M]. 上海: 上海财经大学出版社, 2000 (3): 115.

[217] 游祥斌, 毋世扬. 文化事业单位的改革历程、理论经验和问题 [J]. 中国行政管理, 2011 (4).

[218] 俞晓敏. 中国文化管理体制机制改革与创新研究 [D]. 吉林大学, 2008.

[219] 于迅来. 中国文化体制改革历程及发展路径演化 [D]. 吉林大学, 2014.

[220] 詹姆斯·海尔布伦, 查尔斯·M. 格雷. 艺术文化经济学 [M]. 詹正茂等译. 北京: 中国人民大学出版社, 2007.

[221] 张葆迪. 近年北京地区高雅音乐演出市场培育方法研究 [D]. 天津音乐学院, 2010.

[222] 张国军. 民主话语权: 意识形态之争的新战场 [J]. 社会主义研究, 2012 (6): 026.

[223] 张国良. 传播学原理 [M]. 上海: 复旦大学出版社, 2004: 46.

[224] 张军, 吴桂英等. 中国省际物质资本存量估算: 1952~2000 [J]. 经济研究, 2004 (10): 35-44.

[225] 张筱强. 新形势下政府文化管理的基本职能与方式 [J]. 哈尔滨市委党校学报, 2005 (5): 42-46.

[226] 张筱强. 新形势下政府文化管理的基本职能与方式 [J]. 哈尔滨市委党校学报, 2000 (9): 43.

[227] 张立君. 论企业利益相关者共同治理 [M]. 上海: 上海财经大学出版社, 2008.

[228] 张维迎. 所有制、治理结构及委托—代理关系——兼评崔之元和周其仁的一些观点 [J]. 经济研究, 1996 (9).

[229] 赵如璋. 上海戏剧产业集聚探索——以现代戏剧谷为例 [D]. 上海交通大学, 2012.

[230] 赵雪梅. 戏曲院团转企改制攻坚: 几对突出矛盾的解决策略 [J]. 中华艺术论丛, 2010 (10).

［231］赵渊. 国有文艺院团改制动力机制的建构与完善产业干预与整合的视角［J］. 现代营销，2012（9）.

［232］郑春勇. 行政执法"以罚代管"的博弈论制度分析［J］. 青岛行政学院学报，2010（2）.

［233］郑世林，葛珺沂. 文化体制改革与文化产业全要素生产率增长［J］. 中国软科学，2012（10）：48－58.

［234］郑伟. 云南省国有艺术院团体制改革的几点思考［J］. 民族艺术研究，2010（2）.

［235］中共中央宣传部文化体制改革和发展办公室. 文化体制改革试点经验70例［M］. 北京：学习出版社，2005.

［236］周其仁. 市场里的企业：一个人力资本与非人力资本的特别合约［J］. 经济研究，1996（6）.

［237］周全华. 新时期30年文化体制改革述略［J］. 桂海论丛，2011：2.

［238］周晓丽，毛寿龙. 论我国公共文化服务及其模式选择［J］. 江苏社会科学，2008：1（10）.

［239］周雪光. 组织社会学十讲［M］. 北京：社会科学文献出版社，2003：272－274.

［240］朱勤军. 公共行政学［M］. 上海：上海教育出版社，2002.

［241］庄锡昌. 多维视野下的文化理论［M］. 杭州：浙江人民出版社，1987：371.

［242］赵阳，姜树广. 领导、追随与人类合作秩序的维持［J］. 南方经济，2015（3）：38－51.

［243］赵阳，魏建. 中国区域文化产业技术效率研究——基于随机前沿分析模型的视角［J］. 财经问题研究，2015（1）：30－36.

［244］赵阳，魏建. 威慑效应、声誉机制与文化市场执法的优化［J］. 广东财经大学学报，2014，29（2）：75－86.

［245］张维迎. 企业的企业家——契约理论［M］. 上海：上海人民出版社，2014.

［246］郑文全. 剩余收益能够间接分享吗？——基于终身教职制度性质的系统解释［J］. 管理世界，2014（2）.

［247］Aigner D. J.，et al. Formulation and Estimation of Stochastic Frontier

Models [J]. *Journal of Econometrics*, 1977, 6 (1): 21 –37.

[248] Armsteong. Competition in Two-sided Markets [J]. *Rand Journal of Economics*, 2006, 37 (3).

[249] Arnoud W. A. , et al. Self – Interested Bank Regulation [J]. *The American Economic Review*, 1993 (83): 206 –212.

[250] Basuroy S. Subimal Chatterjee and S. Abraham Ravid. How Critical are Critical Reviews? The Box Office Effects of Film Critics, Star Power, and Budgets [J]. *Journal of Marketing*, 2003, 67 (4): 103 –117.

[251] Battese G. E. , Coelli T. J. A Model for Technical Inefficiency Effects in a Stochastic Frontier Production Function for Panel Data [J]. *Empirical Economics*, 1995 (20): 325 –332.

[252] Battese G. E. , Corra G. S. Estimation of a Production Frontier Model: With Application to the Pastora Zone of Eastern Australia [J]. *Australian Journal of Agricultural Economics*, 1977 (3): 169 –179.

[253] Battese G. E. , Coelli T. J. Frontier Production Functions, Technical Efficiency and Panel Data with Application to Paddy Farmers in India [J]. *Journal of Productivity Analysis*, 1992 (3): 153 –169.

[254] Baumol W. J. , Bowen W. G. On the Performing Arts: The Anatomy of Their Economic Problems [J]. *The American Economic Review*, 1965, 55 (1/2): 495 –502.

[255] Baumol W. J. , Bowen W. G. *Performing Arts: The Economic Dilemma.* NewYork: TwentiethCenturyFund, 1966: 165.

[256] Baumol, W. J. Macroeconomics of Unbalanced Growth: the Anatomy of Urban Crisis [J]. *American Economic Review*, 1967 (57): 415 –426.

[257] Baumol W. J. Income and Substitution Effects in the Linder Theorem [J]. *The Quarterly Journal of Economics*, 1973, 87 (4): 629 –633.

[258] Basuroy S. , Chatterjee S. , and Ravid S. A. How Critical are Critical Reviews? The Box Office Effects of Film Critics, Star Power, and Budgets [J]. *Journal of Marketing*, 2003, 67 (4): 103 –117.

[259] Becker G. S. Investment in Human Capital: A Theoretical Analysis [J]. *Journal of Political Economy*, 1962, 70 (5): 9 –49.

[260] Becker G. S. Crime and Punishment: An Economic Approach [J]. *Journal of Political Economy*, 1968: 169 – 217.

[261] Becker G. S. , Murphy K. M. A Theory of Rational Addiction [J]. *Journal of Political Economy*, 1988, 96 (4): 675 – 700.

[262] Bentham J. An Introduction to the Principles and Morals of Legislation etc [J]. London: T. Payne & Son. 1789

[263] Blau J. R. et al. Internal Economies of Scale in Performing Arts Organizations [J]. *Journal of Cultural Economics*, 1986 (10): 63 – 76.

[264] Blair M. M. Firm – Specific Human Capital and Theories of the Firm [J]. Business, Economics and Regulatory Policy [EB/OL], scholar. google. com, 2013 – 10 – 05.

[265] Bonato L. , et al. The Demand for Live Performing Arts in Italy [J]. *Journal of Cultural Economics*, 1990.

[266] Brooks A. C. Toward a Demand – Side Cure for Cost Disease in the Performing Arts [J]. *Journal of Economic Issues*, 1997, 31 (1): 197 – 207.

[267] Brooks A. C. Who Opposes Government Arts Funding? [J]. *Public Choice*, 2001 (8): 355 – 367.

[268] Brody E. Agents without Principals: The Economic Convergence of the Nonprofit and For-profit Organizational Forms [EB/OL]. scholar. google. com, 2014 – 05 – 23.

[269] Caves R. E. *Creative industries: Contracts between Art and Commerce* [M]. Harvard University Press, 2000.

[270] Cornwell C. , et al. Production Frontiers with Cross – Sectional and Time – Series Variation in Efficiency Levels [J]. *Journal of Econometrics*, 1990 (46): 185 – 200.

[271] Dempster A. M. Managing Uncertainty in Creative Industries: Lessons from Jerry Springer the Opera [J]. *Creativity and Innovation Management*, 2006, 15 (3): 224 – 233.

[272] DiMaggio P. Mukhtar T. Arts participation as cultural capital in the United States 1982 – 2002: Signs of Decline? [J]. *Poetics*, 2004, 32 (2): 169 – 194.

[273] Drugeon J. P. Wigniolle B. On Time Preference, Rational Addiction and Utility Satiation [J]. *Journal of Mathematical Economics*, 2007 (43): 249 – 286.

[274] DuBois C. , et al. Agency Problems and Unrelated Business Income of Non-profit Organizations: An Empirical Analysis [J]. *Applied Economics*, 2004 (36): 2317 – 2326.

[275] Easley D. , O'Hara M. The Economic Role of the Nonprofit Firm [J]. *The Bell Journal of Economics*, 1983, 14 (2): 531 – 538.

[276] Edward P. Lazear. Why is There Mandatory Retirement? [J]. *The Journal of Political Economy*, 1979 : 1261 – 1284.

[277] Edward L. , Lazear P. Firm – Specific Human Capital: A Skill – Weights Approach [EB/OL], Scholar Google. com, 2013 – 10 – 05.

[278] Etounga – Manguelle D. Culture et Development: lesr éponse-safricaines. 1992.

[279] Etounga – Manguelle D. *Does Africa Need a Cultural Adjustment Program?* [M]. New York: Basic Books, 2000.

[280] Fama E. F. Agency Problems and the Theory of the Firm [J]. *The Journal of Political Economy*, 1980.

[281] Fama E. F. , Jensen M. C. Separation of Ownership and Control [J]. *Journal of Law and Economics*, 1983, 26 (2).

[282] Faulkner R. R. , Anderson A. B. Short-term Projects and Emergent Careers: Evidence from Hollywood [J]. *American Journal of Sociology*, 1987: 879 – 909.

[283] Felli L. , Harris C. Learning, Wage Dynamics, and Firm – Specific Human Capital [J]. *Journal of Political Economy*, 1996, 104 (4): 838 – 868.

[284] Felton M. V. On the Assumed inelasticity of Demand for the Performing Arts [J]. *Journal of Cultural Economics*, 1992, 16 (1): 1 – 12.

[285] Felton M. V. Evidence of the Existence of the Cost Disease in the Performing Arts [J]. *Journal of Cultural Economics*, 1994 (18): 301 – 312.

[286] Ferraguto G. , Patrizio P. Endogenous Growth with Intertemporally Dependent Preferences [EB/OL], scholar. google. com, 2012 – 12 – 05.

［287］ Frey B. S. Has Baumol's Cost Disease Disappeared in the Performing Arts? ［J］. *Ricerche Economiche*, 1996, 50 (2): 173 – 182.

［288］ Fudenberg Drew, Tirole J. Moral Hazard and Renegotiation in Agency Contracts ［M］, Mimeo. (MIT), 1988.

［289］ Fullerton D. On Justifications for Public Support of the Arts ［J］. *Journal of Cultural Economics*, 1991, 15 (2): 67 – 82.

［290］ Gapinski J. H. The Lively Arts as Substitutes for the Lively Arts ［J］. *The American Economic Review*, 1986, 76 (2): 20 – 25.

［291］ Gibbons R. *Game Theory for Applied Economists* ［M］. Princeton University Press, 1992.

［292］ Glaeser E. L. , Shleifer A. Not-for-profit entrepreneurs ［J］. *Journal of Public Economics*, 2001 (81): 99 – 115.

［293］ Globerman S. , Book S. H. Statistical Cost Functions for Performing Arts Organizations ［J］. *Southern Economic Journal*, 1974, 40 (4): 668 – 671.

［294］ Grossman S. J. , Hart O. D. The Costs and Benefits of Ownership: A Theory of Vertical and Lateral Integration ［J］. *Journal of Political Economy*, 1986 (94): 691 – 719.

［295］ Hansmann H. B. Economic Theories of Nonprofit Organization ［EB/ OL］. Scholar Google. com, 2013 – 10 – 15.

［296］ Hansmann H. B. The Role of Nonprofit Enterprise ［J］. *The Yale Law Journal*, 1980, 89 (5): 835 – 901.

［297］ Hansmann H. B. Nonprofit Enterprise in the Performing Arts ［J］. *The Bell Journal of Economics*, 1981, 12 (2): 341 – 361.

［298］ Hansmann H. B. Economic Theories of Nonprofit Organization: The Nonprofit Sector ［EB/OL］. scholar. google. com, 2013 – 10 – 15.

［299］ Hansmann H. B. Ownership of the Firm ［J］. *Journal of Law, Economics, & Organization*, 1988, 4 (2): 267 – 304.

［300］ Hansmann H. B. When Does Worker Ownership Work? ESOPs, Law Firms, Codetermination, and Economic Democracy ［J］. *The Yale Law Journal*, 1990, 99 (8).

［301］ Hansmann H. B. The Two Nonprofit Sectors: Fee for Service versus

Donative Organizations [EB/OL]. scholar. google. com, 2013 - 10 - 21.

[302] Hart O. D. , Moore J. Property Rights and the Nature of the Firm [J]. *Journal of Political Economy*, 1990, 98 (6): 1119 - 1158.

[303] Hashimoto M. Firm - Specific Human Capital as a Shared Investment [J]. *The American Economic Review*, 1981, 71 (3): 475 - 482.

[304] Heilbrun J. Baumol's Cost Disease [EB/OL]. scholar. google. com, 2014 - 05 - 21.

[305] Hesmondhalgh D. , Pratt A. C. The Cultural Industries and Cultural Policy [J]. *International Journal of Cultural Policy*, 2005 (1).

[306] Higson C, Rivers O, Deboo M. Creative Business - Crafting the Value Narrative [J]. Centre for Creative Business, http: //sandbox. ntradmin. com, 2007, 11438.

[307] Holmstrom B. Moral Hazard in Teams [J] . *The Bell Journal of Economics*, 1982 (13): 324 - 340.

[308] Hubert J. , Xavier F. Cristallisation Ribosomique et Hibernation Chez le Lezard Vivipara [J] . Lacerta Vivipare J. C. R. Acad, 1979 (288): 635 - 637.

[309] Hume M. , et al. Understanding Service Experience in Non-profit Performing Arts: Implications for Operations and Service Management [J]. *Journal of Operations Management*, 2005 (24): 304 - 324.

[310] Hume M. , Mort G. S. Satisfaction in Performing Arts: The Role of Value [J]. *European Journal of Marketing*, 2008.

[311] Hume M. , Mort G. S. The Consequence of Appraisal Emotion, Service Quality, Perceived Value and Customer Satisfaction On Repurchase Intent in the Performing Arts [J]. *Journal of Services Marketing*, 2010.

[312] Huntington S. P. *Political Order in Changing Societies* [M] . Yale University Press, 2006.

[313] Jeffcutt P. , Pratt A. C. Managing Creativity in the Cultural Industries [J]. *Creativity and Innovation Management*, 2002 (11).

[314] Jensen M. C. , Meckling W. H. Theory of the firm: Managerial Behavior, Agency Costs and Ownership Structure [J]. *Journal of Financial Econom-*

ics, 1976.

[315] Katz M. L. , Shapiro C. Technology Adoption in the Presence of Network Externalities [J]. *The Journal of Political Economy*, 1986, 94 (4): 822 – 841.

[316] Kisenne S. Can a Basic Income Cure Baumol's Disease? [J]. *Journal of Cultural Economics*, 1994 (18): 93 – 100.

[317] KleinB. , et al. Vertical Integration, Appropriable Rents and the Competitive Contracting Process [J]. *Journal of Law and Economics*, 1978, 21 (2): 297 – 326.

[318] Kolb B. M. Pricing as the Key to Attracting Students to the Performing Arts [J]. *Journal of Cultural Economics*, 1997 (21): 139 – 146.

[319] Krebs S. Politico – Economic Interactions of German Public Performing Arts Institutions [J]. *Journal of Cultural Economics*, 1995 (19): 17 – 32.

[320] Kreps D. M. , Wilson R. Reputation and imperfect information [J]. *Journal of Economic Theory*, 1982 (27): 253 – 279.

[321] Krugman P. Scale Economies, Product Differentiation and the Pattern of Trade [J]. *American Economic Review*, 1980 (5): 950 – 959.

[322] Laffont J. J. , Tirole J. Using Cost Observation to Regulate Firms [J]. *The Journal of Political Economy*, 1986: 614 – 641.

[323] Lampel J. , et al. Balancing Act: Learning from Organizing Practices in Cultural Industries [J]. *Organization Science*, 2000, 11 (3): 263 – 269.

[324] Lawrence T. B. , Phillips N. Understanding the Cultural Industries [J]. *Journal of Management Inquiry*, 2002 (11).

[325] Lee L. F. A Test for Distributional Assumptions for the Stochastic Frontier Functions [J]. *Journal of Econometrics*, 1983 (22): 245 – 268.

[326] Levitt J. R. The Numbers Game [J] . *The CPA Journal.* 1998 (68): 14 – 19.

[327] Mas – Colell A. , et al. *Microeconomic Theory* [M]. New York Oxford, Oxford University Press, 1995.

[328] Meeusen W. , Broeck V. D. J. Efficiency Estimation from Cobb – Douglas Production Function with Composed Error [J] . *International Economic*

Review, 1977 (18): 435 - 444.

[329] Miller D. , Shamsie J. Strategic Responses to Three Kinds Of Uncertainty: Product Line Simplicity at the Hollywood Film Studios [J]. *Journal of Management*, 1999, 25 (1): 97 - 116.

[330] Montaner C. A. Las raíces torcidas de América Latina [M]. Plaza & Janés, 2001.

[331] Newhouse J. P. Toward a Theory of Nonprofit Institutions: An Economic Model of a Hospital [J]. *The American Economic Review*, 1970, 60 (1): 64 - 74.

[332] O'hagan J. , Markpurdy. The Theory of Non - Profit Organisations: An Application to a Performing Arts Enterprise [J]. *The Economic and Social Review*, 1993, 24 (2): 155 - 167.

[333] Parameswaran M. Economic Reforms and Technical Efficiency: Firm Level Evidence From Selected Industries In India [D]. 2002 (10): 339 - 387.

[334] Parsons D. O. Specific Human Capital: An Application to Quit Rates and Layoff Rates [J]. *Journal of Political Economy*, 1972, 80 (6): 1120 - 1143.

[335] Phillip L. Price Discrimination in Broadway Theater [J]. *The Rand Journal of Economics*, 2004, 35 (3): 520 - 54.

[336] Posner R. A. An Economic Approach to Legal Procedure and Judicial Administration [J]. *Journal of Legal Studies*, 1973: 399.

[337] Pratt A. C. Cultural Industries and Public Policy: An Oxymoron? [J]. *International Journal of Cultural Policy*, 2005 (1).

[338] Prendergast C. The Role of Promotion in Inducing Specific Human Capital Acquisition [J]. *The Quarterly Journal of Economics*, 1993, 108 (2): 523 - 534.

[339] Pye M. W. , Pye L. W. *Asian Power and Politics: The Cultural Dimensions of Authority* [M]. Harvard University Press, 2009.

[340] Quinn B. Problematising "Festival Tourism": Arts Festivals and Sustainable Development in Ireland [J]. *Journal of Sustainable Tourism*, 2009, 14 (3): 288 - 306.

［341］ Radbourne J. , et al. The Audience Experience: Measuring Quality in the Performing Arts ［J］. *International Journal of Arts Management*, 2009, 11 (3): 16 – 29.

［342］ Ravid S. A. Information, Blockbusters, and Stars: A Study of the Film Industry ［J］. *The Journal of Business*, 1999, 72 (4): 463 – 492.

［343］ Reid D. An American Vision of Federal Arts Subsidies: Why and How the US Government Should Support Artistic Expression ［J］. *Yale Journal of Law & the Humanities*, 2013, 21 (2).

［344］ Rentschler R. , et al. Relationship marketing, audienceretention and Performing Arts Organisation Viability ［J］. *International Journal of Nonprofit and Voluntary Sector Marketing*, 2001, 7 (2).

［345］ Rimscha M. B. It's not the Economy, Stupid! External Effects on the Supply and Demand of Cinema Entertainment ［J］. *Journal of Cultural Economics*, 2012: 10 – 22.

［346］ Rosen S. The Economics of Superstars ［J］. *The American Economic Review*, 1981, 71 (5): 845 – 858.

［347］ Ryder H. E. , Heal G. M. Optimal Growth with Intertemporally Dependent Preferences ［J］. *The Review of Economic Studies*, 1973, 40 (1): 1 – 31.

［348］ Schmidt P. , Lovell, C A K. Estimating Technical and Allocative Inefficiency Relative to Stochastic Production and Cost Frontiers ［J］. *Journal of Econometrics*, 1979 (9): 343 – 366.

［349］ Seaman B. A. Economic Theory and the Positive Economics of Arts Financing ［J］. *The American Economic Review*, 198, 71 (2).

［350］ Snowball J. D. , Antrobus G. G. Measuring the Value of the Arts to Society: The Importance of the Value of Externalities for Lower Income and Education Groups in South Africa ［J］. *South African Journal of Economics*, 2001, 69 (4): 752 – 766.

［351］ Stigler G. J. , Becker G. S. De Gustibus Non Est Disputandum ［J］. *The American Economic Review*, 1977, 67 (2): 76 – 90.

［352］ Throsby D. The Production and Consumption of the Arts: A View of

Cultural Economics [J]. *Journal of Economic Literature*, 1994, 32 (1): 1 – 29.

[353] Throsby D. Economic Circumstances of the Performing Artist: Baumol and Bowen Thirty Years On [J]. *Journal of Cultural Economics*, 1996 (20): 225 – 240.

[354] Throsby D. *Economics and Culture* [M]. Cambridge University Press, 2001.

[355] Throsby D. The Concentric Circles Model of the Cultural Industries [J]. *Cultural Trends*, 2008 (17): 147 – 164.

[356] Tobias S. Quality in the Performing Arts: Aggregating and Rationalizing Expert Opinion [J]. *Journal of Cultural Economics*, 2004 (28): 109 – 124.

[357] Traub S. , Missong M. On the Public Provision of the Performing Arts [J]. *Regional Science and Urban Economics*, 2005 (35): 862 – 882.

[358] Touchston S. K. The Effects of Contribution on Price and Attendance in the Lively Arts [J]. *Journal of Cultural Economics*, 1980, 4 (1): 33 – 46.

[359] von Rimscha M. B. It's not the Economy, Stupid! External effects on the Supply and Demand of Cinema Entertainment [J]. *Journal of Cultural Economics*, 2013, 37 (4): 433 – 455.

[360] West J. Public Participation in the Arts: Demand and Barriers [EB/OL]. Scholar Google. com, 2014 – 05 – 27.

[361] Williamson O. E. The Vertical Integration of Production: Market Failure Considerations [J]. *The American Economic Reviews*, 1971.

[362] Williamson O. E. Transaction – Cost Economics: The Governance of Contractual Relations [J]. *The Journal of Law and Economics*, 1979, 22 (2): 233 – 261.